另　　眼

重新审视欧洲文艺复兴及西方美术史

高　斌 ◎ 著

北京师范大学出版集团
BEIJING NORMAL UNIVERSITY PUBLISHING GROUP
北京师范大学出版社

图书在版编目（CIP）数据

另眼：重新审视欧洲文艺复兴及西方美术史／高斌著．—北京：
北京师范大学出版社，2023.9
　ISBN 978-7-303-28154-1

　Ⅰ．①另…　Ⅱ．①高…　Ⅲ．①文艺复兴－历史－研究－欧
洲　②美术史－研究－西方国家　Ⅳ．① K503　② J110.9

中国版本图书馆 CIP 数据核字（2022）第 172962 号

教材意见反馈：gaozhifk@bunpg.com　010-58805079
营　销　中　心　电　话　010-58807651
北师大出版社高等教育分社微信公众号　新外大街拾玖号

LINGYAN

出版发行：北京师范大学出版社 www.bnupg.com
　　　　　北京市西城区新街口外大街12-3号
　　　　　邮政编码：100888
印　　刷：北京盛通印刷股份有限公司
经　　销：全国新华书店
开　　本：730 mm×980 mm　1/16
印　　张：21.25
字　　数：382 千字
版　　次：2023 年 9 月第 1 版
印　　次：2023 年 9 月第 1 次印刷
定　　价：168.00 元

策划编辑：卫　兵　　　　　　　责任编辑：李春生　王　亮
装帧设计：陈　涛　李向昕　　　美术编辑：陈　涛　李向昕
责任校对：张亚丽　　　　　　　责任印制：马　洁

出版说明

　　本书以 15 世纪到 17 世纪欧洲顶级艺术大师们的生平事迹和重要作品为叙事主线，重点阐述了从文艺复兴到巴洛克时期以意大利半岛为文艺中心的欧洲三百余年的艺术史，并穿插了一些总体分析。

　　引言部分对美第奇家族曾经做出的历史贡献、佛罗伦萨在文化艺术领域突然崛起的深层原因以及宗教因素对欧洲文化艺术创作的巨大影响做了介绍。

　　第九章回顾了《马可·波罗游记》对中世纪欧洲的启发和大航海运动的主要过程，揭示了地理大发现导致欧洲经济、文化中心由意大利半岛向法国巴黎转场交换的历史成因，以及因此对欧洲艺术发展史产生的推动作用。

　　第十章和第十九章分别介绍了尼德兰画派和荷兰画派的主要成就与历史文化背景。

　　第十五章总体概括了"文艺复兴""矫饰主义""巴洛克"等重要术语的基本内涵和相互关系。

　　第二十一章对法国正式成为欧洲近现代艺术中心之前的发展状况做了简要表述。

　　在其他章中，作者以小传形式重点介绍了佛罗伦萨画派、罗马画派、威尼斯画派、北方文艺复兴以及巴洛克时期的代表性巨匠的非凡人生与不朽杰作。

　　在写作手法上，作者并未将文本重心放在沃尔夫林式的形式分析和风格描述上，也并未遵循潘诺夫斯基式的图像学表达语境，而是特意将艺术史与通常被一带而过的系列重大历史事件和隐性社会文化因素深度关联，将一个个特立独行的艺术家个体，放在美术史的关键节点和时代大潮的背景中，既宣示了艺术家本身的巨大贡献和艺术作品的独特魅力，也从潜在逻辑上强调了宏观历史条件的发展动能，以及对艺术史流变的内在影响。

　　作为西方艺术史（视觉艺术领域）个人专著，本书内容除了对相关图文材料的旁征博引，还不时展现了作者的新发现和新观点，在个别理念方面甚至大胆抛出了对于传统定义的尖锐质疑。这使本书内容在具有一定深度、宽广度和条理性的同时，还在某种程度上突破了长期以来陈陈相因的话语范式，从而具备了一定的普遍可读性与美术史学上的参照意义。

编　者

目 录

这可能是达·芬奇一生中最耿耿于怀的伤心往事之一。若干年后，他站在佛罗伦萨的某个公共场所的过道处，非常痛苦地面对米开朗基罗的当众嘲笑时，这一失败案例被对方用作攻击他在雕塑领域无所作为的靶子，给达·芬奇造成了严重的精神伤害。达·芬奇后来远走他乡，与米开朗基罗关系不睦应该也是重要原因之一。

米开朗基罗似乎并没有把自己全部的爱，回馈给这位恰恰缺乏真爱的孤独、睿智而矜持的贵妇。在罗曼·罗兰著作的一个很不起眼的注解中，非常低调地留下了如下文字："……在他和维多利亚女士交往的1535年到1546年，米开朗基罗还爱过一位'残酷而美丽'的女子，他把她称为'与我为敌的女士'。他深情地爱着她，在她面前卑躬屈节，几乎要为她牺牲永恒的救赎。这份爱使米开朗基罗备受折磨，她却拿他取乐……"

事实上，拉斐尔不愿接受指定婚配自有缘故。他在罗马期间的私生活一直丰富多彩，有据可考的他的数位恋人，皆是不可方物的美人。这使他总是不可救药地坠入温柔乡中而无法自拔。面对那些为他倾倒的热情洋溢的漂亮姑娘们，瓦萨里的记载中写道："拉斐尔是个非常多情的男子，总是喜欢沉湎于女色，并随时准备为她们效犬马之劳。"

他的私生活也像他的绘画一样多彩多姿。相比"文艺复兴三杰"在爱情或世俗婚姻方面的不完美，提香似乎比他们更能平衡爱情、婚姻与艺术的关系。他不仅事业成功、家庭美满，在他漫长的生命历程中，还拥有无数对他死心塌地的红颜知己。在崇尚享乐主义的威尼斯，才华盖世而又挥金如土的提香，以游刃有余地周旋于众多淑女名媛之间，而享有和他的艺术成就颇相匹配的风流之名。

与此同时，曾经凭借内海贸易优势而盛极一时的意大利半岛诸城，却因为主要贸易通道的迁移，而在不知不觉的变化中失去早先的繁荣景象。以地中海为活动中心的区域性商业宝地，逐步被人类史上第一次全球化的大趋势所淘汰。日益萧条的商业活动，使曾经的黄金码头威尼斯、热那亚和包含佛罗伦萨、罗马、米兰等地在内的著名城邦，自此坠入日渐平庸的境地。在此后欧洲数百年的发展过程中，他们被迫告别往日的极度辉煌，而慢慢被边缘化。

可以基本确定的是，发轫于马萨乔一脉的佛罗伦萨画派，在写实技巧方面的探索与完善，直到数十年后，达·芬奇的系列成果才算基本成熟。如果《阿尔诺芬尼夫妇像》的作者和创作年代无疑，那么只能说明，在 15 世纪初，以扬·凡·埃克为代表的尼德兰画派，无论在绘画技巧、创作观念还是材料工艺方面，都曾经走在了佛罗伦萨画派的前面。

而丢勒的价值，则恰恰在这一时期得以显现。他宛如一个孤独的高举火种的引领者，几乎凭一己之力，照亮了那个时代欧洲大陆的北方艺坛。他将来自意大利半岛的先进技法引入到他所在的落后地区，并凭借远超时辈的天赋才情和不畏艰辛的努力探索，而获得了非常伟大的成就。恩格斯曾在评价欧洲文艺复兴这一历史时代的著名论述中，把丢勒视为能和达·芬奇相提并论的杰出人物之一，"是需要巨人的时代所产生的巨人"。

因为印刷行业的业务关系，荷尔拜因有缘接触到了中国明朝时期流传过来的原版印刷品。中国古代典籍中的精美插图，使他深深感受到中国传统绘画中"线"的无穷魅力。这一来自东方文明的高妙手法，与那时盛行于欧洲的以明暗光影为造型手段的技术体系大有不同，最后造就了荷尔拜因与其他欧洲画家卓然不同的风格特质。从他流传于世的众多肖像素描精品中可以看出，荷尔拜因非常注重"线"的表现力，精准的轮廓线，再辅以简约的皴擦，似乎与中国绘画的线造型艺术颇有异曲同工之处，又很好地结合了欧洲本土的绘画技术体系。多年以来，他的素描肖像一直是深受人们喜爱的学习范本。

他想在罗马扬名立万的打算也没有遂意。传记作者巴比斯·普拉依塔基斯无疑是格列柯最饱含深情的赞誉者，但他在著作中依然毫不避讳地描述过格列柯目空四海以致被冷遇的故事：急于获得名望的格列柯，数次在罗马贵族和艺术家同行面前，公开诋毁米开朗基罗的壁画作品有多么拙劣，因此应该抹掉由他来重画。格列柯不合时宜的狂妄言论，激怒了一向以米开朗基罗为荣的罗马市民。他不仅因此遭到群殴，最初接纳他的红衣主教法尔内塞也将他逐出了自己的府邸……

亚半岛荒漠般的艺术活动远远落后于意大利半岛的巨大贡献之际，终于在 17 世纪中叶，及时撑起了能够代表西班牙最高艺术成就的大旗。

引　言

一、从美第奇家族说起

　　关于美第奇家族，此前的主流美术史似乎很少对其详加介绍，但若需重新检索以文艺复兴为开端的欧洲近代美术史，深度探究欧洲文艺复兴运动背后曾经存在的巨大推动力，则这个延续数百年的神秘而毁誉参半的显赫家族，终究是无法回避更无法抹去的关键要素之一。

　　这个名门世家为欧洲文明尤其是欧洲艺术的巨大进步，提供了无法估算的能量。从佛罗伦萨到罗马，进而到整个欧洲和全世界，美第奇家族曾经创造过人类家族史上前所未有的奇迹。

　　与欧洲各国拥有纯正血统的贵族世家不同，起于闾巷的美第奇家族，在 13 世纪之前还属于依赖小本买卖来度日的普通市民阶层。嗣后他们靠商业、高利贷和制造、贩卖假古董发迹，迅速积累了巨额财富，并逐渐在意大利半岛中部的繁华城邦佛罗伦萨获得较高的政治地位。在 14 世纪到 17 世纪的大部分时间里，他们成为佛罗伦萨的实际统治者，并将家族影响力成功延伸到罗马、那不勒斯、米兰、巴黎等其他地方。这个先后产生过三位罗马教皇和两位法国王后的家族，曾经以其巨大的财力和恢宏的气度，在最大范围内赞助了为数众多的知识精英，其中几乎囊括了那个时代的绘画、雕塑、建筑、音乐、文学、哲学、数学、天文等各门类的顶尖人物。

　　历经漫长的欧洲中世纪之后，人类文明的大幅度进步，突然在以佛罗伦萨为中心的意大利半岛上集中产生，除了历史本身蓄积的能量惯性和东西方文明的沟通发酵，还与美第奇家族提供的平台氛围和大力支持有直接关系。

　　可以完全明确的是，在其他地缘政治板块不具备相应条件的历史背景下，是美第奇家族提供了最核心的凝聚力和推动力，对后世影响巨大的欧洲文艺复兴运动，才得以在意大利半岛发轫，继而以蓬勃之势向欧洲西部和北部发展，并由此惠及整个世界。数百年来，人类文明发展史上最伟大的成就，如航海技术的大进步、天文地理的大发现，工业革命的大浪潮，以及涵盖现代各个学科的巨大成就，无不奠基于此。直到今天，在某种意义上可以毫不夸张地说，当下人们得以享受的很多文明成果，大都根植于当初美第奇家族供养资助过的精英群体在文艺复兴运动中的特殊贡献。他们是继中世纪的漫长酝酿之后，第一批带动欧洲近现代文明快速前进的群体性先驱。

抛开美第奇家族在其他领域的业绩，和其家族成员在政治或个人品行上的道德瑕疵，单独探寻其与欧洲美术史直接产生关联的起点，这个起点源自这个家族初步崛起后的第一代宗主乔凡尼·德·美第奇（约1360—1429）。

乔凡尼[①]胆略过人，他的智商很高，行事也极其谦逊。他运用超凡的商业才能，和非常先进的金融手段，使美第奇家族在佛罗伦萨逐渐兴盛起来。他在欧洲各主要城市的连锁银行为他带来了巨额利润。他还通过资助教皇打败竞争对手，从而实际控制了罗马教廷的财产管理权，这为美第奇家族成员中日后出现三位罗马教皇提供了潜在的可能性。

近年考证成果显示，乔凡尼（及他之后的几代家族继承者）还是"共济会"[②]早期行会组织的幕后领导者。他

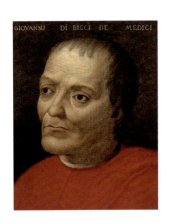

图0-1　乔凡尼·德·美第奇肖像

倚靠强大的财力与高明的手段，巧妙团结和控制了当时在佛罗伦萨拥有选举权的绝大多数头面人物。虽然不是名义上的最高统治者，但他利用在各行业行会的强大影响力，历经反复而最终获得了佛罗伦萨共和国的实际统治权。他捐赠公益事业和施舍贫民的慷慨善举，不仅在

① 乔凡尼，又译作吉奥瓦尼。乔凡尼·德·美第奇（Giovanni di Bicci de' Medici，约1360—1429），美第奇家族第一位具有显赫声望的宗族掌门人。在他经营之下，美第奇逐步成为欧洲最富有的家族之一，并逐渐在佛罗伦萨占据主导地位。

② 共济会（Free and Accepted Masons），是数百年来一直隐秘存在的能量非常庞大的跨国组织。1723年，詹姆斯·安德森出版了《共济会宪章》。长期以来，有关共济会的一切信息均被刻意隐瞒或者误导。人类文明进入互联网时代以后，关于"共济会"的研究和信息披露才开始有所进展。文艺复兴运动以来的欧美众多著名人士和政治家大部分是共济会成员。数百年来的西方文明成果与共济会的影响存在密不可分的关系，无数重大历史事件也与共济会的幕后操纵有很大关联。马克思在《资本论》中曾多次提起过共济会。

③ [英]加文·孟席斯:《1434,一支庞大的中国舰队抵达意大利并点燃文艺复兴之火》,宋丽萍、杨立新译,108页,北京,人民文学出版社,2012。

很大程度上为他和他的家族洗刷了数代人靠高利贷获取暴利的坏名声,还由此获得了非常广泛的尊敬。他也是家族内第一位赞助学术和艺术的人,并将这一举动作为家族习惯,传给了他的后代们。"在此后的150年里,美第奇家族的权力和金钱点燃了文艺复兴之火。"③

乔凡尼之后的两位声望更为显赫的美第奇宗主,即他的儿子科西莫和重孙子洛伦佐,做出了更突出的贡献。在

图 0-2 科西莫·德·美第奇肖像

图 0-3 洛伦佐·德·美第奇肖像

他们的大力扶持下,艺术家的社会地位和财富收入得以空前提高。艺术家不再像往常那样只是卑贱劳苦的无名工匠,他们的才华智慧开始获得整个社会的认可和赞誉,并有机会成为声名远扬的艺术创作者。

美第奇家族先后供养的著名艺术家名单里面,有基布尔提、布鲁内莱斯基、多纳泰罗、马萨乔、波提切利、乌切罗、德拉瑞亚、提香、曼坦尼亚、瓦萨里等一大批让后辈无限景仰的人物,光耀千秋的文艺复兴三杰——达·芬奇、米开朗基罗、拉斐尔,也无一不曾受过美第奇家族的滋养润泽。简言之,整个意大利文艺复兴运动中的文化、艺术界的关键人物,绝大多数都受过美第奇家族的赞助和庇护。

正是以美第奇家族为主要代表的佛罗伦萨新贵们,明智而慷慨地将巨大的财务盈余投入到对后世影响深远的公益事业和文化事业,通过兴建教堂、兴办教育、供养人才等措施,为美学与哲学的空前大发展,为文艺复兴运动在意大利半岛上的产生,提供了必要的条件和充分的铺垫。

需要重点指出的是,通过近年来中外学者的大量考据,如今人们还可以一窥美第奇家族在其他方面做出的突出

"贡献"：以乔凡尼、科西莫和洛伦佐为主要代表的美第奇家族首领，除了供养大量艺术家和能工巧匠，还在他们的宫廷中先后笼络了一批学者如托斯卡内利、阿尔贝蒂、马斯里奥·菲奇诺、马基雅维利等人，其中一些人主要负责伪造古代手稿。他们的系统造假和精心吹捧，使佛罗伦萨突然成为欧洲最令人倾心崇仰的文艺中心，因而在客观上促进了欧洲人学习理性知识的热潮，并且他们在短短几十年间炮制出来的大批"古代手稿"，还与他们利用相似手法来冒充的"古代雕塑"（实为米开朗基罗等人参与伪造的托古作品）一起，通过一代一代后继者的持续填充和修补，最后形成了子虚乌有的"古希腊文献"的主要来源之一。④

　　纵观整个欧洲六百年来的文艺发展史，和近年来对充满神秘色彩的美第奇家族史的深入研究，可以看出一个大概的脉络：在美第奇家族兴盛时期，欧洲文化艺术的发展中心无疑集中在以他们的家族势力范围佛罗伦萨和罗马为主要区域的意大利半岛。而后，随着欧洲地缘政治板块的变迁，随着大航海和地理大发现带来的经济中心的偏移与欧洲权力中心的转场，甚至包含喜好收集艺术品的家族女性先后嫁入权势日炽的法国王室，几乎全程陪伴了整个意大利文艺复兴过程的美第奇家族，在历经崛起、兴盛与逐渐衰落之后，于18世纪中叶神秘退场。而在这个此消彼长的过程中，欧洲文化艺术中心，才最终完成了从意大利半岛到法国巴黎的转换。

　　公元1743年，美第奇家族的最后一位女传人在去世之前所立的遗嘱："将美第奇家族的所有财产传给新大公以及他的继承人，包括他们的官邸和别墅，画作和雕塑，吗珠宝和家具，书籍和手稿——她世世代代的祖先留下来的所有艺术作品的大量珍藏。她只有一个条件：美第奇家族的一切珍藏都不得搬离佛罗伦萨，要让全世界的子民可以永远欣赏，从而为人类造福。"⑤

④　参见何新《希腊伪史考》、董并生《虚构的古希腊文明》等系列著作。

⑤　［英］克利斯托夫·赫伯特：《美第奇家族兴亡史》，吴科平译，289 页，上海，上海三联书店，2010。

二、佛罗伦萨——现代欧洲之母

欧洲文艺复兴运动，为何首先在佛罗伦萨得以兴盛，而不是在别的地方？这需要先了解一下宏观的历史背景。此前在欧亚大陆发生过的大型历史事件中，包含如下似乎风马牛不相及但实际上却具有时空联动效应的重要线索。

1. 公元4世纪，东欧平原上的哥特人开始向西侧的罗马边境大规模迁移。突如其来的局面失衡，直接造成业已衰朽的古罗马帝国彻底崩溃，具有一定发展水平的古罗马文明遭到大规模破坏，由此导致欧洲陷入长期动荡不安的混乱状态。欧洲大地进入史称的"黑暗时期"，从而为古典时代画上了句号。

2. 在东欧地区，古罗马帝国的废墟上，后继者于公元395年建立了以君士坦丁堡为中心的东罗马帝国，并控制了东欧和西亚部分地区，自此延续千年，直到15世纪中叶被奥斯曼土耳其帝国灭亡。与西欧之间原本就长期存在的地缘冲突和宗教隔阂，在东罗马被异族征服之后更加激化，互相敌视和严格分离，使东欧地区成为文艺复兴运动中最不活跃的欧洲板块。⑥

3. 在西欧地区，公元5世纪，残存的"西罗马帝国"⑦彻底灭亡。9世纪中期，查里曼帝国分裂，法兰西、德意志、意大利雏形产生，封建制度在西欧确立。1054年，基督教会分裂为天主教和东正教两大宗。⑧ 1066年，法国诺曼底公爵征服英国。1337年，英法百年战争开始……⑨

4. 在人烟更加稀少的北欧地区，靠四处打劫为生的维京海盗还长期生活在非常落后的荒寒处境之下，更不可能为新型文明的大规模爆发准备条件。

由此可见，整个欧洲大陆的大部分地区，要么经历了几乎长达千年的剧烈动荡，要么还处于严重的互相隔离状态。相比之下，似乎只有因被阿尔卑斯山脉所阻隔，而以长条形状向东南方向伸入地中海的意大利半岛，才具备得天独厚的历史条件。

地中海是位于欧洲、亚洲和非洲三大板块交接地带的内陆海。在人类航海技术还处于近岸探索的阶段，意大利

⑥ 西方主流史学界认为，公元3世纪后期，古罗马帝国进入内忧外患的衰落阶段，皇帝戴克里先决定改用四头制来管理庞大的罗马帝国。他将整个帝国一分为二，在意大利和希腊各自设立一个皇帝和副皇帝来行使帝国权力。这种分治体制在戴克里先退位后迅速瓦解，帝国陷入混战之中。

公元324年，获胜者君士坦丁大帝重新将自己立为整个帝国唯一的最高统治者。鉴于帝国经济、文化重心东移，公元330年，君士坦丁在希腊对岸的小渔村建立了一个新的首都，君士坦丁称之为新罗马。但欧洲史学界曾长期称之为君士坦丁堡，意为君士坦丁之城。君士坦丁认识到基督教比之前罗马神话中的多神信仰更有助于提升他的权威，从而成为第一位信仰基督教的古罗马皇帝。在他影响下，基督教由之前被官方严厉镇压的地下发展状态，逐渐转换成流传欧洲的全民信仰。

公元395年，帝国再次分裂为东、西两部分。

东罗马在15世纪中叶灭亡后，宗教冲突和地缘竞争造成的严重隔阂，尤其是之后又远离新开拓的全球海上商路，使东欧和西亚地区自此走向更加封闭与长期落后的境地。

⑦ 这一时期西欧地区只有互相分离并且普遍规模很小的松散城邦，"西罗马帝国"名存实亡，统治能力非常薄弱。

⑧ 公元1054年，因为语言差异、教义分歧和政治文化冲突，基督教内部正式分裂为西部拉丁语系的天主教和东部（东罗马）希腊语系的东正教两大对立板块。天主教，又称罗马公教，日后从中再分离出了新教。东正教，又名"希腊正教"，或"东方正教"。

⑨ 以上三条线索受益于互联网上某位佚名作者的欧亚历史大事件提纲。

半岛凭借得天独厚的地理优势和历史机遇，成为沟通三大洲内海贸易的重要通道和航运集散地。以日渐兴盛的手工业商品生产和往来密切的航运贸易为基础，意大利半岛上的热那亚、威尼斯、佛罗伦萨、米兰、比萨和罗马等城市都由此繁荣起来。后世所称的资本主义萌芽率先在意大利半岛产生。

佛罗伦萨位于半岛中部的托斯卡纳地区。这里的人们非常注重商业活动，外向型经济能让他们从四面八方赚来更多的钱财，这使佛罗伦萨城各阶层的民众都获得了较大的实惠。因此，他们更愿意以现实中获得的经济收入多少，来评判一个人或一个家族社会地位的高低。在他们看来，只有拥有巨额财富的成功商人才更值得羡慕和赞誉。比如当地一度盛行的民间舆论包括如下说法："如果一个佛罗伦萨人不是商人，没有去过世界各地，没有见过不同的国家和人民，并带着财富回到佛罗伦萨，他就不值得受到任何人的尊敬。"⑩

在此期间，佛罗伦萨的人口规模虽然还比不上同时期的巴黎、那不勒斯、威尼斯和米兰，但与其他城邦相比，这里的市民们却非常幸运地具有一项独特的优势：他们拥有其他地区很难比拟的相对稳定的社会局势和相对民主的政治模式。

与当时大多数的王国政权不同，佛罗伦萨在中世纪地缘政治的角逐与变迁中，得以大致延续了古罗马时期的共和体制。其原因之一，在于"西罗马帝国"灭亡之际，授权其国内的领地可以各自独立，而无须臣服于新的统治者。因此在古罗马曾经统治的核心区域意大利半岛，在历经轻微动荡之后，共和体制最终得到一定程度的保留。彼此独立的具有早期民主特征的城邦共和国如佛罗伦萨等，先后获得教廷的认可。

这里没有独裁的国王或者君主。统治整个城市的，是由行业公会推举出来的具备相当声望的人组成的执政团。除非遭遇紧急或重大事件，执政团成员将按照事先约定的程序定期进行选举更换。这一中古时期的民主制度，虽然

⑩ ［英］克利斯托夫·赫伯特：《美第奇家族兴亡史》，吴科平译，12 页，上海，上海三联书店，2010。

在实际运行中，难免在一定程度上遭受美第奇等当地豪族势力的操纵，但即便如此，佛罗伦萨的执政者，仍然使他们与民众之间可能出现的对立情绪，能够降到相对较低的程度。否则，严重不符合大部分民意的执政者，将可能在集体要求下退出领导阶层，甚至被驱逐出境。

在这个规模不大的城市里面，若有人想获得被推举的机会，就必须最大限度获得当地民众的美誉和爱戴。在人们看来，他必须具备高超的智慧、公正的品行、勤勉的态度，除此之外，最好还有能力为公益事业适当地捐助财物。

"一旦积累了大量的财富，商人们决不能吝啬……他必须对建筑教堂和修道院提供慷慨的捐赠，这不仅是为了神的荣耀，更是为了后代们和佛罗伦萨的名誉。如果他足够富有的话，他还能通过借贷给共和国的方式赢得更多的声望……"⑪

正是通过这类施惠于公众的方式，美第奇家族逐渐获得了在佛罗伦萨的政治地位，并在此后将家族影响力一直延续了几个世纪。

⑪ ［英］克利斯托夫·赫伯特：《美第奇家族兴亡史》，吴科平译，12 ～ 13 页，上海，上海三联书店，2010。

图 0-4　佛罗伦萨城市景观

除了在兴修住宅和捐建教堂等方面互相攀比，以美第奇家族为主要代表的佛罗伦萨的富人们，还捐建了数量可观的图书馆和新式学校。在教化功能上，也开始有意识地注重人文科学的培养。城里的头面人物，会让自己显得更具新兴领域的学识修养。有条件获得良好教育的富家子弟相互切磋和比较的，也往往是哲学、美学、文学、诗歌、音乐等理性知识或技能的优劣。人文主义的学术氛围在此获得良好的发展空间，人们的思想逐渐从相对僵化的中世纪教条中解放出来。这与欧洲其他地区的教会学校占主导地位有很大的不同。后者做得更多的，是长期灌输关于圣经故事和语法修辞方面的知识。

有人曾经这样由衷地赞扬："没有内忧外患，这都是洛伦佐的功劳。意大利的人们享受着和平的气息，城外是安静的，城内是没有纷争的，佛罗伦萨醉心于发展自己的艺术，享受和平的喜悦，吸引各地的文人墨客前来著书立说。佛罗伦萨人装饰点缀着这座城市，让附近的乡村硕果累累。简言之，佛罗伦萨对艺术的投入和追求，让人们一想起那个年代就备感愉快……"⑫

⑫ ［英］克利斯托夫·赫伯特：《美第奇家族兴亡史》，吴科平译，144 页，上海，上海三联书店，2010。

图 0-5　佛罗伦萨城内的乌菲兹美术馆内部陈设（原属美第奇家族）

关于佛罗伦萨在文化艺术方面的突然崛起，实际上还有两个非常重要但却长期被淡化的外部因素。

第一，东罗马帝国的文明成果对意大利半岛的两次集中输送。

首先是 1202—1204 年间在讨伐异教幌子下进行的第四次十字军东征。由于君士坦丁堡被攻陷，东罗马长期积累下来的大量金银财富、历史典籍、珍贵文献、艺术品，以及建筑师、艺术家、大理石工匠等高端人才被掳掠到意大利、西班牙和法兰西，推动了意大利和西欧地区在蒙昧状态下的第一次文化进步。

然后，随着 15 世纪奥斯曼土耳其帝国的四处扩张，东罗马帝国从皇帝到臣民，都感受到了威胁。为了获得罗马教廷的援助，在科西莫·德·美第奇的斡旋之下，东罗马末代皇帝被迫放弃数个世纪以来的东正教与天主教之争，屈尊来到佛罗伦萨，向驻跸于此的罗马教皇表示妥协，其属下那些怀有渊博学识或一技之长的人士也纷纷离开险境来到佛罗伦萨。他们为此地注入了高水平的学术素养和新的视野。1453 年君士坦丁堡最终陷落之际[13]，东罗马末代皇帝君士坦丁十一世虽然没有逃过身死国灭的悲惨结局，但帝国积淀下来的千年文明（包含东罗马长期以来保存、吸收的来自遥远东方的中华文明的部分精华）和优秀人才，却再次集中涌入了佛罗伦萨和威尼斯等城邦所在的意大利半岛，这为美第奇家族据此持续伪造"古希腊文献"提供了非常良好的创作素材，更为佛罗伦萨即将爆发的文化大进步，为西欧突破天主教神权束缚和人文主义的蓬勃兴起，额外提供了不容忽略的文化能量。

第二，先进的中华文明对当时还处于落后状态的欧洲的文化滋养。这方面至少也关联了两次曾被严重低估甚至被完全忽略的历史事件。

首先是 1295 年马可·波罗从中国返回威尼斯之后带来的连锁反应。《马可·波罗游记》风靡欧洲之后，欧洲人开始普遍关注外部世界，大规模的欧亚联通由此开启。

之后是中国明朝时期的一系列航海活动，郑和属下的

⑬　此后，君士坦丁堡被更名为伊斯坦布尔。今属土耳其。

远航分队从官方渠道向欧洲输入了更加先进的东方文明。源自中国的造纸术、印刷术、航海术、天文学、数学、农学、矿冶学、军事学等先进的知识与技能很快在欧洲获得大面积推广应用。由此，欧洲人依靠手抄羊皮卷来传播知识的落后方式大为改观，还导致长期被宗教观念所禁锢和误导的理性知识得以迅速提高，并使一系列以此为启迪而进行的文化再创造成为可能。尽管这一史实之前长期被西方保守派学者刻意遮蔽，但近年来中外学者的研究成果终于共同认证了这一点："郑和下西洋由许多船队组成，船舶数量以千计，其中一支船队于 1434 年到访了威尼斯，大明朝特使还亲赴佛罗伦萨与罗马教皇尤金四世会晤，期间也与当地学者托斯卡内利（数学家、地理学家、天文学家）进行了交流，赠予尤金四世教皇《授时历》《武经总要》《火龙经》《农书》等大批科技图书典籍，通过教皇及托斯卡内利等向欧洲传授了大量的科技知识及东方信息。从而实现了'中国和欧洲之间的巨大知识转移。这种知识起源于一个历史超过千年，并已在亚洲创造出先进文明的民族。这种知识传给了自罗马帝国灭亡后，正要从千年停滞中蜕变而出的欧洲……中国智能资本的转移到欧洲点燃了意大利文艺复兴的火花'。"[14]

⑭ 董并生：《虚构的古希腊文明》，437 ～ 438 页，太原，山西人民出版社，2018。

综合这些重要因素，佛罗伦萨逐渐获得了巨大的竞争优势。和其他欧洲城邦相比，这里的地理位置更优越，经济更发达，富人们更慷慨，政治氛围更开明，有才能的移民更愿意在此聚集，佛罗伦萨的民众也更有机会接受外来新学科新知识的熏陶和培养。因此，这个当时不足十万人口规模的城市，才有可能一反常态，继但丁、彼得拉克、薄伽丘、乔托等名流之后，突然涌现出阿尔贝蒂、达·芬奇、米开朗基罗、马基雅维利、伽利略等一大批影响深远的著名人物。"……这些先驱中的每一位都是佛罗伦萨人。作为文艺复兴的第一个家园，佛罗伦萨能当之无愧地宣称自己是'现代欧洲之母'。"[15]

⑮ ［英］诺曼·戴维斯：《欧洲史》上卷，郭方、刘北成等译，466 页，北京，世界知识出版社，2007。

相形之下，欧洲其他那些还在互相倾轧中苦苦挣扎的地域，在那时的文化艺术发展状况则显得黯淡无光。这些比较明确的逻辑关系，似乎可以解释欧洲"文艺复兴"运动为何不在别的地方，而是首先在佛罗伦萨产生最辉煌的业绩。

被誉为"艺术之都"和"鲜花之都"的佛罗伦萨，因为奇迹般地造就了伟大的欧洲文艺复兴运动，而成为数百年来，意大利半岛上最为人们所称道的圣地。佛罗伦萨画派，也由此成为主流美术史中，讨论文艺复兴绘画必须要浓墨重彩描绘的篇章。

图 0-6　乌菲兹美术馆内景

三、教皇的比喻：它的光是向太阳借来的

　　为便于理解，在正式描述欧洲顶级大师们的艺术与生平之前，还有必要简略回顾一下欧洲文明所处的宗教背景。

　　与中国历代王朝的传承世系不同，欧洲历史上的政治经济文化演变，多了一个至关重要的因素：宗教对人们的巨大影响。这也是欧洲艺术作品中宗教题材曾经铺天盖地的根本原因。

　　自古典时期到中世纪以来，欧洲的地区冲突一直非常严重，残酷的互相争战与大规模的瘟疫传播，使欧洲人民一批一批死于非命。人们在现实生活中屡屡遭受挫败和伤害，或被迫付出难以承受的代价。绝大多数的人总是无法掌控自己的命运，也无法以乐观的态度去预见未来。他们在恐惧与迷茫中度过自己的一生，仿佛无根的浮萍，只能在动荡不安的社会局势中随波逐流。

　　而基督教的产生，在很大程度上能给予当时的人们以精神上的抚慰。以"宽恕""赎罪"及关于"现世与来世"等让人有所指望并充满禁忌的教义解释，使民众获得了追求精神安宁的途径，从而为基督教在欧洲的大范围传播创造了相应的条件，并最终获得各个阶层的推崇与依赖。

　　欧洲史学界认为，公元 1 世纪，基督教产生于古罗马帝国东部的巴勒斯坦地区。由于与古罗马帝国的多神信仰存在冲突，基督教信仰曾经受到严厉打压，因此最初只能在地位低卑的民众之间暗自流传。直到公元 313 年，试图在古罗马废墟中重新建立起帝国威权的君士坦丁一世在迁都之前，颁布了著名的《米兰饬令》，基督教的合法地位才获得官方的正式承认。从此，得到统治者大力扶植的基督教，逐步变成流播欧洲的官方宗教。经过数百年的发展演变，到 11 世纪时期，教会分裂为东西两部分——盛行于东罗马帝国的东正教和在西欧占据统治地位的天主教[⑯]。基督教文化，成为主宰欧洲大陆的主流文化。

　　到 13 世纪初，天主教确立了对西欧的神权统治。教皇在罗马建立了天主教会的最高权力机构，即教廷。因为特殊的历史原因，教廷的神圣不容置疑的权力，得以凌驾于

⑯ 天主教内部后又分离出新教。

世俗王权之上。虽然后来也曾遭遇一些世俗领主的蔑视和挑战，但在大多数地区和大部分时间内，教皇俨然成为各王国和城邦割据势力的名义上的共主。欧洲的世俗王权之上还有宗教神权，这一点，明显区别于中国历代封建王朝的皇权至上。

西欧的天主教国家，无论国王还是城邦领主，无论骑士还是普通百姓，几乎人人信教。教会甚至有能力干涉各国的政治秩序。通常情况下，世俗的封建国王或领主必须获得教廷的庇护与许可，才能名正言顺地完成对普通民众的统治。人们的生活与宗教存在密不可分的关系，似乎从生到死都离不开教会。对"天堂"的向往，和对"地狱"的恐惧，根深蒂固地存在于民众的意识深处。庄重虔诚的宗教氛围和长期的信教传统，使人们宁愿忍受现实中的苦难与困境，也不敢轻易违背教义的规范和引领，以免坠入万劫不复的地狱。"因为很少有人既敢冒今生当即受罚的危险，又敢冒来世永久受罚的危险。"[17] 而教会对普通教民的控制，也反过来为世俗王权的合法性和稳定性提供了相应帮助。因此教皇英诺森三世曾经自信满满地打过一个比喻："教皇权力好比太阳，国王权力犹如月亮，它的光是向太阳借来的！"[18]

除了政治和经济方面的优势，教会还几乎垄断了所有的教育、文化和舆论机构，凭借对教义特有的解释权与裁判权，在意识形态领域占据了统治地位。人们曾经只能在宗教的框架内思想与生活，言行悖逆或与教会对抗，将被视为异端分子，试图在思想方面有所开拓，也将被定义为歪理邪说，从而遭受宗教裁判所的审判和严厉惩处。

宗教在中世纪的西欧历史进程中，由人们在苦难中曾经赖以获得精神安宁的法宝，越来越沦为思想压迫与精神控制的工具。欧洲文明的发展，也在经历早期曾经"辉煌"的古罗马时期之后，陷入长期停滞甚至倒退的局面。因此这一段时期，后来也被史学界定义为欧洲历史上"黑暗的中世纪"。这种状况，直到文艺复兴运动引发的全方位的理性科学大发展以后，宗教源自神学的教义解释，才逐渐

⑰ ［美］斯塔夫里阿诺斯：《全球通史——从史前史到21世纪》，第7版修订版（上），吴象婴、梁赤民、董书慧、王昶译，吴象婴审校，194页，北京，北京大学出版社，2015。

⑱ ［英］哈林顿：《〈大洋国〉导读》，陈玮导读，194页，天津，天津人民出版社，2010。

让位于人类理性探索的文明成果。但尽管如此，"西方基督教过去是，现在仍然是欧洲思想主要的组成部分……，一个欧洲人，即使他是无神论者，也仍是深深植根于基督教传统的一种道德伦理和心理行为的俘虏"[19]。其行为习惯，仍然会不可避免地带有明显的宗教影响的特征。

基于这些原因便能够发现，为什么欧洲"黑暗中世纪"及之后很长一段时期的文学与艺术创作，往往多限定于宗教题材[20]，并在表现手法上呈现僵化保守和脱离现实的倾向；在这个基础上，也才更易于理解，为什么后来在艺术领域创立现实主义原则的先驱者乔托，会以可贵的开拓精神和全新的艺术观念，被视为"中世纪与文艺复兴的分水岭"。他的后继者马萨乔，也因为延续和发展他的理念，而在美术史上获得崇高的评价，被称为"那个时代现实主义的奠基者"。

⑲ ［法］费尔南·布罗代尔：《文明史》，常绍民等译，356 页，北京，中信出版集团有限公司·中信出版社，2015。

⑳ 与此互为因果的事实是，铺天盖地的以宗教和神话题材为主要内容的艺术作品，通过建筑、装饰、雕塑、绘画等艺术形式，以摄人心魄和让人敬服的视觉效果，从文化和精神上更加强化了欧洲人的宗教意识。

第 一 章
布鲁内莱斯基，文艺复兴早期的核心人物

　　与大名鼎鼎的"文艺复兴三杰"相比，无论是以建筑艺术成就人生的布鲁内莱斯基，还是擅长雕刻的多纳泰罗，抑或是在绘画领域引领风潮的马萨乔，他们的声名似乎都未达到令人如雷贯耳的程度。但是，整理欧洲文艺复兴艺术的发展脉络便会发现，这三位都是文艺复兴前期无法忽略的标志性人物，也都是在艺术领域为后人开辟道路的一代宗师。其中，以三者之间的社交关系和学术影响而言，布鲁内莱斯基堪称其中的核心人物。

　　在以全才著称的达·芬奇横空出世之前，布鲁内莱斯基几乎是唯一可以确证的在绘画、雕塑和建筑等领域都很出色的艺术大师。他在雕塑艺术方面影响过多纳泰罗，在绘画艺术方面帮助过马萨乔，但他个人的最高成就，却体现在建筑艺术方面。

　　布鲁内莱斯基在建筑艺术领域的代表作，如今依然屹立在游人如织的佛罗伦萨城。与当今世界各地的那些高耸入云、造型别致的现代建筑相比，曾经风光无匹的"布鲁内莱斯基穹顶"，可能难以让当下的观光客们感到惊叹。大多数的旅游者，往往会在草草浏览之后，忽略掉其中所蕴含的学术价值和历史意义。而只有极少数的专业研究者和知晓"布鲁内莱斯基穹顶"来历的人们，会长久地流连于此，细细打量这座经过数百年风雨洗礼的欧洲建筑艺术史上的里程碑……

　　建筑是实用价值与审美价值、工程技术手段与视觉艺术手段紧密结合的艺术门类，是物质功能与审美功能相结合的大艺术。与它相比，壁画与雕塑往往都只能算作建筑艺术的附属物。

长期以来，欧洲各地统治阶层和教堂都有利用建筑艺术来歌功颂德的喜好。在布鲁内莱斯基活跃的年代，佛罗伦萨城的当权者们也不可遏制地产生了这种愿景。

由于乔凡尼·德·美第奇的倡议，佛罗伦萨那些高度富裕而满怀抱负的新贵们很容易就达成了一项共识：他们需要捐建一些区别于其他城邦的标志性建筑，既借此表达对神的感恩和敬仰，又能成就此地独有的荣耀。经过讨论，完善和扩建佛罗伦萨城内的烂尾工程——佛罗伦萨大教堂①，被公认是一个非常好的主意。

作为这一项目的最大捐资者，乔凡尼成功说服了圣洛伦佐教区的其他几个主要家族，他们愿意共同出钱，打算以最精巧的设计、最好的建材、最完美的施工以及最豪华的装饰，来完成这一激动人心的构想。

而帮助他们最终实现这一愿望的，正是日后凭借这一建筑而名满欧洲的布鲁内莱斯基。他所主持建造的佛罗伦萨大教堂穹顶，成为文艺复兴早期最著名的建筑代表作。

菲利波·布鲁内莱斯基（Filippo Brunelleschi, 1377—1446），最早从事宝石镶嵌和雕刻工作，于数学尤其是透视学方面也颇有建树。在1401年的一次青铜浮雕设计方案评比中，布鲁内莱斯基以毫厘之差输给了当时与他齐名的基布尔提（又译作吉贝尔迪）②。曾经以雕刻技艺名重一时而高度自负的布鲁内莱斯基深以为耻。后来他离开佛罗伦萨，和他的亲密伙伴多纳泰罗一起去了罗马。他选择改学建筑，多纳泰罗则选择继续学习雕刻。在罗马游历期间，他仔细研究了古罗马万神殿和其他的经典建筑，对万神殿拱顶的所有难点要点都进行了测量和记录。

布鲁内莱斯基和多纳泰罗终日在罗马废墟上转悠，如果发现被掩埋在地下的柱头、檐口和建筑基座，他们就会将其挖出来加以琢磨，一个潜心于建筑，另一个则着迷于雕刻。这一怪异行为使他们在罗马城几乎尽人皆知。人们常常将这两位衣衫不整的行踪诡秘者视为企图寻找宝藏的妄想者。

由于经济困顿和情感龃龉，多纳泰罗后来独自返回佛罗

① 佛罗伦萨大教堂，最初叫圣洛伦佐大教堂。教堂于1296年奠基。其先期完成的哥特式钟塔由大画家乔托设计，被称为"乔托钟塔"。工程因黑死病暴发曾被迫中断，1436年建造的布鲁内莱斯基大穹顶成为新的标志性建筑。建筑群后来又有扩建，后世将其统称为佛罗伦萨大教堂或百花圣母院、圣母百花教堂。

② 洛伦佐·基布尔提（Lorenzo Ghiberti, 1378—1455），又译作洛伦佐·吉贝尔迪，其门徒马索利诺指导过马萨乔。在欧洲美术发展史上，基布尔提也是一位成就斐然的艺术大家。在美第奇家族捐建圣乔凡尼洗礼堂时，有一扇大门需要在青铜镶板上表现"以撒的祭祀"。在最终的设计方案评比中，23岁的基布尔提以微弱优势胜过了比他大一岁的当地名家布鲁内莱斯基，从而名声大噪。此后他花了24年时间才完成了洗礼堂北门的作品。然后，基布尔提又开始为洗礼堂东门制作装饰浮雕。在他73岁的时候，终于完成了另一组精美至极的作品。门板上表现了圣经旧约中的典故。多年以后，细细揣摩这些作品的米开朗基罗也不禁表示深深的叹服，称其不愧为"天堂之门"。基布尔提以卓越的雕刻技艺、精益求精的工作态度和启发了无数后辈的精美作品闻名于后世，被视为文艺复兴早期雕刻艺术的奠基者之一。他是直接指导多纳泰罗入行的第一位名师。

图 1-1 布鲁内莱斯基浮雕参赛作品
《以撒的祭祀》

伦萨，布鲁内莱斯基则继续留在罗马研学建筑。他从众多古罗马时期的建筑废墟中观察到各种建造方法，对如何利用榫卯结构及保持力学平衡，甚至如何巧妙吊装都已了然于胸。他通过逆向研究，基本掌握了在欧洲业已失传的建筑技术。瓦萨里在布氏的传记中说道："他的研究是如此透彻，以致他在脑海中仿佛能看到罗马城被毁前的原貌。"[3]

由于拥有多学科的学问和在罗马时的经历，原本就在佛罗伦萨颇有声望的布鲁内莱斯基更加自信。于是，当大教堂在主体建筑过半，而汇集全欧洲最出色的建筑师和艺术家迟迟不能解决建造大穹顶的技术困难时，他接到了这个让所有同行感到既羡慕又望而生畏的任务邀请。

这项工程最大的难题，是要在大教堂的主体顶端，再修建一个跨度很大的半球形穹顶。之前，既没有现成的范例能为此提供参照，也没有成熟的技术储备。但布鲁内莱斯基大言不惭地声称，他甚至不需要耗费大量支撑架就能建造成功。

然而一贯任性而态度傲慢的布鲁内莱斯基，却拒绝向心存疑虑的委托者详细解释他准备如何执行这项任务。为了避免被潜在的竞争者取代，他甚至强硬而不合常规地拒绝提供必要的设计图纸。

历经几番周折，委托者最终让步。在教堂主体建筑大致完成之后，1420 年，布鲁内莱斯基正式拿到了建造大穹顶的合同。但由于人们对布鲁内莱斯基的轻狂态度依旧不放心，于是指定老成持重的基布尔提协助他工作。布鲁内莱斯基对此深感不满。"让他很愤怒的是，他必须接受和基布尔提合作。尽管基布尔提在早期对他的帮助，远远超出了布鲁内莱斯基愿意承认或者他的后代们愿意认可的。"[4] 在后世盛赞意大利文艺复兴早期的这一经典建筑时，作为主要贡献者，布鲁内莱斯基独享了这份荣耀；而在另一领域具备崇高声望的基布尔提，后来则被迫彻底退出这一项目。在这项意义深远的建筑工程中，他完全成了布鲁内莱斯基的陪衬者。甚至在有些资料里面，他很不幸地被布氏的赞誉者几乎塑造成了一个形象猥琐的反面角色。

③ ［意］乔尔乔·瓦萨里：《意大利艺苑名人传·辉煌的复兴》，徐波等译，75 页，武汉，湖北美术出版社，2003。

④ ［英］克利斯托夫·赫伯特：《美第奇家族兴亡史》，吴科平译，53 页，上海，上海三联书店，2010。

布氏提供的方案，是在结构复杂的建筑主体上面建构一个没有任何梁柱支撑的双层复式中空穹顶，架设在八边形的鼓状结构上，以减少垂直重力和侧推力对建筑主体的危害。同时在形式上既照顾到建筑外观的整体性，又能保证内部空间的丰富性。⑤

除了不断更新的模型⑥，布鲁内莱斯基从前到后都没有提供详细的施工图纸。这一复杂而艰巨的建筑过程，几乎完全依靠他那令人叹服的心算能力和精确的空间想象能力。他还为此提供了专门设计的吊装施工器械与独特的建造技术。16 年后，穹顶的建构得以大体完成。

⑤ 布鲁内莱斯基采用了波斯建筑中曾出现过的双壳结构，即从外部所见的拱形壳内还包着一个内部的拱形结构，而两层拱中间则是空心的，形成夹层。这一设计较一个实心的"大壳"比起来更加轻盈，而且不但使得穹顶重量最小化，还为穹顶后续的修缮提供了维修通道。

⑥ 为保证工艺水平，布鲁内莱斯基邀请多纳泰罗和班科这两大雕刻名家参与了木质模型的制作。

图1-2　布鲁内莱斯基穹顶（中世纪建筑与文艺复兴建筑的分水岭）

公元1436年，美第奇家族请来了罗马教皇，在佛罗伦萨举行了给圆顶祝圣的隆重典礼。带着盛大排场而来的教皇尤金四世，以优雅而热情的语调，为这幢建筑和他的主要作者布鲁内莱斯基，及这座城市里面慷慨而仁慈的捐建者们，给予了最由衷的赞美。参加活动的人们，也被这前所未有的建筑奇迹所震撼，狂欢之际，他们无不流下激动与感动交相掺杂的泪水。

后来，布鲁内莱斯基又在穹顶之上增加了一个塔式天窗，使教堂总高度达到121.2米，足以俯瞰整个佛罗伦萨城。可惜在彻底完工之前，1446年，他不幸去世了，终年69岁。

图1-3 布鲁内莱斯基穹顶内景（由瓦萨里等艺术家陆续绘制）

佛罗伦萨人给了布鲁内莱斯基极高的哀荣，他被获许安葬在他建造的大教堂地下。为他制作的纪念雕像被放在教堂广场。雕像的视线所向，即是他赖以成就显赫声名的、令教皇都感到惊叹的"神话穹顶"。

图 1-4　佚名《布鲁内莱斯基雕像》大理石雕

布鲁内莱斯基成功践行了他以个人荣誉做担保的诺言。后来人们把佛罗伦萨大穹顶的建成，看作文艺复兴建筑开始区别于中世纪建筑的标志。

图 1-5　佛罗伦萨城市地标，夕阳下的圣乔托钟楼与布鲁内莱斯基穹顶

　　布鲁内莱斯基大胆突破了中世纪以来哥特式教堂越做越高的尖顶风格，而代之以暗含"拜占庭"样式和其他样式的穹顶风格。此前，中世纪以来的意大利半岛还从未出现过类似的带有其他宗教色彩的建筑案例。不过从现代研究成果来看，布鲁内莱斯基极有可能经由某种渠道在波斯建筑中获得相应的启发，而他的设计方案被采纳，也似乎说明曾经戒律森严的宗教禁忌，已逐渐在势不可当的人文主义的觉醒和东西方的文化融合中，悄然松动了那曾密不透风的樊篱。

　　正如 15 世纪意大利建筑理论家阿尔贝蒂所赞扬的：可以想象，当时这高大的穹顶是如何睥睨整个托斯卡纳，将其余城邦所有的繁荣文明都纳入其阴影之下，无声诉说佛罗伦萨的辉煌盛世的。若带着此种想象登上阿诺南岸的米开朗基罗广场俯瞰全城，看着百花圣母院的穹庐与另一端的圣十字大教堂在夕阳下遥相对语，大概还是能感受到些许别样的静穆与庄严吧！

顺便提一下，布鲁内莱斯基穹顶的主要委托者乔凡尼·德·美第奇，并没有等到教堂落成典礼的那一天。1429年，在穹顶建造还在半途的时候，乔凡尼撒手人寰。他的儿子科西莫·德·美第奇接过继承权之后，终于完成了乔凡尼的心愿。

继佛罗伦萨大教堂建造成功之后，科西莫更是"源源不断地用美第奇家族的金钱来建造、修缮和装饰整个佛罗伦萨以及周围乡村的教堂、修道院和慈善机构，仿佛下定决心要在托斯卡纳地区留下他的印记"[⑦]。

这一行为，引起了具有经济实力的当地其他家族的纷纷仿效。当欧洲其他地区的各路豪强正在为争抢势力范围而斗智斗勇之时，佛罗伦萨的新贵们却在争先恐后地大兴土木。由此带来的直接成果之一，是在当地创造了艺术领域前所未有的刚性需求。美第奇家族拥有的那些优美而令人艳羡的大量艺术品，那些足以让他们的家族荣誉和个人形象不朽于后世的建筑、雕刻与绘画原作，使那些热衷攀比的佛罗伦萨的政治精英和商业富豪们，迫切需要越来越多的有品位的雕刻、绘画和工艺品，来装饰为他们带来家族荣誉的华美建筑。这在客观现实上，也使经济越来越繁荣的佛罗伦萨，和意大利半岛上其他被影响的富庶城市如罗马、威尼斯、米兰和热那亚，为那些技艺出众的艺术家们，提供了更多的订单、更优渥的待遇和更好的展示平台。

在这个过程中得以脱颖而出的，首推建筑大师布鲁内莱斯基。"他极大地推进了建筑艺术的发展。通过他，建筑艺术达到了以前的托斯卡纳人从未企及的水平。"[⑧] 他在佛罗伦萨留下的系列建筑精品，影响和启发了无数的后来者。他与多纳泰罗、马萨乔鼎足而三，分别成为意大利文艺复兴早期在建筑、雕刻、绘画三大艺术领域最负有盛名的引领者，从而被誉为艺术界的"文艺复兴前三杰"。[⑨]

⑦ ［英］克利斯托夫·赫伯特：《美第奇家族兴亡史》，吴科平译，53页，上海，上海三联书店，2010。

⑧ ［意］乔尔乔·瓦萨里：《意大利艺苑名人传·辉煌的复兴》，徐波等译，88页，武汉，湖北美术出版社，2003。

⑨ 意大利"文艺复兴前三杰"的通俗说法有两种，文坛"前三杰"分别指但丁、彼得拉克和薄伽丘。艺坛"前三杰"则公认为布鲁内莱斯基、多纳泰罗与马萨乔。

第 二 章
多纳泰罗，佛罗伦萨画派的一代宗师

雕刻家多纳泰罗，本名 Donato di Niccolò di Betto Bardi，别名 Donatello。1386 年出生于佛罗伦萨，1466 年以八十高龄在他的故乡去世。

多纳泰罗很小的时候就被父亲送到作坊里学习雕刻。他的老师仅仅比他大 8 岁，是多才多艺的雕刻家基布尔提。

出身于首饰工匠家庭的基布尔提，在雕塑方面更擅长制作体量偏小但以精致入微而著称的作品。多纳泰罗早期在基布尔提工作室受到了非常严格的技巧训练。但孤傲而才华出众的他，无法长期忍受基布尔提刻板而挑剔的脾气。因此在布鲁内莱斯基的撺掇之下，多纳泰罗断然选择了离开。① 此后，多纳泰罗和他以前的老师基布尔提，还有后来改行学建筑的布鲁内莱斯基，虽然三者之间的恩怨纠葛早已湮没在漫长的岁月里，但他们最后都成就了自己的卓越人生，都为人类留下了他们伟大的作品和不朽的声名。不能不提的区别在于，在建筑成就方面，基布尔提毫无争议地输给了布鲁内莱斯基，而在雕塑领域的贡献，他似乎又略逊于自己的弟子多纳泰罗。

多纳泰罗还在基布尔提门下学徒的时候，就和布鲁内莱斯基结交成了志同道合的朋友。因此，与其说多纳泰罗主动离开基布尔提，还不如说是布鲁内莱斯基从基布尔提门下撬走了多纳泰罗。

布鲁内莱斯基和多纳泰罗曾经感情深厚，彼此都很钦佩对方的才华。布鲁内莱斯基拥有广博的学识、热情的秉性、尖酸的语言风格和特立独行的处世方式，多纳泰罗在与他的交往中受益匪浅，但他偶尔也会遭遇布氏对他的捉弄和调侃。

瓦萨里② 记载过一则比较有趣的往事，后来成为各种

① 瓦萨里的记载显示，多纳泰罗没有参与制作基布尔提后来赖以成名的青铜浮雕，但以独立艺术家身份，提交主题相同的浮雕作品参与了设计方案的评比。虽然他与布鲁内莱斯基都输给了基布尔提，但令人不可思议的是，按年龄来推算，这一年多纳泰罗才 15 岁。

但 20 世纪美术史大家詹森在他的著作中明确提到的六位竞争者名单里面，却没有多纳泰罗的名字。按照瓦萨里一贯浮夸的文风来看，笔者倾向于支持詹森的考据。不过从众多相关材料中可以看出，多纳泰罗很早就离开基布尔提工作室是没有疑义的。

② 乔尔乔·瓦萨里 (Giorgio Vasari, 1511—1574)，著名美术史家。他著述的《意大利艺苑名人传》，记载了意大利文艺复兴时期众多艺术家们的传记和传说，是美术史研究者们非常重视的被认为最能接近那个时代的珍贵史料。他被视为米开朗基罗门生中最全面和最出色的代表，在建筑艺术与绘画艺术方面均有建树，是意大利文艺复兴末期比较活跃的人物。

衍生文本中经常被引用的案例：多纳泰罗在与布鲁内莱斯基闹别扭期间，曾接受委托制作一尊《基督受难十字架》雕像。多纳泰罗花了不少心思，终于创作出一件自己比较满意的作品。于是他怀着沾沾自喜的心情，邀请布氏来欣赏自己的艺术成果。但布鲁内莱斯基见了作品以后，却给出了一个比较刻薄的评价。他认为挂在十字架上的不是基督，而像是一个乡巴佬！

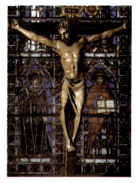

图 2-1　多纳泰罗创作的耶稣十字架

布氏的一瓢冷水，无疑不符合多纳泰罗的期待，于是他反过来讥讽布鲁内莱斯基，并建议他也以同样的主题做一件雕刻作品，以证明"乡巴佬"与"耶稣基督"之间，究竟存在什么区别。

布氏沉吟片刻之后扬长而去。他闭门数月，竟然真的以同样的主题和动态，雕出了一件耶稣受难像。然后，他设了一个小小的圈套，邀请多纳泰罗来吃午饭。毫无思想准备的多纳泰罗走进布鲁内莱斯基工作室，赫然看到了房间正中的耶稣受难像——在突如其来的极度震惊中，他带过来的一包食物也禁不住失手洒落。输了这一局以后，多纳泰罗对年长 9 岁的布鲁内莱斯基更加钦服。

图 2-2　布鲁内莱斯基创作的耶稣十字架

多纳泰罗天分极好。以学术背景而言，他的起点也很高。其自入行开始，即获得基布尔提和布鲁内莱斯基两大顶级名家的指导和帮助。一度几乎与他难分轩轾的天才艺术家南尼·迪·班科，在雕塑技艺方面也与他进行过深度切磋和业务竞赛。这些名家的启发与砥砺，使多纳泰罗得以在那个时代迅速崭露头角。比他略大几岁的班科于 1421 年不幸早逝之后，多纳泰罗更可谓在雕塑领域独步天下。

从另一个角度来看，对多纳泰罗的艺术事业帮助很大的，还有隐藏在佛罗伦萨共和体制后面的实际统治者科西莫·德·美第奇。他是多纳泰罗政治上的庇护人、经济上的最大赞助者和情感上的最终依托。

科西莫是继乔凡尼之后，美第奇家族中又一位雄才大略的宗主。科西莫继续奉行他父亲的经营方略并进一步深化了与罗马教廷的亲密关系。在他的拓展之下，美第奇银行不仅成为意大利最成功的商业连锁银行，而且是整个欧洲最赚钱的家族产业。

在最初的政治生涯中,科西莫经历过非常严峻的危机,但基于在民间的巨大威望和无人可及的综合实力,他成功挫败了美第奇家族在佛罗伦萨的主要竞争者,从而获得了比以前更大的实际影响力。"正如后来的教皇庇护二世所说:'政治问题都是在科西莫的家里解决。他选择的人掌握了要职……他决定和平与战争,控制法律……除了名字,他是实质上的国王。'"③

③ [英]加文·孟席斯:《1434,一支庞大的中国舰队抵达意大利并点燃文艺复兴之火》,宋丽萍、杨立新译,257页,北京,人民文学出版社,2012。

他一生中对后世影响最大的政治贡献,可能是成功斡旋了1439年东罗马帝国末代皇帝与罗马教皇的正式会面。之所以要再次提到这一事件,是因为科西莫促使长期互相敌视的基督教两大教宗转场到佛罗伦萨的这一历史性会晤,虽然最终并没有使东罗马帝国在14年后免于灭顶之灾,但科西莫所掌管的美第奇家族,却因此成为这一历史事件的直接受益者。

科西莫受到了当时最有名望的学者们对他的指导,他积极好学而且智力非凡。他对知识和人才的高度尊重,以及对艺术品的出色鉴赏力,使他本人也成为学识渊博的人文主义者和古典文献的积极"收藏者"。④ 他资助了很多才华出众的学者和同时期活跃在佛罗伦萨的几乎所有的知名艺术家。相比布鲁内莱斯基那不太好伺候的怪脾气,他对英俊乖巧而且才气纵横的多纳泰罗尤其青睐有加。

④ 科西莫·德·美第奇和他的孙子洛伦佐收藏过不少来自东罗马帝国的珍贵文献,但同时他们也是系统伪造"古代手稿"和"古代雕塑"的幕后组织者和最大的金主。

而多纳泰罗,则非常幸运地赶上了这一前所未有的好时代,并遇到了一位具有伯乐式眼光的慷慨赞助者。他以非凡的才能和罕见的高寿,最终成为这一时代硕果累累的代表性人物。

多纳泰罗的父亲是一位商人,曾经由于支持科西莫的主要对手奥比奇家族失败而最终破产。但科西莫没有因此迁怒于多纳泰罗。相反,出于越来越明确的欣赏和宠爱,科西莫甚至对多纳泰罗渐渐产生了超乎寻常的责任感。他要么自己邀请,要么向朋友推荐,其目的,就是确保多纳泰罗能够收到更多的订单。"多纳泰罗对科西莫也怀有深厚的感情,只要科西莫有一点暗示他就能领会他的意愿,而且从不会令他失望。"⑤

多纳泰罗在浅浮雕、圆雕和素描方面都有非常精深的造诣。瓦萨里说："他完全有理由被看作是最早揭示浅浮雕之美的雕塑家，他的浅浮雕构思精妙，风格优美，技巧娴熟，充分说明他对这门艺术有深邃的理解……"⑥

⑤ ［意］乔尔乔·瓦萨里：《意大利艺苑名人传·辉煌的复兴》，徐波等译，106 页，武汉，湖北美术出版社，2003。

⑥ ［意］乔尔乔·瓦萨里：《意大利艺苑名人传·辉煌的复兴》，徐波等译，101 页，武汉，湖北美术出版社，2003。

图 2-3 多纳泰罗浅浮雕作品（局部）

1409 年，大理石雕《大卫》使 23 岁的多纳泰罗在佛罗伦萨赢得了职业声誉。

27 岁时，应佛罗伦萨麻布制造匠行会的邀约，多纳泰罗完成了早期代表作《圣马可雕像》。在这一时期的艺术创作中，他主要遵循的还是传统思想与传统技巧。多纳泰罗奉献在观众面前的圣马可形象，面貌庄严，长须一直悬垂到胸前，手里拿着一本"福音"，非常符合人们理想中的西方圣者的模样。

31 岁时，多纳泰罗完成了圣乔治雕像。这是佛罗伦萨圣弥额尔教堂外墙上的装饰雕塑，也是多纳泰罗传世作品中比较知名的代表作之一。

多纳泰罗早期与布鲁内莱斯基游历罗马期间，曾耗费大量的精力去研究古罗马时期的雕塑。但他并不满足于因循守旧般的简单

图 2-4 多纳泰罗《大卫》大理石雕

图 2-5　多纳泰罗《圣马可雕像》大理石雕

图 2-6　多纳泰罗《圣乔治像》大理石雕

模仿，在继承古典雕塑艺术之理想美的基础之上，多纳泰罗开始尝试以现实人物为蓝本来创作主题性雕塑。这一创举使他的作品获得了全新的面貌。

39 岁时，多纳泰罗使用真人来做参照模型，创作了著名雕塑《圣哈巴谷》。在这件作品中，"圣哈巴谷"已不是之前同类作品中所表现的先知者的理想样式，而是一座忠实于客观现实的真人肖像了。来自现实生活中的世俗人物，完全替代了凭空塑造的圣徒形象。

自此，以写生为主要手段的现实主义创作方法，逐渐成为后来艺术工作者们常用的技术手段之一。在这 100 多年之后的卡拉瓦乔，更是将这一方法用到极致，他公然用街头流浪汉和妓女来充当耶稣和圣母形象的做法，使那个时代他的雇主们常常为此感到愤懑不已……

图 2-7　多纳泰罗《圣哈巴谷》大理石雕　　　　　　　图 2-8　多纳泰罗《大卫》青铜铸造

　　青铜雕像《大卫》被认为是多纳泰罗的雕塑艺术迈入成熟期的最重要作品之一。这尊同真人大小相当的裸体青铜铸造作品，创作于 1435—1440 年期间，也是应科西莫·德·美第奇的订单所创作的。

　　这尊惊世骇俗的作品，通过裸体的、有血有肉的造型，强化了自马萨乔以来艺术创作的现实主义原则。作为中世纪以来第一尊完全裸体的圆雕作品，这一大胆举措开创了文艺复兴早期利用雕塑艺术来颂扬人体美的先河。

　　青铜雕像《大卫》面世之初遭到了教会人士的非议和责难。为了巧妙对抗和愚弄教会，在此后近一个世纪内，以美第奇家族为核心的秘密社团在古董商及御用文人的配合之下，利用多纳泰罗和他的徒子徒孙们先后创作了不少裸体雕塑，再通过一系列自导自演的"出土"桥段，用来冒充所谓古代时期的雕塑作品，以牟取暴利。其中，不少精美赝品至今仍是欧洲美术史上用以证明"古希腊伟大文明"的完美道具。这些"出土文物"确实蒙蔽了包含天主教会在内的很多人，以至后来艺术家们纷纷应用裸体题材来引起关注之时，包含顽固派在内的教会保守人士也不得不因为"珠玉在前"而妥协立场。

此后，在雕塑与绘画作品中，以裸体人物为表现载体的各类主题性创作，将成为欧洲人越来越司空见惯的艺术形式。

有意思的是，此后，多纳泰罗的高徒委罗基奥和徒孙吉兰达约等人，都曾以"大卫"为题，先后创作过同名作品，但他们都没能超越自己的前辈。而真正得以在尺寸规模和作品影响力等方面完全盖过多纳泰罗青铜雕塑名作《大卫》的，是在64年之后，他的徒孙吉兰达约的得意弟子米开朗基罗，以青年时期的"大卫"为同名题材所创作的大理石雕像。此为后话。

公元1444年左右，58岁的多纳泰罗应邀来到威尼斯附近的帕多瓦小城，创作了《加塔梅拉达骑马像》。多纳泰罗以炉火纯青的技艺，通过这尊著名的大型青铜铸造作品，再次为自己赢得了至高无上的荣耀。此后，多纳泰罗的这一代表作，成为很多后辈艺术家纷纷效仿的骑马像经典样式。

图2-9 多纳泰罗《加塔梅拉达骑马像》青铜铸造

多纳泰罗一生生活富足，不过人们对他的私生活却似乎讳莫如深。各种遮遮掩掩的材料综合表明，他与喜怒无常的布鲁内莱斯基分开之后，就几乎再也没有离开过既有权势又不乏个人魅力的科西莫的掌控。他终身未婚，也没有留下子嗣。

源于与科西莫·德·美第奇异乎寻常的私交，在科西莫去世之后，科西莫的儿子皮埃罗对多纳泰罗的晚年也给予了非常良好的照顾。1466 年，多纳泰罗告别了人世，享年 80 岁。

"他被安葬在圣洛伦佐教堂⑦，紧靠着科西莫·德·美第奇的墓，这样，他们生前意气相投，死后也可以在一起了。"⑧

在距离并不遥远的地方，教堂建筑群内的墓穴里，还长眠着对他前半生意义非凡的布鲁内莱斯基，和他少年时期的第一位老师基布尔提。

多纳泰罗才华横溢，一生中创作了大量的艺术精品，是欧洲美术史上公认的可以与布鲁内莱斯基、马萨乔比肩而立的时代巨人。

他的嫡传后学，几乎占满了整个佛罗伦萨画派的名人榜。自多纳泰罗到他的弟子委罗基奥和米开罗佐，再由委罗基奥到他的众多声名显赫的弟子如波提切利、达·芬奇、吉兰达约和佩鲁吉诺等，然后再到吉兰达约的弟子米开朗基罗和佩鲁吉诺的弟子拉斐尔等人，可以看出，意大利文艺复兴鼎盛时期最富荣名的艺术大师们，大多可以归结于多纳泰罗的门下。单凭这一点，多纳泰罗即可名正言顺地奠定他一代宗师的王者地位。

⑦ 圣洛伦佐教堂经过扩建流变，现已统称为佛罗伦萨大教堂或圣母百花教堂。

⑧ 〔意〕乔尔乔·瓦萨里：《意大利艺苑名人传·辉煌的复兴》，徐波等译，112 页，武汉，湖北美术出版社，2003。

第 三 章
马萨乔，承前启后的天才早逝者

马萨乔是西方美术史上公认的 15 世纪佛罗伦萨画派奠基人。

公元 1401 年，即布鲁内莱斯基和基布尔提忙于竞争浮雕方案的这一年冬天，马萨乔出生于佛罗伦萨附近的一个还算殷实的中产家庭。但他 5 岁时，便不幸经历了父亲早逝和母亲改嫁的悲惨遭遇。因此他在少年时期，并未受到特别良好的系统教育。好在他拥有罕见的悟性，能够迅速学会普通人不太容易掌握的精巧技艺。他对从事商业买卖和粗笨而机械的体力活丝毫不感兴趣，与他周围那些更能吃苦耐劳、更加循规蹈矩的同辈们相比，和弟弟乔瓦尼一起依靠祖上薄产来度日的他，看起来更有游手好闲和放浪形骸的意味。因此，他迅速获得了"马萨乔"这个后来得以广泛流传的绰号。在意大利，"马萨乔"(Masaccio) 的原意是"糊涂或懒散的人"。但马萨乔并非品行不端，相反，他生性善良，成名后更是乐善好施。据瓦萨里描述："他总是我行我素，不拘小节，全神贯注于艺术之中。他很少想到自己，更难得留意别人。他从不为世俗事务烦扰，甚至不注意自己的衣着。若非急需，他从不向借他钱的人讨债。" ①

当然，以他随意散漫的生活作风，和让人倍加钦敬的艺术成就，后来人们在这个外号里面赋予的，是带有更多亲切意味的含义："马萨乔——糊涂的和易于打交道的画家"。马萨乔欣然接受了人们的调侃，即便在成名以后，也不介意人们这样称呼他。他的有据可考的真名，以绕口而且不太易于记忆的中文音译而言，其实是叫托马索·迪·乔凡尼·贵迪 (Tommaso di ser Giovanni di Mone Cassai)。②

① ［意］乔尔乔·瓦萨里：《意大利艺苑名人传·辉煌的复兴》，徐波等译，62 页，武汉，湖北美术出版社，2003。

② 意大利语：Tommaso di ser Giovanni di Mone Cassai，或译作托马索·迪·乔瓦尼·迪·莫内·卡塞爵士。

一个偶然的机会，马萨乔得以跟随当地著名画家马索利诺③学艺，很快声名鹊起。

21 岁时，他被获许加入了当时的画家行会，先后获得了兰兹家族与美第奇家族的订单和资助，并受乔凡尼·德·美第奇的委托前往罗马为教皇服务。可惜不久，他便于让人叹惋的英年之际，在去罗马的途中突然去世，年仅 27 岁。若干年后，著名美术史家瓦萨里在为文艺复兴时期意大利画家们撰写的传记中，以隐晦而短小的篇幅提到过这一让人疑窦重重的神秘事件。据说名声日渐鼎盛的马萨乔，乃是非常蹊跷地暴死于一起嫉妒其个人才艺的投毒事件。

马萨乔在技艺上的真正进展，得益于对一个世纪前的艺术大师乔托④的深入研究。

乔托在西方美术史上具有划时代的意义，被认定为意大利文艺复兴早期的先驱者，被誉为"欧洲艺术之父"和"艺术界的但丁"，被视为中世纪与文艺复兴绘画的分水岭。

马萨乔敏锐地发现了乔托的高明之处。在前辈的基础之上，他将曾经盛行于中世纪的平面装饰风格，成功转变为依靠明暗效果制造出来的具有三度视觉空间的新画法，以此让欧洲绘画技术从之前的幼稚状态，向越来越完善的具象造型体系迈进了一大步。⁵

图 3-1 中世纪绘画风格   图 3-2 乔托绘画风格

在创作观念方面，更能引起马萨乔共鸣的，是乔托在绘画作品中灌注的人文主义精神。尽管描述的内容仍然是圣经题材，但他们都更倾向于按照现实生活中的人物来表现宗教故事。

③ 马索利诺（Masolino da Panicale，约 1383—1447），基布尔提的得意弟子之一，曾在绘画技艺上指点过马萨乔，并与马萨乔合作，绘制过一批比较出色的壁画作品。

④ 乔托·迪·邦多内（Giotto di Bondone，1266—1337），佛罗伦萨画派创始人，意大利文艺复兴的先驱者之一。乔托的艺术是中世纪与文艺复兴的分界线，他不仅表现出卓越的绘画技巧，同时也奠定了文艺复兴艺术的现实主义基础。其代表作有《逃亡埃及》《哀悼基督》《犹大之吻》《基督下十字架》等。乔托开创了写实主义绘画的一片崭新天地，因而被誉为欧洲近代绘画之父。

⑤ 马萨乔的壁画作品曾被普遍认为是 15 世纪初期欧洲绘画领域最高水平的阶段性成果，但与同时期其他地区的艺术成就相对比还是可以发现，远在尼德兰地区的扬·凡·艾克的油画作品《阿尔诺芬尼夫妇像》，在技术水平和材料工艺上完全不逊于马萨乔的任何代表。没有证据显示交通非常不便的 15 世纪上半叶，相距遥远而且英年早逝的马萨乔和扬·凡·艾克之间曾经存在技艺上的横向联系，这也意味着二者可能是在不同地域不约而同构建了欧洲绘画的写实基础（马萨乔去世不久，扬·凡·艾克即完成了油画《阿尔诺芬尼夫妇像》）。但马萨乔影响了包括达·芬奇在内的佛罗伦萨画派的大批后学，群星闪耀的佛罗伦萨画派的名声和影响也远大于尼德兰画派，并建立了整个欧洲绘画的造型艺术体系，这是毋庸否定的事实。

如右：《圣三位一体》绘画
内容取材于基督教《圣经》中上
帝有统一的神性却可以分为三
身，即圣灵、圣父（上帝）、圣
子（基督）的教义。

马萨乔在此作中精确地运用
了透视法原理，空间立体效果非
常明显。圣父耶和华、圣子耶稣
的头上灵光普照，体现了"圣三
位一体"的主题。门外跪着的是
定做此画的供养人夫妇。

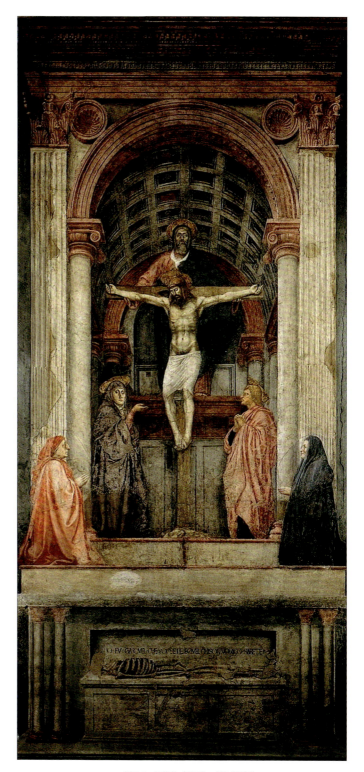

图 3-3　马萨乔《圣三位一体》湿壁画

在马萨乔后来的艺术创作中，他高度忠实地贯彻了乔托的现实主义原则。他流传至今的为数不多的代表作，似乎可以看作是对乔托绘画的继承、发展和致敬。他的作品里面，存在一个迥异于中世纪绘画的现象：之前出自宗教题材的人物往往飘浮在空中，似乎都带有脱离地球引力的神性，在人物表情上，也常常带有不食人间烟火的味道。

而马萨乔却在乔托的基础上，以来自生活的场景和忠于现实的表现手法，让他作品中的人物"踏踏实实地站在了观众的面前"，并带有普通百姓的喜怒哀乐。从而，他使曾经长期脱离现实的绘画手法，终于有了全新的面目。人们能够看到的，将不再是虚无缥缈的宗教传说中的神秘形象，而是可以反照自身的、能够匹配世俗生活经验的现实图景。

图 3-4　马萨乔《纳税钱》湿壁画

从绘画技术上来说，除了以明暗效果来制造更强烈的体积感，马萨乔的另一创造性成就，是将更科学的透视法成功运用到人物绘画之中。这在很大程度上使他超越了前辈大师乔托，从而产生了新的技术法则。在他之前，意大利艺术家们在处理人物造型时，往往会遗留一些类似"正面律"的痕迹，比如说，以脚尖站立的人像在以往各个阶段的绘画作品中比比皆是。这一视觉上的难题，直到马萨乔通过透视法予以巧妙处理才算开始得到解决。当然，这一启发无数后来者的成果，主要得益于布鲁内莱斯基在透

如上：《纳税钱》以连环叙事的形式描绘了三个情节：画面中心是在表达耶稣带门徒布道时被收税官拦住出路；左侧是彼得照耶稣的吩咐去鱼塘里面捕获了一条鱼；右侧是彼得将鱼嘴中抠出来的一块银币当作税钱交给了税务官。

视学方面对他的指导和帮助，并通过后继者乌切罗、达·芬奇和米开朗基罗等人的深度研究，而得到进一步发展。虽然他的生命过于短暂，但作为写实技术体系与创作观念的革新者，和承前启后的关键人物，他成为欧洲美术发展史上不可或缺的重要节点之一。

尽管马萨乔没有亲传弟子，然而他身后整个15世纪佛罗伦萨画派的艺术家们几乎都承袭了他的技法创造。就像他曾受过乔托的影响一样，他留存于世的经典作品，直接影响了艺术界后来的巨匠们和无数的仰慕者。如才华横溢的波提切利、达·芬奇、米开朗基罗、拉斐尔等殿堂级人物，都曾认真研究过马萨乔的绘画体系。

马萨乔将源自中世纪哥特式艺术的程式化、理想化趣味，成功扭转到反映现实的方向来，通过现实主义表现手法与人文主义精神的初步统一，确立了文艺复兴绘画的重要原则。

从更宽广的意义来看，可以说马萨乔的那些率先面世并广为传播的现实主义绘画作品，所给予人们在视觉上的启示和精神上的鼓励是不容忽略的。这对欧洲文明自神性向人性的回归，以及日后出现的科学向神学的挑战，都曾起过一定的积极作用。

这位以绰号而闻名于后世的天才早逝者，凭借15世纪初期佛罗伦萨现实主义绘画奠基者的地位，对往后的欧洲艺术发展方向产生了深远的和不可忽略的影响。在他的引领下，意大利绘画艺术逐渐进入了盛况空前的鼎盛时期，随之而来的伟大的"文艺复兴运动"，这一重大的历史事件在文明史上产生的功效，就像被狂风掀起的惊涛骇浪，有力地推动了欧洲乃至世界范围内的艺术和人文科学的进步和发展。

第 四 章
波提切利，达·芬奇的同门师兄

在意大利文艺复兴鼎盛时期到来之前，佛罗伦萨还出现过一位非同寻常的绘画大师——桑德罗·波提切利。他是达·芬奇的同门师兄，在马萨乔与达·芬奇间隔的数十年时空之间，波提切利是绘画领域最出类拔萃的过渡者。

公元 1445 年，波提切利出生于佛罗伦萨的一个皮革工匠家庭。相关文献记载表明，在他少年时期，承担主要家庭责任的是他的哥哥。后者是一个专门为高档画框敲金叶子的手工艺人，也是受美第奇家族庇护的行会成员之一。

波提切利最早学习的是制造金银首饰，后来成为以技艺精湛和生性风流而闻名的修士画家菲力普·利皮[①]的学生。之后，波提切利又得以进入人才济济的委罗基奥工作室深造。委罗基奥是文艺复兴早期的著名画家及雕刻家，声名仅次于他的老师多纳泰罗，也是 15 世纪下半叶最具影响力的欧洲艺术家之一。

在委罗基奥工作室学习期间，波提切利与比他小七岁的同门师弟达·芬奇建立了较好的私人关系。

学习期满不久，波提切利的过人才艺即被美第奇家族发现，他被特意邀请到美第奇宫中居住。科西莫夫妇把他当家人一样看待。

1464 年，科西莫去世之后，其子皮埃罗·德·美第奇继承了他的地位。和科西莫一样，皮埃罗同样也继承了美第奇家族赞助艺术家的习惯。他在他父亲的亲密朋友多纳泰罗的晚年时期，曾经给予无微不至的关照。他执掌美第奇家族的时间只有 5 年，没有太显赫的功绩，但是他赞助

① 弗拉·菲利普·利皮（Filippino Lippi，约 1406—1469），著名修士画家安杰利科的得意弟子，曾经受到美第奇家族的资助与庇护。早年入修道院，生性放荡不羁，后与修女私奔成婚。其子菲利佩罗·利皮也是画家。

② ［英］克利斯托夫·赫伯特：《美第奇家族兴亡史》，吴科平译，91页，上海，上海三联书店，2010。（原文中波提切利译为亚历山大·迪·马里阿诺·菲利佩皮，二者实为一人。）

③ 一说该别墅与壁画《春》最初都属于洛伦佐的弟弟朱利亚诺。朱利亚诺被外敌刺杀后遂归属于洛伦佐。

如下：《春》取材于罗马神话，中间人物是爱与美神维纳斯；最左边正在驱散乌云的是众神使者墨丘利；他旁边是美惠三女神——象征欢悦的佼美罗西尼、象征贞洁的塞莱亚、象征华美的阿格莱西；右侧分别是花神佛萝拉、春神（又名森林女神）克罗莉丝与西风之神赛弗尤罗斯；上方飞翔的是小爱神丘比特。

过的艺术家名单里面，还是不乏一些对后世颇有影响的艺术大家。除了多纳泰罗，其中还包括卢卡·德拉·罗比亚、乌切罗、普雷洛沃、戈佐利等，而日后在绘画领域成就最高的，当属桑德罗·波提切利。

当然，波提切利也没有辜负皮埃罗对他的知遇之恩。"在用古典神话来阐释佛罗伦萨及其统治者的美德和成就方面，没有一个艺术家像波提切利那样同皮埃罗心有灵犀。"②

1470 年，波提切利 25 岁的时候，获准开设个人绘画工作室，并继续受到美第奇新任宗主洛伦佐的赏识。1477 年，他以歌颂爱神维纳斯的长诗为主题，为洛伦佐新置办的别墅绘制了著名的壁画《春》。③ 这一代表作初步确立了他与众不同的艺术风格，从而在佛罗伦萨声名大噪。

图 4-1　波提切利《春》木板蛋彩画

1475 年完成的《三贤士朝圣》，也是波提切利传世珍品中值得称道的精彩之作。

1481 年 7 月，波提切利曾受洛伦佐的遴选和推荐，被教皇召唤到罗马，为西斯廷礼拜堂创作壁画。尽管他的真迹后来被同在西斯廷礼拜堂展示的米开朗基罗和拉斐尔的壁画作品完全盖过了风头，但当时却为波提切利在欧洲赢得了十分广泛的赞誉。

1485 年，波提切利四十岁时完成的《维纳斯的诞生》，表现的是希腊神话中代表爱与美的女神维纳斯从大海中诞生的场景。这幅画和《春》一起，成为波提切利一生中最著名的两幅代表作。20 世纪的著名美术史学家海因里希·沃尔夫林说："波提切利在亭亭玉立的形象中展现了他的理想形式。"④

如上：作品中出现的很多人物实际上是美第奇家族的成员，握着幼年耶稣脚的是科西莫·德·美第奇，右边黑衣红斗篷者是科西莫之子皮埃罗，最左侧的是皮埃罗次子朱利亚诺和长子洛伦佐。（最右侧是波提切利本人）

之前广为流传的解读一直认为《三贤士朝圣》完全取材于《圣经》。但根据加·孟席斯著作内容推断，此作创意还有可能与 1434 年郑和舰队分支的三位代表访问佛罗伦萨并会见教皇尤金四世和科西莫的事件有关。

《三贤士朝圣》又名《东方三博士的礼拜》或《贤士来朝》，在波提切利之后，达·芬奇、利皮、丢勒等名家都曾有同名创作。

④　［瑞士］海因里希·沃尔夫林：《美术史的基本概念——后期艺术风格发展的问题》，洪天富等译，17 页，杭州，中国美术学院出版社，2015。

图4-3 波提切利《维纳斯的诞生》画布蛋彩画

如上：《维纳斯的诞生》："爱与美神维纳斯从海上诞生，风神搂着春神把她吹向岸边，花神正准备为她披上衣裳……"

⑤ 杰罗拉姆·萨沃纳罗拉（Girolamo Savonarola，1452—1498），是个相貌丑陋却蛊惑能力极强的托钵修士，也是一位在欧洲历史上褒贬不一的著名人物。他宣扬摒弃世俗财富以追求上主的精神救赎，善于引导和利用民众对于末世的恐惧心理。尤其是他成功预言了洛伦佐的死期和法国即将入侵等事件的发生，让他的行为充满神秘主义色彩，使他博得佛罗伦萨广大民众的信仰和支持。因此在洛伦佐去世两年之后，因被万众膜拜而激发起勃勃野心的萨沃纳罗拉，成功攫取了佛罗伦萨的领导权。

（转下一页）

和美第奇家族的特殊关系，使波提切利获得了非常良好的社交平台。他不仅收到大量的绘画订单，还经常受邀参与美第奇家族的高端聚会，和当时最有声望的哲学家、文学家、诗人等名流一起，与位高权重而且才华满腹的洛伦佐·德·美第奇面对面地高谈阔论。

在皮埃罗和洛伦佐父子掌权期间，波提切利为他们及其朋友创作了多幅名画。然而，随着他的庇护者洛伦佐于1492年去世，美第奇家族在佛罗伦萨的实际统治由顶峰时期开始步入衰败阶段。佛罗伦萨随后发生了政治巨变，新上台的是修士出身的宗教极端主义者萨沃纳罗拉⑤。曾经权势熏天的美第奇家族遭到长达十余年的驱逐。作为美第奇家族最亲密的追随者之一，由于之前的丰厚积蓄已被挥霍一空，波提切利的生活每况愈下。

作为萨沃纳罗拉的信奉者之一，波提切利曾积极响应萨氏的号召，在"虚荣之火"中主动烧毁过自己的一些不符合萨氏理念的作品，但这并没有为他带来更好的命运，相反，他的名声因此受到了很大的损害。越来越多的佛罗伦萨人开始厌恶萨沃纳罗拉，尤其是美第奇家族的支持者和同情者们，认为他是个不再值得尊敬的变节分子。

萨沃纳罗拉非常悲惨地被起义民众处死之后，备受冷落的波提切利无从获得更丰厚的订单，也没能创作出比先前更伟大的作品。英国学者克利斯托夫·赫伯特在《美第奇家族兴亡史》中写道："自从处决了萨沃纳罗拉，不再是一个权力中心的佛罗伦萨并没有重新获得从前伟大的洛伦佐所处的黄金时代所享有的活力和快乐。一系列的财政危机使好几个同业公会到了毁灭的边缘……忧郁笼罩着整个城市，这种忧郁也表现在波提切利的最后一幅油画中。波提切利已经未老先衰，走在路上一瘸一拐了，身体已经不能站直，只能在拐杖的帮助下行走。"⑥

波提切利没有达·芬奇和米开朗基罗那样的好运，他没能看到美第奇家族的后继者于 1513 年在佛罗伦萨的卷土重来。他的后半生万念俱灰，晚年贫困潦倒。在生命的最后几年，他不问世事，孤苦伶仃。1510 年，曾经春风得意的波提切利死于困顿和落寞之中，享年 65 岁。

但后世给了波提切利客观的评价和足够的荣誉。在 15 世纪下半叶，波提切利是佛罗伦萨最出名的艺术家，也是德高望重的行业领袖。成名之后，为了报答从前的恩师，他培养了利皮的孩子小利皮，成全了一段意大利艺术史上少见的父子都是著名艺术大师的佳话。波提切利的艺术成就，不仅直接影响了他的师弟达·芬奇，也影响了晚一辈的米开朗基罗。他的风格到 19 世纪后又被人们大力推崇，而且被认为是拉斐尔的前奏。鉴于对艺术发展的巨大贡献，他在时代大背景中或主动或被动地随波逐流，最终获得普遍的理解和同情，因此他那曾被认为有违世俗操守的道德瑕疵，也被深深地隐藏在艺术发展史近乎海量的非关键信息之中。

（接上页）但是佛罗伦萨的民众很快就后悔了。他们发现萨沃纳罗拉除了空喊口号，根本没有治理这座城市的才能。他抑制人们从事商业活动，使得佛罗伦萨的经济水平严重下降。他甚至要求每个佛罗伦萨人都要尽量革除世俗的享乐生活。据相关材料记载，萨沃纳罗拉最臭名昭著的罪恶是 1497 年燃起的"虚荣之火"。他派人逐家逐户搜集"世俗享乐物品"，"包括所有古典诗作、异教书籍、会使人产生低俗想法的绘画、非天主教主题雕塑、赌博游戏器具、乐器及女人用于修饰外表的镜子和化妆品，等等"。然后他与一群狂热的修士和追随者们，在佛罗伦萨市政大楼广场点起一堆熊熊大火，把搜集起来的这些"虚妄和邪说的东西"，全部扔进祭祀的篝火里销毁。这种倒行逆施的宗教极端行为，使很多文艺复兴时期的优秀艺术品被无情摧毁。

不久，驱逐美第奇家族之后又得罪了罗马教廷的政治投机者萨沃纳罗拉，被响应罗马教皇赦令的忍无可忍的佛罗伦萨民众抓住。复仇者们将他和他的两个铁杆支持者折磨得奄奄一息之后，用铁链挂在架子上烧死。据现场目击者兰杜奇的描述："在几个小时的时间里，他们的脚和腿慢慢地被烧得掉了下来。"

⑥ ［英］克利斯托夫·赫伯特：《美第奇家族兴亡史》，吴科平译，190 页，上海，上海三联书店，2010。

他以不太为人所详知的缘故，获得了"桑德罗·波提切利"这个绰号。在意大利语中，"Sandro Botticelli"意为"小桶"。他的原名其实叫亚里山德罗·菲力佩皮（Alessandro Filipepi）。和马萨乔不以本名闻达于后世一样，他也以"波提切利"这个广为流传的绰号和他出色的作品，而在美术史上获得不可忽略的地位。他去世后，被安葬于佛罗伦萨的诸圣教堂墓地。

根据文献资料记载，波提切利一生创作的著名作品，除了《春》《三贤士朝圣》和《维纳斯的诞生》，还有《圣母颂》《维纳斯与战神》《圣母领报》《诽谤》《神秘的基督降生图》《帕拉斯和肯陶洛斯》等画作。

"……无论是精致的《春》，还是优雅的《维纳斯的诞生》，它的双脚都没有以任何方式触及地面。它漂浮在它从中升起的世界之上，脱离现实的抽象之上，新的充满活力的精神之上。"⑦

⑦ ［英］诺曼·戴维斯：《欧洲史》上卷，郭方、刘北成等译，466页，北京，世界知识出版社，2007。

第 五 章

达·芬奇，超级全才的郁闷与荣光

关于达·芬奇的各类图文资料可谓汗牛充栋。数百年来，没有任何艺术家能够媲美他在全球范围内的知名度。他和他的主要作品，早已成为人们耳熟能详的经典传奇。

列奥纳多·达·芬奇，意大利文艺复兴时期最负盛名的艺术家、地理学家、文艺理论家、哲学家、诗人、音乐家和发明家。他在绘画领域具备顶级声望，同时精通雕塑和建筑艺术，在工程、机械、解剖、物理、地质、生物、音乐等方面都卓有建树，一生中做出了很多远超前人的巨大贡献。他是一位天才，更是一位全才，所以他也曾被恩格斯誉为"文艺复兴时期最完美的代表人物"。

达·芬奇的任何一项成就，都足以让他留名于后世，然而他辉煌的人生却命运多舛。

公元 1452 年，达·芬奇出生于佛罗伦萨附近芬奇镇的乡下。他的生父是一位公证人，在佛罗伦萨具有较高的社会地位，其家族在乡下拥有面积不菲的土地。这位风度翩翩的年轻绅士在乡下度假期间，结识了一位洋溢着青春气息的年轻姑娘，并与她度过了一段短暂的欢乐时光。但由于嫌弃女方出身卑微，这位顶不住家族压力的公证人，扮演了一个不太光彩的始乱终弃的角色。他拒绝与未婚先孕的恋人结婚，最后这位不幸的酒店招待员在生下达·芬奇之后不久，就被迫嫁给了一位采烧石灰的矿工。

作为一个私生子，达·芬奇自小就深刻感受到来自社会的异样的眼光。这为他日后形成孤僻而敏感的性格埋下了种子。不够体面的身世，也许是这位天才人物终其一生都感到非常郁闷的心灵深处的隐伤。后世在推测达·芬奇终身未婚的缘故时，这段理应为尊者讳的往事，也屡屡成为无法绕过的重要理由之一。

达·芬奇的童年是跟随叔父弗朗西斯科在乡下度过的。这位善良的年轻长辈在乡村农场有一间磨坊。他比达·芬奇大16岁，他们的关系非常融洽，这在很大程度上为达·芬奇弥补了缺位的父爱。弗朗西斯科代替兄长给予达·芬奇尽可能的关照，甚至在死去之后额外为他留下了一份遗产。由此还引发了达·芬奇晚年与父族后代的一场诉讼官司。

达·芬奇少年时期在乡下上学，虽然没有机会接受佛罗伦萨新式学校的系统教育，但他特别聪明，也非常善于观察乡间的一草一木。他对自然界能接触到的所有事物，似乎都投入了巨大的热情，刨根究底式的琢磨和高超的悟性，为他日后在多个学科都有所作为奠定了良好的基础。

少年时的达·芬奇就已显露出非凡的艺术潜质。基于这一点，14岁（一说17岁）时，他被生父送到委罗基奥工作室学习绘画。在那里，达·芬奇结识了师兄波提切利，后者对年龄和才能很不相称的达·芬奇刮目相看。他们俩后来成为委罗基奥最出色的学生。

委罗基奥在佛罗伦萨很有影响力，他多才多艺，受过良好的教育，学习过自然科学、建筑学、几何学，在绘画、雕刻、透视、音乐等方面都颇有造诣。委罗基奥交友广泛，在佛罗伦萨画家行会具有很高的声望，许多优秀的思想家和艺术家经常聚集在委罗基奥工作室互相切磋。在那里，达·芬奇受益匪浅。

达·芬奇20岁时获准加入佛罗伦萨画家行会。但他第一次引起公众瞩目，是与他的老师委罗基奥合作一幅板上油画《基督受洗》。作为助手，他绘制的画面左下角的天使形象，虽然只是篇幅不大的次要人物，但在技巧和效果上，被公认已经超越了他深孚众望的老师。连委罗基奥自己也这么认为。

1476年，达·芬奇离开委罗基奥工作室进行独立创作。这一年他24岁，他很快获得了洛伦佐·德·美第奇的赏识。

在意大利文艺复兴进程中，洛伦佐是一个不得不提的关键人物。他对达·芬奇的命运走向也起到了非常重要的作用。

在洛伦佐之前，他的曾祖父乔凡尼为美第奇家族打下了非常坚实的基础；他的祖父科西莫使美第奇家族的运势达到了第一个顶峰。洛伦佐的父亲皮埃罗一生深受痛风困扰，在位时间也不长，因此在当下流传的很多资料中经常会遗漏他的存在，甚至常见的讹误会把洛伦佐直接算作科西莫的儿子。

洛伦佐自小接受了完善而全面的教育。他气度恢宏而且博学多闻。他不仅是杰出的政治家和慷慨的艺术赞助者，还是一位水平极高的诗人。

财务状况在走下坡路的洛伦佐没有他的先辈那么有钱，但他拥有傲视全欧洲的最顶尖的艺术家群体。这个群体像皎洁的明月一样，使欧洲其他地区如同寥落的夜空，相比之下黯然失色。波提切利、达·芬奇、米开朗基罗等，这些顶级艺术大师都是接受过洛伦佐庇护与赞助的直接受益者。

洛伦佐时期，佛罗伦萨的政治经济文化水平达到了历史以来的最顶峰。1492年洛伦佐的去世，也几乎标志着佛罗伦萨和美第奇家族开始全面衰落。

洛伦佐最初对达·芬奇是比较器重的。[①] 但达·芬奇有一个严重的几乎贯穿终身的性格弱点，即通常看起来的办事拖沓——他总是无法及时完成委托者的订单。这在很大程度上影响了他的声誉。也许，一个合理的解释是，达·芬奇是一个极端的完美主义者，他不允许自己不满意的作品匆忙面世，总是因为反复推敲而延误了时间。

所以，当达·芬奇迟迟未能完成任务时，洛伦佐对他冷淡了下来。他认为达·芬奇的爱好过于广泛，而没有专注于自己的艺术事业。尤其是，刚刚开始独立门户的达·芬奇，又不幸卷入了"萨尔第雷利"事件：他被指控连同三位年轻人，对一位长相英俊的少年有所猥亵。虽然有洛伦佐的庇护，达·芬奇最后被无罪释放，但流言总是不胫而走。这一丑闻给青年达·芬奇造成了严重的名誉损害和心灵创伤。

① 达·芬奇与美第奇家族的个人关系谈不上很亲密。这一点他远远比不上后来与他关系不睦的晚辈米开朗基罗。米氏自小就被美第奇家族收养在宫廷中，与洛伦佐的儿子们朝夕相伴，在很多场合几乎被看作是美第奇家族的正式成员。

1481 年，当洛伦佐受教皇委托遴选优秀艺术家为罗马西斯廷教堂创作壁画时，达·芬奇被排除在名单之外。而获得这一荣耀的，乃是他正当盛年的师兄波提切利。

不过达·芬奇在 30 岁之前，即他的第一个佛罗伦萨时期，还是创作了《天使报喜》《吉尼芙拉·德·本齐肖像》及《圣母子》系列作品。这些作品被视为他后来登顶的前兆。

如右：《天使报喜》又名《受胎告知》和《圣母领报》，据《新约全书》记载：玛利亚与木匠约瑟订婚后，没有同房，就受到圣灵感应而怀孕了。此作描绘的是天使加百列奉神的差遣，到拿撒勒城告知未婚童女玛利亚，她已经蒙神的恩典怀上了孩子，生下来以后可以给他起名叫耶稣。

图 5-1　达·芬奇《天使报喜》木板蛋彩画

如右：画中名嫒吉尼芙拉·德·本奇是佛罗伦萨银行家的女儿，这是她将要出嫁时达·芬奇为她绘制的肖像。

此画是应诗人兼威尼斯驻佛罗伦萨大使贝尔纳多·本泊（Bernardo Bembo）委托所作。作品由于不明原因被裁掉了下半部分。

相传本泊与吉尼芙拉·德·本奇经常切磋诗文，二者之间柏拉图式的纯洁友谊曾在佛罗伦萨引来不少流言蜚语。因为各有婚约在先，吉尼芙拉最后接受家族的安排嫁给了别人。

图 5-2　达·芬奇《吉尼芙拉·德·本奇肖像》木板油画

达·芬奇的事业转机出现于 1482 年。鉴于其才能确实出类拔萃，洛伦佐委派他以佛罗伦萨全权大使的身份前往米兰，为佛罗伦萨的政治盟友米兰大公路德维科·斯福查[②] 服务。

路德维科战胜家族中的其他竞争者之后，取得了在米兰的实际统治权。他其貌不扬，却对文学和艺术有较深的造诣。他尽最大可能庇护深具才华的艺术家和科学家，一度使米兰像佛罗伦萨那样，成为优秀人才汇集的场所。欧洲最出色的文学家、诗人、音乐家和艺术家，曾经络绎不绝地穿行于米兰大公的宫廷内外。

达·芬奇在米兰生活的第一个时期长达 17 年。作为佛罗伦萨的官方大使和洛伦佐的私人代表，他获得了路德维科的特殊礼遇，并首先表现了他在军事工程方面的才能。他以力学和几何学为科学基础，为路德维科设计和改造了米兰城堡的军事防御工事，大大提高了米兰城的抗毁伤率；他还异想天开地完成了装甲战车和飞行器的初步构想，数百年后得以成功应用的装甲坦克和直升机，其设计原理与达·芬奇的创意几乎一脉相承。他还绘制过改造米兰的城市规划图，虽然未被实施，但他因此被视为现代城市规划专业的鼻祖。他提出的立体交叉道路和地下交通系统，也在生产力发展到足够阶段之后，在全世界的各大城市被广泛应用。

② 路德维科的父亲弗朗西斯科·斯福查，曾是雇佣军首领出身，也是个身份卑贱的私生子。但洛伦佐的爷爷科西莫很早就慧眼识英雄。他对弗朗西斯科的行为举止和鲜明个性印象深刻，深信对方是个可以投资感情与金钱的前途远大的人。因此，具备战略眼光的科西莫有意识地动用一切资源来支持他。其目的，是为了改变米兰公国一贯仇视佛罗伦萨的不利状况。最后，科西莫顶住内部非议和传统盟友威尼斯与那不勒斯的强大压力，在付出巨大代价之后，终于为佛罗伦萨和美第奇家族造就了一个新的关系亲密的政治盟友。而千辛万苦登上米兰大公之位的弗朗西斯科及他的后继者，对佛罗伦萨，尤其是对美第奇家族，给予了相应的友好回报。美第奇家族与斯福查家族在危难之际的互相扶持，也因先辈们的极具前瞻性的联盟，而惠及了他们各自沉浮起落的几代后人。

 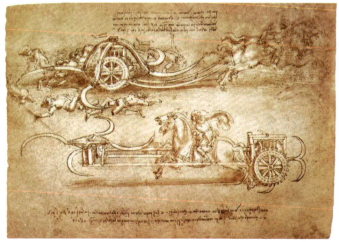

图 5-3 达·芬奇手稿

达·芬奇在艺术创作方面的第一个巅峰时期也是在米兰。《岩间圣母》《抱银鼠的女子》等名画皆创作在这一阶段。尤其是达·芬奇盛年时期的代表作《最后的晚餐》，为他在整个欧洲，赢得了无与伦比的赞誉。

如右：这幅肖像画是达·芬奇为米兰大公路德维科·斯福查的情妇切奇莉亚·加勒拉妮所绘制的。

银鼠（白貂）是斯福查家族的徽章标志。故达·芬奇此作多少有些奉承的意味，似乎暗含着对没有名分的切奇莉亚在斯福查家族占有一席之地的隐喻或祝福。

图 5-4　达·芬奇《抱银鼠的女子》木板油画

如下：《最后的晚餐》取材于《新约全书》，是达·芬奇最为知名的作品之一。耶稣在晚餐前向众门徒宣布，他们当中有人已经出卖了他。十二门徒闻言瞬间出现了不同的应激反应。

由于绘制过程中的材料工艺出现问题，达·芬奇在世时此画即已开始变色、剥落，数百年来受损非常严重，前后经历了七次较大规模的修复。

图 5-5　达·芬奇《最后的晚餐》湿壁画

图5-6 达·芬奇《岩间圣母》油画

如左：达·芬奇的《岩间圣母》共有两幅，此为第一幅。另一幅作品绘制于 1503—1505年。在此基础上稍有改动。

　　从传世作品来看，作为意大利文艺复兴盛期的第一位登上绘画艺术时代顶峰的标志性人物，达·芬奇本来还有机会向人们展示他在雕塑艺术方面的卓越才能，但命运似乎给他开了个很残忍的玩笑，他多年苦心孤诣创作的大型雕塑作品，在最后铸造之前竟然非常不幸地毁于战火。

　　达·芬奇曾经耗费大量的时间和心血，为路德维科的父亲精心制作了一尊骑马像。1493 年，在路德维科女儿的婚礼那天，这尊高达 7 米的《弗朗西斯科·斯福查骑马像》的泥塑模型，曾经在米兰城堡的一个院落里公开展出，引起极大轰动。这一作品的体量尺寸和艺术水平，被认为已经大大超越了他的老师委罗基奥和前辈多纳泰罗。

遗憾的是，达·芬奇正在为这尊前所未有的大型雕塑研究可靠铸造方法之时，米兰公国却因为合法继承权的问题受到法国人的军事侵略。遭逢池鱼之殃的达·芬奇，也再次因为慢吞吞的行事风格而付出了惨重代价。1499 年，《弗朗西斯科·斯福查骑马像》的雕塑泥稿和铸造模具，被法国入侵者当作尽情发泄的射击标靶而彻底毁坏。他的另一名作《最后的晚餐》，也被以投掷石头来取乐的法国士兵造成难以挽回的损害。

这可能是达·芬奇一生中最耿耿于怀的伤心往事之一。若干年后，他站在佛罗伦萨的某个公共场所的过道处，非常痛苦地面对米开朗基罗的当众嘲笑时，这一失败案例被对方用作攻击他在雕塑领域无所作为的靶子，给达·芬奇造成了严重的精神伤害。达·芬奇后来远走他乡，与米开朗基罗关系不睦应该也是重要原因之一。此为后话。

1499 年底，达·芬奇被迫离开了战火纷飞的米兰。他的庇护者路德维科自身难保，几个月后在逃离边境的时候被俘获，数年后死于声称对米兰拥有合法继承权的法国人的幽禁之所。

达·芬奇的委托人和最初的赞助者洛伦佐也已经在几年前去世。佛罗伦萨城正经历政治骚乱的困扰，被驱逐出境的美第奇家族也正忙于集结力量试图东山再起。

进退失据，达·芬奇开始了长达三年的颠沛流离的生活。这一时期除了在旅行途中为他的女性仰慕者——曼图亚公爵夫人伊莎贝拉·德·埃斯特绘制素描肖像，似乎没有产生特别重要的艺术作品。

1500 年，达·芬奇来到意大利半岛的另一个发达城市威尼斯。其作为一位公认的全才，和他在米兰时期为路德维科改造军事堡垒的资历，很快被威尼斯的执政者任命为高级顾问和军事工程师。为对抗来自土耳其舰队的战争威胁，达·芬奇在这一期间设计了潜水服的雏形。虽然他的关于水战的系列建议最终没有被采纳，但他提出的潜水艇和潜水服的大胆设想，也在数百年后的军事对抗中成为现实。

1503 年，达·芬奇接到佛罗伦萨重建共和后的新任执政官的邀请，回到阔别多年的故乡佛罗伦萨。

佛罗伦萨执政团的元老和全城的市民们，对名扬欧洲的达·芬奇的归来，给予了最热烈的欢迎。他们希望达·芬奇为佛罗伦萨画一幅能与留在米兰的《最后的晚餐》相媲美的作品，来成就他故乡的光荣。

有意思的是，总数不到十万人却奇才辈出的佛罗伦萨，并未让达·芬奇成为那个时代唯一登峰造极的王者。他在外闯荡名声的期间，佛罗伦萨的艺坛上，又出现了一位前途无量的后起之秀，这就是比达·芬奇小 23 岁的米开朗基罗。

人们对达·芬奇和米开朗基罗之间孰为第一高手，产生了巨大的好奇心。执政团的元老们因此刻意制造了一个机会，他们首先以巨额报酬邀请达·芬奇为市政大厅绘制一幅大型纪念壁画，内容是表达数十年前佛罗伦萨雇佣军战胜米兰雇佣军的场面，名为"安加利之战"。然后，他们又以不到三分之一的代价，成功激起了青年米开朗基罗的好胜之心。在对面墙上，米氏最后被指定的壁画主题是绘制另一战役"卡西纳之战"。

这是二位名望相若的艺术大师第一次同场竞技。此前，达·芬奇已经凭借《最后的晚餐》建立了他在全欧洲顶级的声望，而势头迅猛的米开朗基罗在雕塑领域的巅峰之作《大卫》也已问世。他们都是绘画、雕塑兼能的多面手，在各自的领域都已获得极高的成就，也都有为荣誉而战的斗志和输不起的心理负担。因此两人的正面决战，也许从他们被推上擂台的那一刻开始，就注定是气氛紧张的。

以中国的文化背景来做比喻，这是师叔和师侄之间的决斗。

达·芬奇恰如其分地表现出了作为长者的风度。他总是温文尔雅，以礼相待。而自小就在美第奇宫中长大的脾气古怪的米开朗基罗，却总是血气方刚、盛气凌人。

但这次竞赛却似乎只是一幕以如临大敌的火爆场面开局，其后还没分出胜负就戛然而止的诙谐剧。翘首以待的观众们未能看到最后的结果。

达·芬奇和米开朗基罗最终都没有完成自己的作品。他们留下初具雏形的半成品之后，各自因故放弃。[3] 半个世纪后，他们那带有传奇色彩的遗迹，被一个名叫瓦萨里的晚辈彻底覆盖，后世流传下来的只有他们的创作草图摹本。

图 5-7 达·芬奇《安加利之战》（原作已毁损，此稿为鲁本斯摹本）

但这并未终止人们对这两幅半成品喋喋不休的争论。从当年看过现场原作的另一位艺术大师拉斐尔的评判观点来看，虽然米开朗基罗在人物塑造方面比较有张力，但达·芬奇关于大场面的构图能力显然更胜一筹。

放弃《安加利之战》后，1506 年，达·芬奇完成了他的旷世之作《蒙娜丽莎》。

这是达·芬奇最有代表性的作品之一，也是迄今为止世界上最知名的肖像画。《蒙娜丽莎的微笑》，代表了文艺复兴盛期的最高审美理想。数百年来，人们对这幅名画投入了极高的兴趣与热情。针对《蒙娜丽莎》的研究成果和专著，远远超出了其他任何艺术作品。

与米开朗基罗善于在绘画作品中表现肌肉偾张的大动

③ 从二者留下的半成品画面效果看，达·芬奇原本有可能在这次竞赛中胜过米开朗基罗，但达·芬奇在壁画素描稿完成之后，由于不慎选择了一种不太成熟的材料工艺，在上色过程中出现了底色上翻的技术问题，因此失去了继续完成作品的耐心。而米开朗基罗则因为接到了教皇尤里乌斯二世的召集令，因此匆匆离开了佛罗伦萨。

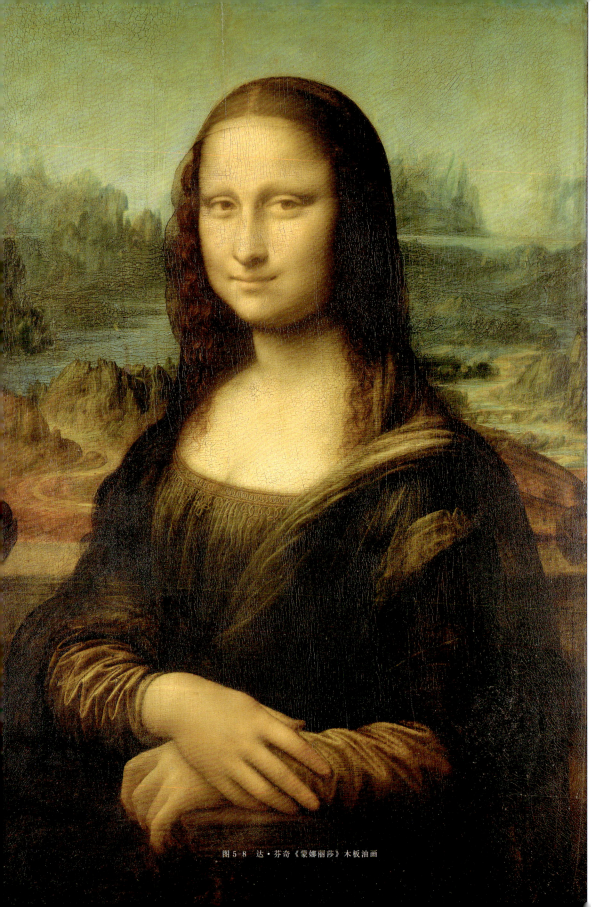

图 5-8 达・芬奇《蒙娜丽莎》木板油画

态人物造型相比，达·芬奇显然更擅长表现优雅的、含蓄的、微妙而慵懒的美。这种优雅气质，被达·芬奇的后继者拉斐尔加以发扬光大，而成为古典艺术风格的完美典范。

　　1506年，达·芬奇受邀再次来到米兰，这一年他已54岁。也许是出于对前任赞助者路德维科的怀念，他不太愿意为新的米兰统治者歌功颂德，可能还有别的不太确切的原因，尽管他被任命为宫廷画师，但达·芬奇的第二个米兰时期并未产生特别重要的艺术作品。他把更多的时间与兴趣，投向对植物、水文地质、解剖和光影的研究，并取得了丰硕的成果。

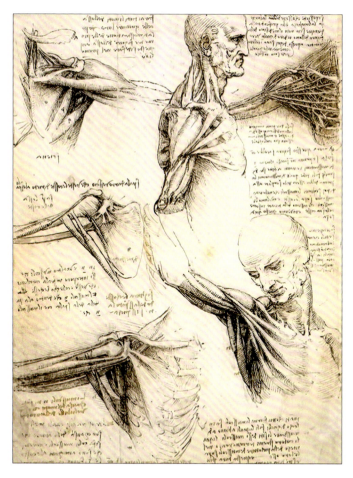

图5-9　达·芬奇解剖草图手稿　纸本

达·芬奇对科学领域孜孜以求的探索，几乎贯穿了他一生的全部历程。他的自豪感除了源自艺术领域的成就，在很大程度上，还来源于他知人所不能知的渊博学识，和为人所不能为的多才多艺。他不仅制作和演奏七弦琴的水平很高，足以引起王公贵族们的赞赏，他在科学知识还远远不够昌明的时代，似乎已经具备罕见的先知先觉。他在对多个学科的研究中显现出的前瞻性思想，为后继者们提供了极有价值的学术铺垫。④

除了前文提过的军事机械、工程和城市规划方面的贡献，他总结出来的有关贝壳和化石形成过程的科学解释，率先揭示了沧海桑田的地质变化的来由，被地质学界视为对贝壳和化石具有科学见解的第一人。这是文艺复兴时期，地质科学大幅进步并得以推翻神学解释的一大成果。他是第一个不仅长期研究解剖，而且还亲手绘制系列解剖图的首创者。他留下的解剖图例，至今还在被医学界和艺术教育界广泛引用。他对光影和绘画技术的研究，尤其是科学总结如何通过明暗关系来制造画面立体感等系列技巧，至今依然是各大艺术学院高度依赖的教学手段。

1513年，达·芬奇的人生走向又发生了新的变化。

这一年，美第奇家族终于恢复了在佛罗伦萨的显赫地位。由于美第奇家族与罗马教廷数任教皇的关系一向比较亲密，通过洛伦佐生前有意无意的预先铺垫，这个家族在被逐出佛罗伦萨十多年之后，虽然洛伦佐的大儿子不幸死于流亡途中，但他的第二个身为红衣主教的儿子，竟然登上了罗马教皇的高位。佛罗伦萨的人们仿佛忘记了那些年对美第奇家族的排斥，人们载歌载舞地庆祝属于佛罗伦萨的这一罕见的荣耀。因此新任教皇利奥十世带着军队回到故乡重建美第奇家族的威望时，只是遇到了零星的象征性的抵抗。

作为美第奇家族成员，利奥十世深知在文化和精神上具有引领作用的优秀艺术品对提升罗马教廷的城市形象有多么重要。因此，他下决心要把罗马建成欧洲最有文化气

④ 在此之前，达·芬奇在众多领域的一系列成果被一致认为是他的天才发现。但据当代中外学者的考述结论可以看出，达·芬奇明显得到了明代前期由郑和远洋分队传入佛罗伦萨的珍贵典籍如《农书》等的大量启发。董并生在他的著作《虚构的古希腊文明》中写道："伽利略被称为'近代科学之父'，然而伽利略所使用的科学方法却是来自于列奥纳多·达·芬奇。达·芬奇被公认是整个文艺复兴时期最完美的代表，同时也是西方近代科学的开山祖师⋯⋯'借由比较达·芬奇的图画与《农书》，我们已经证实了达·芬奇精彩地加以图解的每一个机械的原理，中国人在比较简单的手册上早就用图说明过了'⋯⋯达·芬奇的'发明'抄袭自法兰西斯科·迪乔治的著作《论民用与军事建筑》，而法兰西斯科·迪乔治的作品又是从马里奥诺·塔科拉那里抄袭来的，马里奥诺·塔科拉则抄袭自中国元代的活字版《农书》。"（以上包含了董并生和英国学者加文·孟席斯的论点）

息和艺术品位的城市，以重新恢复教廷的威仪和古罗马城的光荣。而在此之前，曾经辉煌的罗马城，由于数百年来不断遭受入侵者的疯狂洗劫和严重破坏，已经衰朽不堪。利奥十世和他之后的数任后继者采用激励措施吸引各地的知名艺术家、文学家和哲学家来罗马服务，这在很大程度上对罗马的再度繁荣产生了积极作用，也使因局势动荡而日渐式微的佛罗伦萨，不得不因此慢慢让出曾煊赫一时的艺术中心地位。

达·芬奇和米开朗基罗、拉斐尔等人都收到了利奥十世的召集令。但米开朗基罗和拉斐尔等新生力量的迅速成长，使他们，尤其是拉斐尔，获得了更多的展示才能的机会。而来到罗马的正在步入晚年的达·芬奇，尽管还能享受应有的尊崇和礼遇，却并未获得利奥十世的特别青睐。他恍如草原上日渐老去的狮王，不可避免地陷入被边缘化的尴尬处境。

但在罗马期间，达·芬奇还是创作了几幅具有一定影响力的作品。《施洗者圣约翰》等被视为达·芬奇利用光影规律来营造体积空间的典范。

图5-10 达·芬奇《施洗者圣约翰》木板油画

图 5-11　达·芬奇素描作品中的部分精品

达·芬奇的一生还留下了很多精美素描。他在 63 岁时所作的《自画像》，已经达到炉火纯青的境界，是达·芬奇系列素描作品中最有代表性的精品。

1516 年，在郁闷与消沉中度日的达·芬奇辗转来到法国，开始他人生中最后一段客居生涯。

新登基的法国国王弗朗索瓦一世⑤对达·芬奇极度膜拜。他熟悉达·芬奇的大部分作品，在 1515 年随军征战意大利半岛期间，曾经亲自观摩并出面保护过达·芬奇的名作《最后的晚餐》。弗朗索瓦一世坚信达·芬奇是世间绝无仅有的奇才，他深深地为达·芬奇渊博的学识及卓越的成就折服。

弗朗索瓦一世经常向达·芬奇请教，他们之间建立了类似忘年交一般的深厚友谊。他给予达·芬奇的晚年生活以最高的礼遇。1519 年 5 月，在度过 67 岁生日后不久，终身未婚的达·芬奇，在弗朗索瓦一世的怀中安然去世。弥留之际，他说："我将重新回到天空，在美丽的世界中安息。"

达·芬奇生前身后皆名满天下。他是世界公认的人类有史以来最负盛名的全才，他在艺术领域和科学领域为人类留下了很多宝贵的财富。在意大利文艺复兴运动的鼎盛时期，他是高高飘扬在巅峰的第一面旗帜。

他的天才贡献，他的博学、睿智、含蓄，乃至他那淡淡的忧伤，都将永远留在人们的记忆里。他历经过的所有郁闷，和他获得的所有荣光，都是人们回望那个光辉时代的最耀眼的印记。

第 六 章
米开朗基罗，在自负与恐惧中纠结的顶级大师

米开朗基罗，是迄今为止唯一能在绘画与雕刻这两个互相独立的艺术领域都达到时代巅峰的顶级大师。他在绘画方面的成就，可以与达·芬奇和拉斐尔互争雄长；在雕刻领域，则孤峰独秀，他率先建立的高度，几乎让所有的同行都难以望其项背。

与达·芬奇的含蓄和拉斐尔的优雅相比，他的性格似乎永远都缺乏从容温婉的味道。按当下的心理学来归类，他在大多数时候都符合典型的胆汁质①人格的所有特征。他脾气暴躁，性格外向，喜怒皆形于色。

但有时候，米开朗基罗又像一个严重缺乏安全感的深度抑郁症患者，总是举止失措，反复在自相矛盾的各种纠结中苦苦煎熬。他遇到真实的或假想中的危险，都会像个惊弓之鸟。在充满传奇性的人生历程中，他一再望风而逃或打算望风而逃。他时常会心血来潮地突然转换性格模式，俨然集天才人物与狂躁症、抑郁症和精神分裂症于一身。他出其不意的各种表现，往往让亲近他崇敬他的人们无所适从。

米开朗基罗是具有贵族血统的佛罗伦萨的世家子弟，也怀有那个阶层所特有的根深蒂固的傲慢与偏见。他天资卓越，目空四海。他对与他齐名的前辈达·芬奇和后起之秀拉斐尔，都曾毫不掩饰地表达过敌意。

① 胆汁质，人类性格的四种气质类型之一，特点是感受性低而耐受性较高，外倾性明显，自我抑制能力差。在日常生活中表现为不易疲劳，易于冲动，办事粗心大意，情绪急躁等。

米开朗基罗并不十分缺钱，但他对于赚钱和揽活拥有近乎病态的来者不拒的喜好。然而他又喜欢亲力亲为，连最普通的事情他都要亲自动手不可。这使他总是像个不停劳作的奴隶一样，头绪不清地忙于很多实际上他已经无法完成的工作。他的很多宏伟的构想最终都没有实现，因此经常焦头烂额地应付被严重误期的各路委托者的怨怼与声讨。

但即便如此，他仍然为人类留下了大量的艺术精品。他长达90年的罕见高寿，使他在达·芬奇和拉斐尔作古之后，成为意大利文艺复兴全盛时期三大巨星中硕果仅存的遗老。

米开朗基罗·博纳罗蒂，公元1475年出生于佛罗伦萨附近的一个小城镇。他的父亲是个具有贵族血统的地方法官。米开朗基罗对自己的血统自始至终怀有高度的自豪感。据罗曼·罗兰的记载，米开朗基罗不许别人称他为艺术家，他认为他的血统与种族甚至比他的天才还值得骄傲。当然，他的这一优越感，应该还与他在美第奇宫廷中的数年生活经历有很大关系。在米开朗基罗自我评价的逻辑顺序中，他首先是个贵族，其次是个诗人，然后才是雕刻家，最后才轮到他极不愿意承认的画家身份。

在文艺复兴时期的欧洲，哲学家、诗人、文学家、音乐家、科学家和修士，都被认为是身份高贵的人。而艺术家们所从事的行当，在那时通常被认为是和普通手工劳动者一样轻浮、下贱和辛苦的职业。这也是达·芬奇乐于在科学和音乐领域证明自己在上流社会的存在，而米开朗基罗也一定要坚持自己是诗人的重要原因。事实上，虽然米开朗基罗写了很多水平不俗的诗歌，但后世所公认的他最突出的成就，恰恰表现在艺术领域。

最初他父亲把他送到佛罗伦萨的学校，是指望他未来能成为商人、银行家或文学家。但米开朗基罗偏偏对绘画产生了浓厚的兴趣。他的父辈们认为这是家族中的耻辱，但是责罚并没有使年幼的米开朗基罗屈服。

13岁的时候，米开朗基罗获得佛罗伦萨知名画家吉兰达约的刮目相看，收他做了学徒。吉兰达约也是著名的委罗基奥的学生。在他的指导下，米开朗基罗接受了比较全面的训练，他早慧的天赋给他师傅留下了深刻的印象。当洛伦佐·德·美第奇开办的雕刻学校需要招募新学生时，吉兰达约顺势推荐了米开朗基罗。②

洛伦佐开办的新式学校为米开朗基罗提供了全欧洲最好的学习条件。这里不仅有水平高超的老师，还有美第奇家族收藏的数量巨大的艺术原作。这极大地开阔了他的眼界。

当时洛伦佐学院聘请的一位雕刻大师，是雕塑界泰斗级前辈多纳泰罗的高足。他对米开朗基罗的进步也提供了很大的帮助。

在一次临摹古代雕塑的课堂上，米开朗基罗的出色表现引起了洛伦佐的注意。于是慧眼识珠的洛伦佐，将米开朗基罗收养在自己的宫廷中，像对待家庭成员一样照顾他。米开朗基罗从此可以频繁接触上流社会的人物，一些经常出入宫廷的人文主义学者、哲学家、诗人和艺术家，对米开朗基罗的成长起到了无法估量的作用。③

但米开朗基罗不够稳重的性格瑕疵，很快使他付出了意料之外的惨痛代价。

"年少轻狂"大概是这世间的通例，米开朗基罗也一样。在洛伦佐学院就读期间，少年米开朗基罗一方面自负于出类拔萃的训练成绩，另一方面又特别喜好对水平不如他的同窗伙伴，极尽冷嘲热讽之能事。

米开朗基罗16岁那年，有一次，在集体临摹马萨乔的壁画时，他又开始得意扬扬地指点身边同学的作业，并可能存在言语不逊的情节。不料，其中有个比他大三岁的名叫托里吉亚诺的年轻人，原本就对米开朗基罗的才华超越自己而感到郁闷，更无法接受米开朗基罗对他引以为荣的作品当众提出刺耳的讽刺意见。于是他突然恼羞成怒，在米开朗基罗脸上狠狠地砸了一拳。这一冲突造成的直接后果，使米开朗基罗从此陷入长期的懊恼和沮丧之中：他本来就嫌弃自己的眼睛有点小，从此居然还多了一个让他厌恶的塌鼻梁！

事后，托里吉亚诺对他的另外一个同学吹嘘道："我

② 不同来历的记载对此表述不一致，有些材料认为吉兰达约比较厌烦米开朗基罗。

③ 需要特别提出的是，米开朗基罗彼时的身份，有些类似于中国宫廷中的太子伴读。洛伦佐的儿子们和米开朗基罗都关系很好。他们从少年时期就一起在美第奇宫中玩耍、学习、生活。他们几乎朝夕相处，出则同车，食则同席，感情非常深厚。在往后的岁月浮沉中，除了洛伦佐的大儿子在流亡途中不幸死于非命，他的第二个儿子和米开朗基罗同一年出生，若干年后以红衣主教的身份被选举为罗马教皇，即利奥十世。在任性而且脾气古怪的米开朗基罗反复冲撞他时，几乎无法忍受的利奥十世，仍然会对建议他予以严厉惩罚的左右随从，眼泪汪汪地聊起他们自小一起长大的故事。

洛伦佐的第三个儿子（一说为侄子）比米开朗基罗小三岁，日后也成为新一任罗马教皇，号为克莱芒特七世。在佛罗伦萨发生严重政治骚乱期间，米开朗基罗曾经判断失误，成为美第奇家族的直接对抗者。但美第奇家族毕竟树大根深，不久又恢复了在佛罗伦萨的影响力。其后，念旧和惜才的教皇克莱芒特七世，依然宽恕和赦免了他。当其他家族成员强烈要求杀掉背叛者米开朗基罗时，克莱芒特七世给了他儿时的玩伴以最明确的庇护。

④　［法］罗曼·罗兰：《名人传·米开朗基罗传》，孙凯译，67 页，北京，中华书局，2013。

捏紧拳头，狠狠地打在他的鼻子上。我感到他的硬骨和软骨都像蛋卷一样被打得粉碎。就这样，我给他留下了一个终身难消的记号。"④

顺便补充一下，据瓦萨里的著作记载，性格冲动的托里吉亚诺后来也成就不俗。他曾经在短兵相接的战场上，数度展示过非凡的勇气与高超的肉搏水平，并立下了罕见的军功。在自知晋升高级军阶无望后，他辗转来到英国，创作了一些小型的艺术精品，是英国文艺复兴时期雕塑领域寥寥无几的代表性成就之一。但托里吉亚诺暴戾的性格最终还是彻底害了自己：由于没有得到合理的报酬并感觉自己被戏弄，他冲进西班牙某位公爵府中砸碎了自己制作的精美雕塑。56 岁时，托里吉亚诺因那次事件绝望而悲惨地死于狱中……

言归正传，对米开朗基罗青少年时期产生影响的还有另外一起不可不提的大事件。在他不幸被打断鼻梁的前后，佛罗伦萨出现了一位瘦小羸弱却能量不凡的人物。这位黑衣修士与众不同的充满神秘主义的布道，使挤满教堂的信徒们，总是不由自主地感到羞愧、悔恨和敬畏。

若干年前，他本来只是佛罗伦萨城内的一个忧郁、孤僻、外貌丑陋却喜欢写抒情诗的大龄青年，在一次冒昧求婚被拒绝之后，他黯然出家，成为一个腼腆的口齿笨拙的传道者。但他在外云游几年之后再度归来，好像莫名其妙就找到了灵感和自信，他摇身一变，成了一位口若悬河的、拥有极强感染力的先知。他在佛罗伦萨引起了前所未有的轰动。

他预言过洛伦佐将死，而洛伦佐果真不久就死了；他直言不讳地批评美第奇家族操纵议会，宣称佛罗伦萨即将大难临头，他灌输的恐怖情绪四处蔓延；他主张摒弃世俗享乐生活，而推崇严格的禁欲主义。于是越来越多的已婚或未婚的男女，在他的说教之下忏悔不已，他们成群结队地挤满教堂，立志成为清心寡欲的修士或者修女；他信心十足的手势和虔诚至极的腔调，让所有人都对他心服口服，连佛罗伦萨那些最有身份的名流，也纷纷拜倒在他的脚下。他就是黑衣修士出身的、一呼百应的圣马可修道院院长杰罗拉姆·萨沃纳罗拉。人们相信他在代表上帝说话。

年轻的米开朗基罗同样没能逃脱恐怖情绪的感染。洛伦佐去世之后，佛罗伦萨城到处传言即将受到法王查理八世的入侵。这时候，米开朗基罗身边一位神经兮兮的同样被萨氏深度蛊惑的朋友——诗人兼音乐家卡尔迪耶雷，言之凿凿地反复声称，他连续几次看到了洛伦佐的鬼魂。于是精神崩溃的米开朗基罗，来不及仔细斟酌便赶紧仓皇出逃，一直到了威尼斯才定下神来。罗曼·罗兰说："这是他的恐怖情绪在迷信作用下的首次发作，类似的事情后来多有发生，每次都被吓得魂不附体，尽管他为此感到羞愧。"⑤

⑤ ［法］罗曼·罗兰：《名人传·米开朗基罗传》，孙凯译，69 页，北京，中华书局，2013。

一个月后，如同萨沃纳罗拉事先预言的那样，被恐怖情绪搅得人心惶惶的佛罗伦萨果真发生了骚乱。信奉萨沃纳罗拉的民众举行了起义，美第奇家族的新任继承者被迫抛家舍业，匆匆忙忙逃到了外地。法王查理八世的军队果真乘虚开进了佛罗伦萨城，这使黑衣修士的预言变成了现实。经过一番周折，黑衣修士终于成功登上了佛罗伦萨的政治舞台，佛罗伦萨进入了狂热追随他的短暂时期。但三年之后，深感上当的民众又将他烧死在佛罗伦萨的市政广场上。

在之前有关波提切利的章节里提到过萨沃纳罗拉，之所以还要花上不短的篇幅来叙述这一人物，是因为他与米开朗基罗的成名作《哀悼基督》有极大关系。

萨沃纳罗拉也算是欧洲文艺复兴时期鼎鼎有名的人物，作为宗教改革运动的先驱，人们对如何评价他的功过是非，历来存在巨大的分歧，但米开朗基罗被公认至少是他的前期信奉者。有资料甚至声称，米开朗基罗至死都对萨氏抱有高度的同情。所谓证据，即《哀悼基督》。

话说米开朗基罗在外地度过了一个冬天，又返回了佛罗伦萨。他对佛罗伦萨的新局势不太适应，不久之后去了罗马。在那里，年届 24 岁的米开朗基罗接受一位法国红衣主教的委托，创作了他一生中唯一签名的作品《哀悼基督》。人们认为，他不顾罗马教皇的立场，不声不响地在作品中添加了被开除教籍的萨沃纳罗拉的影子。他那让人赞叹不已的成名作，轰动了整个罗马城。

如右：《哀悼基督》问世之初，由
于米开朗基罗当时没有签名，罗马城内
议论纷纷的观众当中，有人煞有介事地
试图将作品明确归功于某位子虚乌有的
所谓古希腊作者。身在现场的米开朗基
罗听到之后非常生气，于是在作品上补
镌了自己的名字，米开朗基罗因此一夜
成名。

图 6-1　米开朗基罗《哀悼基督》大理石雕

　　1501 年春，米开朗基罗带着荣誉回到佛罗伦萨。新任
行政长官将一块体量巨大、质地优良的大理石交给了他。
40 年前，这块石头曾经委托给别人，但开工不久就被放弃
了。由于已有残缺，此后再也无人接手。

　　米开朗基罗投入了巨大的精力来迎接这个挑战。就像
他独自完成《哀悼基督》一样，从草创大形到精雕细琢，
到最后的反复打磨，他没有借用任何助手。这种习惯几乎
延续在他一生的创作生涯中，所有的重要作品，他都执意
要独自创作，这使他因此无数次地延误工期。而在这方面，
后起之秀拉斐尔则比他要聪明得多。对于如何运用助手和
团队的力量来完成任务，拉斐尔显然更有心得。

　　1504 年，名动天下的作品《大卫》终于诞生了，这一
年，米开朗基罗 29 岁。这是米开朗基罗最有代表性的雕刻
作品，使他完全有资格自此荣膺顶级大师的桂冠。凭借无
与伦比的这一名作，他在雕塑领域，早早建立了他人难以
企及的高度。

　　依照米开朗基罗的强烈要求，《大卫》被安放在市政
议会厅前面。这是佛罗伦萨城中心最显眼的位置。

1527年佛罗伦萨发生严重骚乱时，
《大卫》雕像原作的左臂不幸被砸毁。
1873年，为避免遭到进一步的风化损
害，《大卫》原作被迁入佛罗伦萨美术
学院保管。包含此件作品在内，现各处
陈列展示的都是复制品。

图6-2 米开朗基罗《大卫》大理石雕

这年初夏的某个正午，垂垂老矣的波提切利和他的同门师弟佩鲁吉诺，及佛罗伦萨艺术界所有的耆宿名流，几乎都在现场见证了米开朗基罗的这一巨大荣耀。他们仰视着美轮美奂的大理石作品，除了赞赏与羡慕，想必还会从内心深处油然生起"后生可畏"的同感。

站在人群中的，还有一位尚在盛年的艺坛巨擘。以中国的师承辈分来论，算是米开朗基罗的同门师叔。[6] 他就是不久之前载誉归来的达·芬奇。

这是两个孤独的绝顶奇才。可是由于某些不确切的原因，他们之间没有找到惺惺相惜相见恨晚的感觉。尤其是米开朗基罗，由于他性格中毋庸讳言的缺陷，对名望如日中天的达·芬奇，不可遏制地产生了敌对情绪。达·芬奇获得的赞誉越多，他就对他越反感，"而且绝不放过任何表达反感的机会"。[7]

1505年春天，由于接到教廷的召集令，米开朗基罗率先退出了与达·芬奇之间在佛罗伦萨市政大厅的壁画竞赛。他来到罗马，准备为时任教皇尤里乌斯二世服务。

教皇尤里乌斯二世也是一个颇具传奇色彩的人物。据许乐在他的著作中总结："尤里乌斯二世是一个野心勃勃的教皇。他一方面崇尚武力，一心想通过战争建立一个像古罗马帝国那样强盛的、威名远播的教皇帝国；另一方面，他也要在文化艺术方面赶超古罗马，因此他对艺术品的追求也近乎狂热。在他精美华丽的梵蒂冈宫中，收藏着无数的艺术珍品，然而他并不满足。他要网罗当代最优秀的画家、建筑师和雕塑家为他服务，使梵蒂冈成为最豪华的艺术殿堂……"[8]

但米开朗基罗为尤里乌斯二世的工作却并不顺畅。

教皇最初的订单，是委托米开朗基罗为他建造一座规模宏伟的陵墓。因此，喜出望外的米开朗基罗，迅速为这一工程制定了一个气势磅礴的规划。随后他又在山里住了大半年，以监督采石场为他切割工程必需的优质大理石。当米开朗基罗千辛万苦把这些石头运到罗马之后，教皇尤里乌斯二世却改变了主意。原因是他受到了以著名建筑师

⑥ 波提切利和达·芬奇，以及佩鲁吉诺和米开朗基罗的老师吉兰达约，都是委罗基奥的徒弟。此时吉兰达约已经去世。佩鲁吉诺的徒弟拉斐尔可能也在现场。他比米开朗基罗小8岁，当时也居住在佛罗伦萨，后来迅速与达·芬奇和米开朗基罗齐名。

⑦ ［法］罗曼·罗兰：《名人传·米开朗基罗传》，孙凯译，73页，北京，中华书局，2013。

⑧ 许乐：《米开朗基罗关键词》，52页，长沙，湖南美术出版社，2010。

布拉曼特为首的另一拨人的怂恿。他们对教皇说，公众舆论认为，生前建筑陵墓是不吉利的事情，而另一个方案，即修建圣彼得大教堂，更能让教皇的荣誉永垂不朽。

布拉曼特的建议最终获得教皇认可。米开朗基罗不仅大失所望，还因此欠了不少债务。他试图找教皇申诉，但是没有成功。

不过米开朗基罗很快以独特的方式，为自己找回了些许心理平衡。

1506年，在罗马的提图斯浴场废墟附近，人们挖出了一组非常漂亮的大理石群像圆雕。很快，作为雕塑领域的首席权威，米开朗基罗被教皇尤里乌斯二世特意召见，来给这组雕刻作品做一个鉴定和估价。

米开朗基罗首先对这组大理石群雕给予了热情洋溢的赞叹，然后告诉教皇：这组雕塑中被巨蛇缠绕的三个人物乃是"拉奥孔"和他的两个儿子，主题取材于人们口耳相传的神话故事"木马计"，系由罗得岛的古代雕塑家阿格桑德罗斯和其子波利多罗斯、阿典诺多罗斯三人集体创作。

尤里乌斯二世对米开朗基罗的鉴定结果非常满意，最后以一笔数目可观的价格买下了这组雕塑。

由于出土时略有残损，人们对拉奥孔群像缺失的手臂究竟是怎样的动态展开了热烈讨论。包含拉斐尔、布拉曼特等人在内，当时在罗马的顶级名家们纷纷提出了各种猜想，而米开朗基罗则抛出了与众不同的推断。

就在彼此无法互相说服的当口，不久，在出土遗址附近，人们又挖出了一块大理石雕塑的残件，经过比对，这块残件正是拉奥孔次子缺失的右臂。当它被丝毫不差地与雕塑主体吻合在一起时，人们惊奇地发现，在所有的猜想中，只有米开朗基罗的推断是最精确的。

然而数百年后，哥伦比亚大学艺术学院教授莱恩·卡特森博士等人对米开朗基罗的遗物进行整理研究时发现，在《拉奥孔》"出土"5年之前，米开朗基罗便已经画了一幅与主要人物拉奥孔躯干背面极其相似的素描草图……

倘若不是故意迷信，如今看来，事实真相已经昭然若揭！

图 6-3 米开朗基罗《拉奥孔》大理石雕

⑨ 据众多学者考证，现存所谓古希腊雕塑中，如《拉奥孔》（1506 年"出土"）、《掷铁饼者》（1790 年"出土"）、《米洛斯的维纳斯》（1820 年"出土"）等，都是在多纳泰罗 - 米开朗基罗的雕塑技术体系完全成熟之后才相继"被发现"的。各种证据显示，包含这些名作在内的很多让人惊叹的所谓"古希腊"时期的写实性雕塑，实际上大多是 600 年来多纳泰罗和米开朗基罗一脉徒子徒孙们秘密伪造的托名赝品。而西方世界的这种造假手段甚至一直持续到当代。

⑩ 这不是米开朗基罗第一次制造假古董。早在《哀悼基督》面世之前，米开朗基罗就曾把自己秘密制作的天使雕像埋藏在荒园中，过段时间又假装偶然发现，然后当众挖出来，以冒充刚刚出土的古代雕塑，因此赚了一笔数额可观的报酬。尽管不久便被买家识破了，但此后这一套路仍然多次上演。米开朗基罗一生中总是尽量避免别人参观他的工作过程，并且不愿意在作品上签上自己的大名，除了性格原因，可能还与他乐于冒充古董来换取数以十倍的高额报酬有很大关系。

这意味着长期以来，欧洲文明史上第一件被认定为"古希腊"雕塑的《拉奥孔》，无论从技法风格、制作材料、风化程度还是面世过程等各个方面来看，其披着的所谓"古希腊"外衣已然漏洞百出，再也难以遮盖住托古伪造的实质。⑨而这组艺术精品的真正作者，几乎可以断定，就是米开朗基罗本人！⑩

由于与布拉曼特屡有冲突，米开朗基罗认为他的对手会找人暗杀他。在失望、愤怒和恐惧的混合驱使之下，他不顾一切逃回佛罗伦萨。他留在罗马的堆积如山的大理石，随后被洗劫一空。

但米开朗基罗无法真正承担与教皇对抗的代价。后来他又被迫来到教皇新攻陷的佛罗伦萨附近的某个城镇，为教皇尤里乌斯二世铸造一尊铜像。1508 年 2 月，经过反复失败，米开朗基罗终于完成了原本并不擅长的金属铸造工作。令人惋惜的是，就像达·芬奇的大型雕塑半成品不幸毁于战火一样，米开朗基罗的这尊铜像也只存在了很短的时间。4 年之后，它毁于教皇的敌人之手。他精心创造的作品被打碎融化，最后铸成了大炮。

不过从瓦萨里的高度评价和教皇的满意程度来看，这件后人无缘再见的作品应该具有很高的艺术成就。

缘于教皇的要求和庇护，米开朗基罗再次来到了罗马。有资料说，布拉曼特对米开朗基罗的再度受宠心怀嫉妒，于是他制造了一个新的难题，试图让米开朗基罗因之名誉扫地。

多纳托·布拉曼特其实也很有才能，他是意大利文艺复兴时期杰出的建筑师和画家，也是深受教皇倚重的在罗马具备显赫声望的名流。据说是米开朗基罗不够谨慎的言行首先激怒了他，最终他们之间形成了令人遗憾的严重对立。

布拉曼特和拉斐尔却是关系非常亲密的朋友。米开朗基罗后来对拉斐尔也心怀敌意，除了这位后起之秀确实才气过人之外，单凭拉斐尔与布拉曼特之间不同寻常的友谊，以米开朗基罗出了名的坏脾气，他们之间也不太可能很融洽。

在此之前，米开朗基罗的卓越成就主要集中在雕塑领域，在绘画方面一直没有出现惊天动地的名作，而且在和达·芬奇的壁画比赛中，他似乎略处下风。所以，当布拉曼特一反常态，向教皇建议请米开朗基罗来为西斯廷教堂绘制壁画时，对布氏充满厌恶之情的米开朗基罗，并不相信这是布拉曼特的为人风度和大局观使然，而是认为其背后可能掩藏着别有用心的如意算盘——让他做不太擅长的事情，而且拉斐尔已经在罗马声名鼎沸的情况下，布拉曼特无非是想让他当众出丑。

但米开朗基罗的竭力推辞没有奏效，教皇固执己见。于是，米开朗基罗只好又一次面对他一生中事关个人荣誉的严峻挑战。

这一次的困难更大。在西斯廷教堂的屋顶之下，他必须长期维持很不舒服的姿态，站在高高的脚手架上仰面朝天去工作。而且，就他的个人经历而言，像达·芬奇也曾吃过的亏一样，米开朗基罗对于大型壁画的表面处理同样缺乏成熟的经验。他刚刚画完一部分，作品就开始发霉，于是只得总结经验，重新再来。

教皇因此为他指派了几名助手，主要负责湿壁画的墙面处理工艺，但他们不久就被米开朗基罗赶走。他在一种受到挫伤的激愤情绪中，把自己锁在教堂里面工作。他拒绝别人参观或提供指导建议，也尽量不让别人知道他画的具体内容是什么。（在有些版本的描述中，据说他的这一举动，是担心创作内容被拉斐尔所剽窃。）

教皇对他的进度迟缓和神秘做派非常不满。直到有一天，忍无可忍的教皇给他下达了最后通牒。于是1512年的诸神瞻礼节，令人惊叹的奇迹终于展示在人们面前。

米开朗基罗远远超出了最初指定的工作范围和人们对于画面效果的预期。他把整个屋顶，包括周围的边角部分都画满了作品。米开朗基罗充分吸收了达·芬奇在构图方面的经验，又强化了他原本就很擅长的对人物大动态组合的高妙表现。他的构思精巧的巨幅壁画，震慑和感染了所有身在现场的观众。被深深折服的教皇尤里乌斯二世与艺术总监布拉曼特，以及包括拉斐尔在内的有幸能观摩这一奇迹的所有同行，都对这幅杰作给予了由衷的赞美。

图6-4　米开朗基罗《创世纪》（局部一）

图6-5　米开朗基罗《创世纪》（局部二）

如左：《创世纪》取材于《圣经》，由9幅中心画面和众多附属部分组成，共绘有343个神话人物。其中《创造亚当》成为流传最广泛的典范之作。

图 6-6 米开朗基罗《创世纪》湿壁画

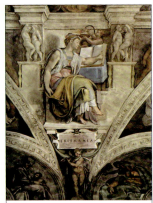

图6-7　米开朗基罗《创世纪》（局部三）

悲愤激起了一个绝顶天才的斗志和雄心，挑战成就了一部人类罕见的艺术精品。

历时四年半，米开朗基罗终于完成了他一生中最有代表性的大型壁画作品《创世纪》。他自此成为人类有史以来，唯一一个在雕塑与绘画两个艺术领域都达到时代顶峰的人物。

时值37岁的米开朗基罗，按说正当壮岁华年，虽然他的嗓门和脾气还是那么大，但他的身体却严重受损，过了很长时间才慢慢好转。

由于长期仰着脖子单举右手，他的头已经无法像正常人那样可以轻松下垂。他视力减退，骨盆前倾，肩背歪斜，躯体扭曲，以致形同废人。他曾经负重如山，而一旦放下，便顿感心力交瘁。他以为自己要死了，于是进入了以多愁善感的诗作频频抒情的阶段……

米开朗基罗被早早摧残的青春，严重缺乏爱情的滋润。他有悖于自己向来引以为荣的高贵血统，倒更像一个身份卑微的苦役。他成天衣衫不整伛偻于粉尘飞扬环境恶劣的工作场所，没日没夜地忙于各种充满挑战的又脏又累的劳作。

虽然米开朗基罗在视觉艺术方面有着无与伦比的鉴赏力和判断力，并且能凭借双手创造出各种款式的最理想的美，但他偏偏生就一副使自己严重受挫的不太完美的容貌。他那从未让自己满意的小眼睛和被人捶扁的塌鼻梁，以及强烈的自尊心，使他在本该谈婚论嫁的青年时代，却不敢去接近或取悦那些风姿绰约的漂亮姑娘。

米开朗基罗远远地躲开她们，然后把他真挚而克制的好感与爱慕，深深隐藏在他的那些或热情奔放，或措辞华美的诗歌里。由于他狷狂而荒悖的行为，那些原本对他不乏景仰之心的名媛闺秀或小家碧玉们，难以感知他那明明渴望却故作冷漠的爱意。她们毫无例外地与他一一擦肩而过。

在大家看来，他似乎是个惯于依赖身心俱疲来打发孤独的自虐狂，一个宁愿靠不停工作来驱走寂寞的独行者。人们只能在若干年后，从米开朗基罗遗存的那些悄悄为姑娘们写下的含情脉脉的诗句中，一窥他青年时期的情感波澜。据整理出来的文献显示，米开朗基罗似乎比较享受这种暗恋某人的滋味，并沾沾自喜于自我华丽的文采。他甚至认为，自己在诗歌方面的成就，要比在艺术领域取得的成就更让他感到自豪。

1513 年春天，教皇尤里乌斯二世去世了。米开朗基罗带着《创世纪》挣来的无上荣誉，和为老教皇继续修建陵墓的合同，又回到了他的故乡佛罗伦萨。他开始为教皇陵墓雕琢纪念像，一锤一凿地，专心致志地准备践行自己的诺言。但只完成了计划中的一小部分，如初步成型的《摩西》和《奴隶》等，米开朗基罗就收到了新的他无法抗拒的召唤。自此，尤里乌斯二世陵墓的工期被无限拖延，米开朗基罗的后半生因此备受困扰。

任务来自新任罗马教皇利奥十世。

前文的注解中提到过，利奥十世是洛伦佐的第二个儿子，青少年时期和米开朗基罗在美第奇宫中，朝夕与共生活过几年。后来洛伦佐把他送到教会做了一名修士，并设法使教皇英诺森八世在临死之前，破例提升他为红衣主教。英诺森八世之后的继任教皇尤里乌斯二世也是美第奇家族的亲密伙伴，他在美第奇家族被逐出佛罗伦萨期间，给了他们尽可能的关照。尤里乌斯二世去世以后，经过"选举"，来自美第奇家族的红衣主教最终成为新任罗马教廷的最高统治者。他继承的称号叫"利奥十世"。

贵族出身的利奥十世，在审美方面比战士出身的上任教皇更有品位。英国作家克利斯托夫·赫伯特在他的著作中写道："利奥下决心要将罗马变成欧洲最有文化气息的城市，采取了多种激励措施吸引那些最有成就的艺术家、作家和学者来此居住，让他们自由地使用他的收藏丰富而且不断增加的有价值的新手稿的图书馆……"[①]

① ［英］克利斯托夫·赫伯特：《美第奇家族兴亡史》，吴科平译，289页，上海，上海三联书店，2010。

利奥十世为文艺复兴运动在意大利半岛的继续进行，产生了比较重要的积极作用。

当佛罗伦萨由盛转衰的城市氛围，不能再为文化艺术的进一步发展提供更具竞争力的有利条件时，连续几任教皇尤其是利奥十世的积极作为，在客观上让欧洲文明大进步的这一波澜壮阔的场景，转移到意大利半岛上的其他中心城市继续展开。

话说利奥十世帮助美第奇家族重返佛罗伦萨，并初步修复了他们严重受损的家族影响力之后，便迅速召集一批才华卓绝的艺术家来到罗马，以便为他和他的事业歌功颂德。

米开朗基罗也是被征召的众多名家之一。

按理说，以他和利奥十世之前铺垫的情感基础，他理应获得更多的出人头地的机会，但是他的坏脾气再次为他制造了障碍。地位尊崇至极的教皇发现与他的儿时玩伴相处，并不是一件容易感到愉快的事情。

利奥十世并非不看重米开朗基罗的过人才能，但与更加年轻、更加谦逊的拉斐尔相比，他显然更愿意与后者打交道。于是他把更好的机会和更多的荣誉，给了迅速蹿红的拉斐尔，这让极度自负的米开朗基罗深感愤懑。他觉得让他屈居拉斐尔之后，是无法接受的事情。

左右为难的教皇利奥十世，最后提供了一个委婉的折中方案。他把布拉曼特死后留下的教廷艺术总监的职位给了拉斐尔；同时，为了照顾米开朗基罗的感受，他要求米开朗基罗返回佛罗伦萨，为美第奇教堂装饰一个金碧辉煌的正门。

米开朗基罗接受了这份价值不菲的委托。他迅速回到佛罗伦萨，摩拳擦掌准备大干一场，暗自期望能再创造出惊世骇俗的作品，以捍卫自己的声名。

但是，雄心勃勃的米开朗基罗选择了一个极不合理的方案。他试图双管齐下，既想完成规模宏伟且报酬优厚的尤里乌斯二世陵墓的订单，又想完成利奥十世委托的任务。而且他的老毛病又犯了，他不希望有人分享他的成果和荣誉，对别人的办事能力也不放心。于是他再次不理智地决定独自工作。甚至连开采石头这样的琐事都要亲自来过问。

而这两项规模不小的工程，实际上都是他单枪匹马难以完成的任务。于是他悲剧性地陷入漫无头绪的困顿之中。数年之间，他付出了巨大的代价，时间、金钱、精力，还有他一向看重的荣誉：尤里乌斯二世的后代反复找他声索工期延误的违约金；同时在似乎遥遥无期的等待中，失去耐心的利奥十世和他的弟弟——美第奇家族另一位新晋红衣主教，未来的罗马教皇克莱芒特七世，一气之下也取消了他们的订单。

而从1515年到1520年，在米开朗基罗四处抓瞎的这五年期间，被他视为主要竞争对手的拉斐尔，则相继完成了一系列足以使自己名垂千古的作品。然后，在个人名望如日中天的鼎盛时期，意大利文艺复兴三杰之一的天才人物拉斐尔·桑蒂，非常令人惋惜地突然告别了人间，年仅37岁。

此前一年，名满天下的列奥纳多·达·芬奇也已谢世。

而先后失去两位最有竞争力的、可以互相砥砺的强大对手之后，踽踽独行的米开朗基罗，也将不可避免地陷入一段萎靡不振的消沉时期。

年届 45 岁的看似早衰的米开朗基罗，由此成为文艺复兴运动全盛时期唯一的旗手。在即将老去的岁月里，他将见证或听闻一个个不如他长寿的同行们逐渐凋零，而他仍将拖着业已变形的身躯，出人意料地、孤独而顽强地，继续挺立在即将到来的滚滚寒流中。

他将继续以其不循常理的行为方式，奇迹般地焕发出新的力量。熬过多年的困苦与沉寂之后，他将再度血脉偾张地续写他人生后半程的辉煌与苦难交相掺杂的篇章。

在米开朗基罗的年表中可以看出，他有长达十余年的创作低迷期。后世流传的很多关于他的资料，大多把这一现象归结于米开朗基罗的个人原因，但需要引起研究者注意的是，除了确实由他本人违约而造成的难以脱身的麻烦之外，时代大潮中突如其来的剧烈动荡，显然对他的个人状态也施加了无法忽略的不利影响。事实上，以现在的视角回望过去，应该容易就此达成新的共识：身处风雨飘摇的动乱年代，他不大可能成为一个完全不被波及的特例。

在浩如烟海的宏观历史的大背景中，沿着雪泥鸿爪般的线索，依然可以看出以往未曾特意与他产生关联的踪迹。

这一时期，欧洲的地缘政治版图，出现了前所未有的巨大变化。在大航海事业中获得暴利的西班牙，不仅疯狂抢占海外殖民地，在欧洲本土，西班牙还利用强大的宗教影响力，以及与神圣罗马帝国的政治联姻，控制了法国周边的广大地区。这让雄心勃勃却被重重包围的法国如坐针毡。1517 年以来兴起的宗教改革运动，也演变成了地区局势恶化的推动力量。

尖锐而复杂的利益纠葛，让欧洲大地到处布满了难以调和的矛盾。尚未形成统一国家的意大利半岛上的那些关系松散的城邦，如那不勒斯、威尼斯、热那亚、米兰、佛罗伦萨等地，甚至包含曾经尊荣无匹的罗马教廷在内，在西班牙哈布斯堡王朝和法国瓦卢瓦王朝之间的夹缝中往往都很难置身事外，因而时常成为地区冲突的参与者和强权斗争的牺牲品。

米开朗基罗创作的低潮期，与这一阶段频频爆发的紧张局势和战争的进程高度吻合。

1527 年，在查理五世的鼓动下，来自巴伐利亚和法兰戈利亚的坚韧而强悍的农民战士们汇集在一起，怀着掠夺财富的渴望与梦想，一举打败了代表教皇利益的法国军队。他们翻越阿尔卑斯连绵不绝的崇山峻岭，势不可当地一路冲进富庶而文弱的意大利半岛。这些随后因拖欠军饷而哗变的饥肠辘辘、衣衫褴褛的杂牌雇佣军，以不顾辛劳、不畏生死和不讲规矩的作风，给意大利半岛上那些著名城邦的习惯于讨论诗歌与艺术的人们，带来了巨大的伤害和现实的苦难。

新继位的罗马教皇克莱芒特七世，面临着难以化解的严峻危机。先前他拼凑的军队已经遭遇失败，他的侄女婿兼前线指挥官已经英勇战死，罗马城很快被攻陷。教皇屈辱地沦为俘虏和人质。

试图恢复无上荣光却仿佛中了魔咒的罗马城，再次遭遇她在历史上反复被蹂躏的悲惨命运。血腥杀戮、疯狂掳掠，以及所有野蛮战争中可能出现的肮脏而残暴的野蛮行径，使那些劫后余生的幸存者，流干了他们惊恐、绝望与悲伤的泪水。

当恐惧再度降临罗马，临近的佛罗伦萨也出现了无法避免的剧烈动荡。富人们纷纷逃匿，失去秩序的城市中暴乱四起。美第奇家族再次失去他们经营已久的根据地。

侵略者满载而归之后，佛罗伦萨的民众再次集会游行，要求重建具备真正价值的共和政府，而不用再受豪族世家对政权的操纵。这意味着对佛罗伦萨政治僭主美第奇家族的直接反对。

没有资料显示一贯胆小的米开朗基罗，如何躲过那段战乱时期的各种危险。但有一点是可以肯定的，米开朗基罗显然很难在动荡的环境中还能安心从事他的艺术创作。

就佛罗伦萨的整体命运而言，未来何去何从，无疑是普通局中人难以准确把握的。米开朗基罗也不例外，他又一次做出了不够明智的选择——当美第奇家族看起来已经在佛罗伦萨完全失势时，米开朗基罗迅速成为那些见风使舵的背叛者之一。

也许是为了与美第奇家族划清界限，以避开被新政府清算的厄运，也许是出于其他如今无法详知的缘由，米开朗基罗竟然不可思议地站在了游行队伍的最前列。作为深受美第奇家族恩泽滋养的长期被庇护和被赞助的受益者，他旗帜鲜明地表达了拥护新共和政府的立场。

随后，为对抗美第奇家族的卷土重来，他又被任命为城防指挥官，负责督造佛罗伦萨城的防御工事。他尽心尽力地出谋划策，当工程快要完工时，他却再次惊慌失措地逃之夭夭。但过一段时间，他又莫名其妙地回来了。据赫伯特的记载："虽然没有再恢复他先前的重要职位，但是人们把他的行为归因于他的艺术秉性，也就原谅了他。"⑫

逃脱敌人控制的克莱芒特七世，历经辗转磨难，又找到了新的支持者。而美第奇家族又恢复了对佛罗伦萨城的统治，王者再度归来，他们的忠诚支持者，重新占据了当时政府议员的大多数席位。

以往赋予反对派的温和政策被废弃，这一次，公然"造反"的主要组织者都被处以极刑。

而战战兢兢的米开朗基罗，由于教皇三兄弟都曾经和他有过不浅的交情，再加上远超时辈的艺术才能，最终他不仅获得了教皇的宽恕和赦免，还被继续委以重任。

克莱芒特七世重新给他三倍的报酬，请他继续建造美第奇家族的陵墓教堂。为了让他专注于自己的任务，教皇明确禁止他再接受别人的订单。甚至居中调停，让他与尤里乌斯二世的后代之间，达成了一份新的和解契约。

这份契约其实让双方都不太满意，但又都无可奈何。迟迟未能结束的老教皇的陵墓工程，将由米开朗基罗继续完成。条件是他不但不能再收取报酬，而且必须返还一部分数额不菲的订金。米开朗基罗将没有完工的作品整理

⑫ ［英］克利斯托夫·赫伯特：《美第奇家族兴亡史》，吴科平译，228 页，上海，上海三联书店，2010。

图 6-8 米开朗基罗《摩西》大理石雕

一番，在时断时续的若干年的劳苦工作之后，算是勉强完成了任务。不过陵墓的规模大大缩小了，与先前让他一想起来就心潮澎湃的宏伟规划相比，几乎相差万里。他于1532年交付的雕刻作品《摩西》，十多年前即已大体成型，原计划只是陵墓脚下四个方向的组雕之一，最后却成了代表教皇陵墓的主体雕像。尽管如此，他的作品《摩西》《奴隶》《胜利》《垂死的奴隶》和《被俘的奴隶》等，这些装点老教皇陵墓的精美艺术品，仍然是他留给这个世界的值得尊敬的卓越贡献。

米开朗基罗所承担的为美第奇家族陵墓的建造任务，

规模也大打折扣。

教皇克莱芒特七世的突然去世，让米开朗基罗方寸大乱。自从政治上失去信任之后，他在佛罗伦萨的生活一直处于惶恐不安的氛围之中。年轻的家族继承者亚历山德罗·德·美第奇大公，曾在佛罗伦萨重建秩序之际毫不掩饰地表达过他对背叛者的愤怒。若非克莱芒特七世的严厉阻止，他也许早就将米开朗基罗当众处死。

米开朗基罗认为自己时刻都在面临巨大的危险，因此当教皇克莱芒特七世即将病死的时候，他即借机逃离佛罗伦萨来到罗马，这一年他60岁。从此以后，他再也没有回过他的故乡，尽管他无数次动过这个念头。他承建的美第奇家族陵墓，最终成为又一个他没有彻底完成的项目。

不过在这之前，米开朗基罗为美第奇家族陵墓还是陆续创造出了他晚年时期的一部分重要作品。多年以后，后继者利用这些素材加以拼凑，终于完成了剩下的工程。这就是今天能见到的美第奇家族陵墓的模样。尽管看起来不错，但与米开朗基罗的最初构想相比，这是又一个几乎面目全非的工程案例。

让米开朗基罗感到幸运的是，新继位的教皇保罗三世，也一直是米开朗基罗的膜拜者。他将米开朗基罗留在罗马，为他提供新的庇护，并要求米氏继续为他的宫廷服务。

身心俱疲的米开朗基罗，在这一时期前后，却持续陷入了一种连他的传记作者都难以启齿的情感煎熬。长期以来，多数研究这一课题的著述者，都会委婉地为维护他的形象而绝口不提。

1535年前后，一位43岁的身份高贵的寡妇结识了米开朗基罗。她的父母都出自不同邦国的王族，丈夫生前也是某个城邦的侯爵。她最大的缺陷，是她的容貌确实不太美丽。她的丈夫因此对她非常冷落。而侯爵夫人只能在外界不明真相的艳羡中硬着头皮撑着，直到她的丈夫死去。在漫长而孤寂的岁月里，她赖以打发时间的法宝，是以她措辞优美的文字，"不知疲倦地歌颂着改头换面的爱情"[13]。她

⑬ ［法］罗曼·罗兰：《名人传·米开朗基罗传》，孙凯译，131页，北京，中华书局，2013。

图 6-9　米开朗基罗为美第奇
教堂所作的群雕《晨昏》组
雕及局部大理石雕

图 6-10 米开朗基罗为美第
奇教堂所作的群雕《昼夜》
组雕及局部大理石雕

那雅致精巧的十四行诗，因此风靡整个意大利半岛。

这位名叫维多利亚的侯爵孀妇时常会默默地陪伴在米开朗基罗的身边。她对他的仰慕与顺从，就像镇静剂一样能使他保持短暂的安宁。作为一个被新思想深度影响的新教徒，她以深邃的见解和庄重的美德，成为米开朗基罗可以深度信赖的密友。但据说在他们之间，二者的情感交集，却仅仅止步于清澈的以精神来共鸣的友谊层面。

米开朗基罗似乎并没有把自己全部的爱，回馈给这位恰恰缺乏真爱的孤独、睿智而矜持的贵妇。在罗曼·罗兰著作的一个很不起眼的注解中，非常低调地留下了如下文字："……在他和维多利亚女士交往的1535年到1546年，米开朗基罗还爱过一位'残酷而美丽'的女子，他把她称为'与我为敌的女士'。他深情地爱着她，在她面前卑躬屈节，几乎要为她牺牲永恒的救赎。这份爱使米开朗基罗备受折磨，她却拿他取乐……"[14]

而后人在整理他遗留下来的那些热情洋溢的信件和诗作时，却骇然发现另外一个常人难以理解的隐私。这确实是个不太方便广为传播的事实：他一生中真正爱得你死我活的人，不是那些与他有过社交往来的女性，而是比他年轻许多的相貌出众的绅士。他为他们付出了很多，包括神秘的不啻于真正爱情的疯狂情感，和他辛辛苦苦挣来的大部分财产……

当步入老年的米开朗基罗沉迷于痛苦和纠结之中几乎不能自拔时，教皇保罗三世为他下达了新的光荣任务。因此，看起来萎靡憔悴到似乎将要奄奄一息的米开朗基罗，再次切换到另一种截然不同的模式。他像一位被注射过鸡血的精神高度亢奋的斗士，一头扎进他准备的新战场。

于是，米开朗基罗在艺术创作上的又一春，终于有机会在他真正地垂垂老去之前，再度绽放出令人炫目的光华。

6年以后，在完成西斯廷教堂天顶画《创世纪》将近30年之际，1541年，他的另一巅峰之作《最后的审判》得以面世。这一年他已经66岁。

这是另一幅为西斯廷教堂创作的尺寸惊人的祭坛画。

⑭ ［法］罗曼·罗兰：《名人传·米开朗基罗传》，孙凯 译，143页，北京，中华书局，2013。

如右：米开朗基罗原作绘制的是全裸人物，1564年米开朗基罗去世后，教皇庇护四世委派画家达沃泰拉，在画面上添加了一些衣物以作遮盖。这就是现在见到的模样。

画面分四层，耶稣和圣母位于画面的视觉中心，耶稣的门徒们也处于画中比较显眼的地方，他们手上拿着各自殉教赴死时的刑具。受耶稣裁决，善人升往天堂，恶人堕入地狱（其中部分形象为米开朗基罗讨厌的现实人物）。靠近画面中心位置手拿皮囊的是米开朗基罗自己的形象。作品具有磅礴的气势和浓郁的宗教意味。

图 6-11　米开朗基罗《最后的审判》壁画

在《最后的审判》中，他将包含上帝甚至包含圣母玛利亚在内的所有人物形象，都画成了一丝不挂的裸体。这一惊世骇俗的创举，使他在收获巨大赞誉的同时，也受到了广泛的非议。直到如今，人们还在纷纷猜测他的真正用意，并试图作出各种合理的和具有重要意义的解读。

在这气象万千而又精妙空前的巨幅壁画面前，教皇保罗三世开始是完全叹服的。他初次见到全貌，便不由自主地跪在下面祈祷。他非常虔诚地感谢主上的恩赐，不仅由衷赞美了米开朗基罗和他的艺术成果，还将这一作品视为自己任内的显著功绩。

可是一些观念保守的反对者们，认为在庄严肃穆的大教堂里面，出现那么多猥亵的"连妓女见了都会脸红"的裸体，是特别不合时宜甚至是严重有伤风化的。

迫于越来越大的舆论压力，教皇慢慢改变了立场，但倔强的米开朗基罗依然不愿意为此做任何妥协。"他知道，在和维多利亚·科洛纳进行的关于宗教的谈话中，在这颗纯洁无瑕的灵魂庇护下，他怀着怎样的炽热信仰完成了这幅作品。他羞于为这些反映了他英雄思想的纯洁裸体辩护，以反驳肮脏的猜疑，以及伪君子和卑劣者的含沙射影。"⑮

围绕这幅壁画还产生了很多趣闻逸事。据说米开朗基罗根据自己的好恶，把他本人和他的反对者们都画在了壁画里面。之后的数任教皇，也曾打算将这幅作品完全涂掉，但出于各种原因，这幅奇迹般的作品，终于得以奇迹般地保留至今。⑯

此前他已被任命为罗马教廷主管艺术的总监，这是以往备受恩宠的布拉曼特和拉斐尔先后获得过的殊荣。当《最后的审判》完成以后，米开朗基罗又挑起了继续建筑圣彼得大教堂的重任。在往后的年月里，他主持督造了不少建筑项目，也遇到了不少麻烦。在雕塑与绘画方面，由于年岁已高，他再也未能产生超越自己的更伟大的作品。《最后的审判》成为他艺术创作生涯中最后的、具备最高价值的回光返照的名作。

一生忙于各种苦劳的米开朗基罗，即便在越来越衰老

⑮ ［法］罗曼·罗兰：《名人传·米开朗基罗传》，孙凯译，146页，北京，中华书局，2013。

⑯ 米开朗基罗去世后，时任教皇下令让另一位画家给壁画上一丝不挂的全裸体（尤其是圣母玛利亚）添画了遮挡物，在一定程度上改变了米开朗基罗作品的原貌。

图 6-12　米开朗基罗《男人体习作》素描

图 6-14　米开朗基罗《戴头饰的女子头像》素描

图 6-15　米开朗基罗素描手稿

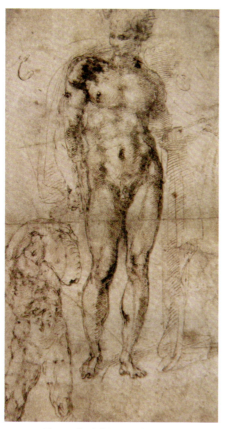

图 6-13　米开朗基罗《男人体》素描

图 6-16　米开朗基罗《利比亚女巫习作》素描

的晚年，也一直在不停地工作。他无与伦比的业绩和名望，使他在罗马赢得了非常广泛的尊崇，也不可避免地引起了少数人的嫉妒。他一贯的坏脾气和直言不讳的表达方式，为他制造了很多新的敌对者。这使他在生命的最后阶段，不得不为应付这些烦心事而付出巨大的精力与代价。

1564年2月的某一天，米开朗基罗走完了他传奇生命的最后一程。陪伴在他身边的，是让他曾经神魂颠倒的"拥有惊人美貌的罗马青年"——他的忠诚的仰慕者和彬彬有礼的同性密友托马索·卡瓦列里爵士。

万能的主没有把所有的垂青，都慷慨而完整地赐予他的信徒米开朗基罗。他不是一个完美无缺的圣人，他甚至有资格被称为典型的人格分裂者。

他具有高贵的血统，却生活得如同苦役。他的人生履历存在许多不靠谱的记录，既想揽下所有的活儿，又总是完不成任务。

他既挚爱他的老父和兄弟，不遗余力地满足他们的所有要求，又和他们关系紧张，以致有时宛若仇雠。

他既对自己的能力高度自信，以至于达到十分骄傲甚至非常自负的地步，又对自己的人生充满恐惧。他惧怕与他同样优秀的人，抢走他势在必得的荣誉，更缺乏足够的勇气与担当，去面对各种确切的或者不够确切的危险。

他从不缺乏炽热的激情和真挚的感受，他的情感世界却接近一塌糊涂。他终身未婚，缘于他要么不敢爱、要么不接受爱、要么被爱戏弄过。最后他宁愿以错位的情感纠结，来替代传统意义上的真正爱情。

敬慕他的人，麇集于欧洲各地的大小城镇，人们叹服于他的心灵手巧和声名远扬。讨厌他的也不乏其人，他们似乎总能找到足够的理由，以证明他未必算得上纯粹的德高望重。

但是，他却以他无与伦比的天才智慧和创造力，为人类世界留下了许多无法估价的艺术珍品和精神财富。

在雕塑领域，他独步天下，是足以傲视古今的王者；在绘画领域，他是唯有达·芬奇和拉斐尔才能堪与比肩的时代巨人；在建筑领域，他的成就曾经罕有匹俦；在文学领域，他字字珠玑的足以使他因此成名的诗作，至今还在欧洲大地广为流传。

充满各种传奇色彩的米开朗基罗，是佛罗伦萨的荣耀、罗马城的自豪，以及整个欧洲的骄傲。

他看起来似乎老早就衰朽了，却奇迹般地成为当时意大利艺术家群体中间，最长寿和最有名望的遗老。他与达·芬奇和拉斐尔虽有不睦，但他们共同创造了艺术史上最辉煌的时代。

米开朗基罗的离世，意味着盛极一时的佛罗伦萨艺术家群体，由此进入日渐式微的窘迫状况，同时也标志着伟大的意大利文艺复兴运动，不可避免地陷入由盛而衰的境地。此时，威尼斯画派还在孤独地闪烁意大利半岛的最后光芒，以及米开朗基罗唯一还算成器的弟子瓦萨里，将在日后与拉斐尔的门徒朱里奥等燃起"矫饰主义"[17]的点点薪火。欧洲文艺复兴运动向前发展的接力棒，将经由下一批承载使命的传递者，送到更遥远的、等候已久的地方。

⑰ 又译作"样式主义"或"风格主义"。

第 七 章
拉斐尔，天才若不早死，世界将会怎样

拉斐尔·桑蒂，在绘画领域与达·芬奇和米开朗基罗比肩而立的登峰造极者，意大利文艺复兴鼎盛时期的三大标志性人物之一。他虽然只活了 37 岁，但短暂的一生中却获得了巨大的成就和荣誉。数百年来，人们为他赋予了不计其数的溢美之词，他是后世公认的古典主义绘画的典范，甚至曾被誉为欧洲的"画圣"。

拉斐尔出生于 1483 年，他比达·芬奇小 31 岁，比米开朗基罗小 8 岁。

拉斐尔的童年在佛罗伦萨附近的乌尔比诺小城度过。他的父亲是颇受当地城邦公爵信任的宫廷画师，在城里还开办了一个绘画作坊，是一位收入稳定而且结交广泛的体面人物。拉斐尔的母亲出身于乌尔比诺的商人世家，她美丽淳善，是当地有口皆碑的贤妻良母。在父母的精心调教下，拉斐尔打小就养成了谦和乖巧、人见人爱的性格。

相比达·芬奇的矜持与孤傲，和米开朗基罗的忧郁与暴躁，拉斐尔温和而优雅的社交风度为他赢得了更好的人缘，他惯于忍让的美德，使他后来很少遇到真正的关系紧张的敌对者。

在阿尔塔耶夫撰写的《拉斐尔传》中，作者含蓄地将这一事实归结于拉斐尔自小受到的良好而温馨的家庭教养。他像写作电影剧本一样，细致入微地描述了一幕幕温情脉脉的生活场景。他甚至花费很长的篇幅，穿插了很多凭空想象但不乏合理性的日常对白，以便读者能够比较形象地感受到拉斐尔所经历的童年时期的幸福时光。

但这种幸福而甜蜜的家庭生活并未持续太长时间。拉

斐尔 8 岁的时候，他的母亲不幸死于难产。不久，拉斐尔以超越同龄儿童的心智和他特有的温顺，彬彬有礼地迎来了他的继母。那是一个年轻并且不乏庸俗之气的邻家姑娘。新女主人的到来，并没有给予拉斐尔应有的关心与爱护，也没有给予他的父亲以舒适和安慰。截然不同的家庭氛围，不免让拉斐尔未老先衰的父亲郁郁寡欢。1494 年，拉斐尔 11 岁的时候，他的父亲也撒手人寰。

拉斐尔的继母在产下一个遗腹女之后怨气冲天，进而对他产生了无法掩饰的冷淡和排斥。好在经过一番交涉，拉斐尔的叔叔与舅舅及时承担了监护人和养育者的角色。之后，拉斐尔父亲生前的两位学生和乌尔比诺公爵的女儿也加入照料拉斐尔的队伍。拉斐尔在他们的指导之下开始正式学习绘画技巧。由于自小就在父亲的画室里饱受熏陶，因此他进步很快。15 岁的时候，他的监护人认为必须另寻名师，才会不至于埋没拉斐尔的天分。于是经过四处寻访，生活在另一座城市的大名鼎鼎的佩鲁吉诺，成为拉斐尔青年时期的艺术导师。

佩鲁吉诺也是委罗基奥的高足。他完善了空气透视法的理论，还找到了当时未曾发现过的色彩调配方法，他的作品对后世也产生过一定的影响。在此顺便再强调一下，委罗基奥的知名学生中，有当时誉满欧洲的波提切利和达·芬奇，还有名动一时的佩鲁吉诺和吉兰达约。吉兰达约是米开朗基罗在艺术领域的引路人，而佩鲁吉诺则是拉斐尔青年时期的恩师。基于这个事实，以中华文化中的师承辈分来做比拟，"意大利文艺复兴三杰"，可以理解成师出委罗基奥一门的达·芬奇师叔与米、拉两位师侄的关系。

佩鲁吉诺很快发现拉斐尔天赋异禀，他们之间仿佛忘年交一般，迅速建立起淳朴而亲密的感情。他尽量为拉斐尔提供学习与锻炼的机会，甚至经常与拉斐尔肩并肩地共同完成委托者定制的作品。

在拉斐尔来到佩鲁吉诺居住的佩鲁查这一年，这个城市的几家望族，为争权夺利产生了难以调和的矛盾。不断升级的彼此报复，让双方都付出了非常惨重的代价。

拉斐尔偶然目睹了一幕残酷而血腥的械斗场景。当胜负已分时,他看到一位当事者的母亲穿过围观的人群走来,俯下身去对着濒临死去的儿子说话。她悲痛而克制地祈求他原谅那些伤害过他的人……

拉斐尔被深深地触动。那位美丽女性的身影,使他不由自主地联想到他过早逝去的慈母,那蕴含了宁静、优雅和母性悲悯的形象,让他的思绪难以平静。不久,他创作了《柯涅斯塔比列圣母》。在那之后的创作生涯中,尽管绘画主题经常被限定在宗教范围,但他越来越喜欢借机表现的,是代表他理想中的青年女性的完美形象。

图 7-1　拉斐尔《柯涅斯塔比列圣母》木板油画

拉斐尔独自完成的第一幅作品使佩鲁吉诺大为惊讶。他认为佩鲁查小城已经无法为他们提供更好的发展空间,因此建议拉斐尔和他一起到更大的城市佛罗伦萨去闯荡,毕竟那里才是艺术大师云集的更宽阔的舞台。但彼时的拉斐尔已经在佩鲁查小有声名,他收获的订单让他无法即刻抽身离开。于是佩鲁吉诺带着其他徒弟先行前去,而拉斐尔则留在原地继续工作了一段时间。一年后，他回到故乡乌尔比诺，为他父亲曾经服务过的公爵画了一幅《圣乔治和天使长米哈伊尔》后，随即离开乌尔比诺小城，于1504年来到传说中的大都市佛罗伦萨。

包罗万象的佛罗伦萨让拉斐尔大开眼界。先行到此的佩鲁吉诺，带他拜访了刚从威尼斯归来的达·芬奇。拉斐尔清新俊朗的外表和谦逊得体的风度，使他在包括达·芬奇在内的佛罗伦萨著名艺术家群体里面，获得了广泛的人缘。他兴致盎然地参加艺术家们的各种聚会，不知疲倦地穿行于陈列着艺术精品的各个宫殿之间，如饥似渴地研习自马萨乔以来的各位艺术大师的名作。超凡的悟性让他在艺术观念和绘画技巧方面，迅速获得巨大的进步。

相比不太易于接近的米开朗基罗，拉斐尔的性格和达·芬奇似乎存在更多的相似之处。他们都温文尔雅、风神秀逸，似乎更易于找到共同语言。名望正如日中天的达·芬奇，对初露头角的拉斐尔给予了亲切的认可与帮助，而拉斐尔则对他的前辈表达了真诚的仰慕与爱戴。在谈论达·芬奇和米开朗基罗两位巨匠在市政大厅留下的壁画稿时，阿尔塔耶夫在著作中引述了拉斐尔的说法："不论这幅草图，或是那幅草图，都是杰出的、了不起的、前所未有的艺术品。但是，打开天窗说亮话，不管是生活上，还是在创作上，我都更推崇列奥纳多老师。"[1]

拉斐尔从达·芬奇的作品中吸收了很多有益的营养，在某种程度上，他甚至可以看作达·芬奇没有名分的学生。瓦萨里撰写的《意大利艺苑名人传》中留下了如下文字："童年时代，拉斐尔模仿师傅皮耶特罗·皮鲁吉诺的风格，在构图、着色、创意上进展神速。然而成年后，他发现这种风格离现实相距甚远。因为亲眼目睹了莱奥纳多·达·芬奇的作品，在刻画妇女儿童头像方面，无人能与他匹敌，而在赋予形象优雅感和动感方面，更是举世无双；这都让拉斐尔惊异而震动。这种风格比以往所见的任何风格更令他欣喜。于是，他开始学习这种技法……竭力亦步亦趋地仿效莱奥纳多。"[2]

① ［苏］阿尔塔耶夫：《拉斐尔·桑蒂》，李长敏译，47页，沈阳，辽宁美术出版社，2011。

② ［意］乔尔乔·瓦萨里：《意大利艺苑名人传·巨人的时代》，刘耀春等译，98页，武汉，湖北美术出版社，长江文艺出版社，2003.

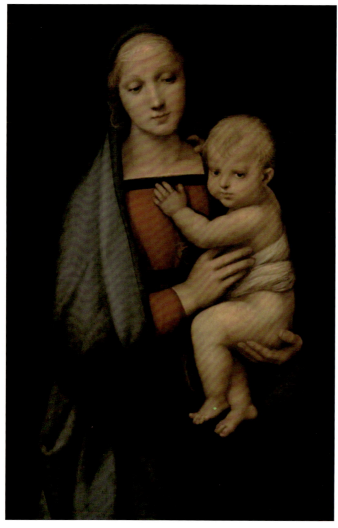

图 7-2 拉斐尔《大公爵的圣母》木板油画

　　彼时的另一位顶级大师米开朗基罗,似乎还未特别留意到拉斐尔这个毛头小伙的存在,但拉斐尔却开始悄悄揣摩米开朗基罗的作品,几乎从不放过任何向他学习的机会。在佛罗伦萨停留期间,拉斐尔认真研究了达·芬奇和米开朗基罗各自作品中最出色的成果,并尝试将其中的精髓糅合到自己的创作中。这一努力使他很快取得了别开生面的成绩,并为他带来了越来越多的订单。其中,一系列圣母像和个人肖像让拉斐尔在佛罗伦萨声名鹊起,因而引起了教皇尤里乌斯二世的注意。

图 7-3　拉斐尔《草地上的圣母》木板油画

　　尤里乌斯二世也是一位传奇色彩很浓厚的人物，他被认为是历史上最有作为的 25 位教皇之一。在他舅舅荣膺教皇期间，他当过远征军的统帅。为了打败敌对者，他一生几乎征战不休，即便在当选教皇之后也依然如此。他希望欧洲大地的那些桀骜不驯的世俗领主，都能拜服在教皇的十字架之下。因此他被后世称为政治教皇、战神教皇。在他戴上教皇桂冠的十年间，罗马教廷在欧洲的实际影响力达到了前所未有的高度。

　　尤里乌斯二世不是严格意义上的圣人。他的人生具有战士与教士的双重历验，因此他的宗教生涯里面不可避免地掺入了很多世俗的成分。作为方济各派出身的教皇，他不习惯墨守成规，似乎也并不崇尚严格意义上的苦修。他的私生活既不平淡也不够严谨，他有三个女儿的事实天下皆知。在诺曼·戴维斯撰写的《欧洲史》里面，还非常明确地将他罗列在梅毒③感染者的名单之内。为了巩固个人地位和罗马教廷的影响力，他甚至动用过一些备受诟病的权谋手腕。但这些道德瑕疵并未彻底影响他的威望，与声名狼藉的前任教皇亚历山大六世相比，具备雄才大略的尤里乌斯二世获得了颇为广泛的赞誉。他不仅利用软硬两手使罗马教廷重新获得了尊崇，还凭借高超的理财手段开源节流，使教廷的财库渐渐丰盈起来。

③ "许多年来它没有一个官方的名称。意大利人、德意志人、波兰人和英格兰人都称它为'法国病'，法国人称它为'那不勒斯病'，那不勒斯人称它为'西班牙病'，葡萄牙人称它为'卡斯蒂尔病'，土耳其人称它为'基督徒病'……它被认为是随着哥伦布的船员横越大西洋……直到青霉素出现才将它制服。"（［英］诺曼·戴维斯：《欧洲史》上卷，郭方、刘北成等译，511页，北京，世界知识出版社，2007。

图 7-4 拉斐尔《花园中的圣母》木板油画

尤里乌斯二世不仅在宗教与政治方面都大有作为，对欧洲艺术发展的进程也做出了不可磨灭的贡献。源于多年以来美第奇家族利用艺术家和艺术品来提升政治与经济利益的启发，尤里乌斯二世也一反谨慎节约的习惯，投入大量金钱，先后任用了很多艺术大师来从事美化梵蒂冈的工作。经过尤里乌斯二世和他的后继者利奥十世的努力，在历史大潮中沉沦数百年的罗马城，再度成为欧洲的宗教政治中心和艺术殿堂。相比之下，盛极一时的佛罗伦萨，将随着当地政治局势的反复动荡，和达·芬奇、米开朗基罗、拉斐尔等顶级艺术大师的离开，而渐渐暗淡那曾经灿烂无比的光芒。罗马城将因为拉斐尔等人的闪亮登场，而奏响新的精彩乐章。

图 7-5　拉斐尔《哑女拉慕塔》木板油画

如左：画中表现的人物据称是来自亚历山大的凯瑟琳（约287—305）。传说她从异教徒皈依基督教后，时常劝阻罗马帝国皇帝迫害基督徒，并在大辩论中胜过了皇帝派来的众多学者。18岁时她被判处车裂之刑，但行刑时车轮坏了，于是被处以斩刑。

图 7-6　拉斐尔《亚历山大的圣女凯瑟琳》木板油画

　　1508 年，接到教皇尤里乌斯二世的征召，拉斐尔迅速来到了罗马。这一年，拉斐尔 25 岁。

　　此前，拉斐尔已经以独立艺术家的身份，创造了十几幅口碑不错的作品。最初接见与考核他的，是在教皇面前深受宠信的艺术总监与建筑大师布拉曼特。布拉曼特和拉斐尔是同乡，他们都来自意大利半岛中部的小城镇乌尔比诺。拉斐尔非常出众的艺术才华和合乎分寸的社交礼仪，使布拉曼特十分欣赏。

　　布拉曼特是全面主持梵蒂冈宫建筑和艺术的大主管，征得教皇的许可后，他为拉斐尔安排了签字大厅的壁画绘制任务。

　　拉斐尔精心构思了四个主题，以神学、哲学、诗学和法学为内容，在四年之内，分别创作了《教义争论》《雅典学院》《帕那苏斯山》和《三德像》。

为了尽快完成这些规模宏大的作品，拉斐尔招揽了几位助手来一起工作。他最欣赏的学生，后来被誉为"小拉斐尔"的朱里奥·罗曼诺，在那时已经开始显露杰出的才华，他为拉斐尔分担了很多琐碎的事务。

最先交付的作品是工作量相对较小的《帕那苏斯山》，其后是《教义争论》。在《教义争论》这幅尺寸惊人的画作里面，拉斐尔不仅展示了高超的绘画技巧，还大胆表现了非同寻常的内容。如被教廷开除的以荒淫无度而著称的前任教皇亚历山大六世，和被判处火刑的多明我派修士萨沃纳罗拉，都出现在画面的显眼位置。这与当时的宗教氛围格格不入，甚至存在立场暧昧的风险。

好在拉斐尔是教皇尤里乌斯二世和建筑与艺术大主管布拉曼特都很信任与喜爱的人，"教皇和他的建筑师都毫无异议地赞许《教义争论》。梵蒂冈红衣主教和奴仆们的悄悄话和流言蜚语消失了，变成了一片赞扬声。"④

④ ［苏］阿尔塔耶夫：《拉斐尔·桑蒂》，李长敏译，62页，沈阳，辽宁美术出版社，2011。

图7-7 拉斐尔《教义争论》壁画

拉斐尔在罗马的前两幅壁画作品使他站稳了脚跟，紧接着他又继续投入《雅典学院》的绘制进程中。在那时，与布拉曼特互相厌恶的米开朗基罗，正在附近的西斯廷教堂，整天仰着脖子进行其煌煌巨作《创世纪》的绘制工作。

米开朗基罗对拉斐尔与布拉曼特的亲密关系感到很不高兴，他认为拉斐尔是布拉曼特刻意用来对付自己的棋子。面对拉斐尔越来越咄咄逼人的上升势头和善于博采众长的能力，米开朗基罗不可避免地产生了焦虑情绪。他担心拉斐尔会剽窃自己的创作成果，因此竭尽所能避免自己的作品内容被拉斐尔看到，但是他的努力似乎没有奏效。

据《意大利艺苑名人传》中记载，布拉曼特设法让拉斐尔在《创世纪》完成之前，有幸得以一饱眼福并大受启发。虽然瓦萨里是米开朗基罗的亲传弟子，他的说法可能存在偏袒某一方的嫌疑，但拉斐尔从米开朗基罗的诸多作品中受过直接教益，应该是毋庸讳言的事实。

1511 年，拉斐尔最有代表性的大型壁画《雅典学院》终于出现在观众面前，轰动全城。这一年他 28 岁。（罗马再一次轰动是在一年之后的事情，米开朗基罗的《创世纪》1512 年面世。）

教皇对这一结果非常满意，他对拉斐尔奉献给他的惊世作品赞叹不已，并为自己能够慧眼识珠感到无比骄傲。

罗马的街头巷尾，都在众口一词地夸赞这一前所未见的伟大作品。人们争先一睹为快。从达官显贵、富豪巨贾，直到街坊民众和贩夫走卒，都在谈论着《雅典学院》和它的创作者拉斐尔。

一夜之间，拉斐尔成为罗马最耀眼的明星。

他凭借《雅典学院》这一辉煌的作品，迅速赢得罗马城的万众膜拜。人们不吝言辞，愿意为他奉上最衷心的颂扬与赞美。他那英俊的外表、优雅的风貌、和蔼可亲的态度和无人可及的才华，使得罗马城的年轻妇女们，对他倾心不已。

已婚贵妇们以结识他为荣耀，未婚姑娘们以追逐他为

图 7-8　拉斐尔《雅典学院》湿壁画

时尚。在他可能经过或驻足的地方，他的女性仰慕者们愿意放下高贵的身份，愿意花上大把的时间，甚至有人为了引起他的关注，愿意包下他可能出现的公共场馆的所有座位，以排斥潜在的竞争者。她们似乎不愿意放过任何机会，以便能在最亲近的距离之内，对传说中才高八斗玉树临风的拉斐尔·桑蒂先生，一表渴仰之情。

不仅如此，拉斐尔早早建树的巨大成就，使他在艺术家群体中间也获得了广泛的尊敬与艳羡。他成为那些狂热的年轻艺术家们的偶像和榜样，他们追随在他的左右，愿意以学生和助手的身份向他学习，并为他服务。

图 7-9　拉斐尔《阿尔巴圣母》木板油画

图 7-10　拉斐尔《尤里乌斯二世肖像》木板油画

从 1508 年到 1513 年，拉斐尔在来到罗马的最初五年，被视为他的第一个巅峰时期。除了为教皇尤里乌斯二世服务之外，拉斐尔还为罗马及周边地区的富豪显贵们绘制了不少闻名于世的独幅订件。瓦萨里评论拉斐尔的作品风格时说："他笔下的头像无论男女老幼，均优美动人，除此之外，他的刻画极其贴切、大胆，孩子们的举止神态有时流露着淘气，有时洋溢着顽皮；他笔下服饰的褶皱既不单调，也不繁琐，而是那么真实自然。"⑤

⑤ ［意］乔尔乔·瓦萨里：《意大利艺苑名人传·巨人的时代》，刘耀春等译，6 页，武汉，湖北美术出版社，长江文艺出版社，2003。

图 7-11 拉斐尔《枢机主教肖像》木板油画

尤里乌斯二世于 1513 年春天去世之后，继任教皇利奥十世对拉斐尔给予了更多的宠爱与信任。不久之后，对拉斐尔有知遇之恩的布拉曼特病故，拉斐尔随即被利奥十世任命为主管建筑与艺术的总监，全面接替布拉曼特生前承担的工作。

利奥十世虽然早早就被洛伦佐送进教廷培养，但他仍然继承了美第奇家族一贯奢靡的生活作风和嗜爱艺术品的癖好。他把前任教皇辛辛苦苦攒下的积蓄，大量投入罗马梵蒂冈宫的建筑改造和艺术装饰之中，很快使教廷陷入了捉襟见肘的财政危机。虽然他并不完美的品行与德望时常被人讥讽，但他在欧洲艺术发展方面所做的突出贡献，也是人们历来所公认的。

由于自小就在美第奇宫中受过良好的艺术文化素养的熏陶，利奥十世对于艺术的见解和品位比任何一位前任都要高妙得多。同时，他也是一个更为苛刻的享乐主义者和完美主义者，对那些他瞧不上眼的艺术品或者装饰品，常常会提出直言不讳的批评，甚至发出与他高贵身份不相匹配的暴跳如雷般的指责。

图7-12 《头戴蓝冠的童贞圣母》木板油画

（相传是拉斐尔和他的学生詹弗朗切斯科·潘尼合作的一幅油画。）

此时的拉斐尔已经拥有如日中天的名望，为了完成教皇的旨意和日益增多的任务，拉斐尔建立了阵容庞大的工作室。由他的学生和助手组成的多达50余人的浩浩荡荡的队伍，每天簇拥着光彩照人的拉斐尔，陪他出入在梵蒂冈宫的工作场所，或罗马城那些美女如云的大街小巷。

与一向孤傲清高的达·芬奇和习惯单打独斗的米开朗基罗相比，拉斐尔显然更善于运用团队的力量。除了他本人的创造之外，他还常常号召学生和助手们为他提供各种题材创意与构图，他再加以筛选和完善，甚至有些作品的早期工序他也会让助手们来处理，他再进行画龙点睛式的描绘，以应付越来越多的订单。文献记载和后世的研究成果表明，在以他的名义流传的多达300余幅水平参差不齐的作品中，有很大一部分属于拉斐尔师生合作的产物。换句话说，助手们可能参与了琐碎的基础工作，而拉斐尔则承担了其中的关键工序。这一事实不免让人对拉斐尔颇有微词，但并未严重影响到他的声誉。《拉斐尔传》中曾以很小的篇幅，提到他被罕见攻评的例子："有一个叫罗索⑥的人，很蠢又不加检点，有一次昏头昏脑地评论拉斐尔道：'这伟大是吹出来的！还不知道是谁在那儿工作，是他还是他的助手！'于是，全体学生一致决定，给这个狂妄的臭虫一点儿厉害看看，这个罗索不得不逃离了罗马。"⑦

也许需要为他澄清或辩解的是，站在当下回望过去，我们不能因此而苛责拉斐尔投机取巧以获取名利。因为当时的欧洲各地，在类似于作坊性质的艺术家工作室，这种合作模式一直是比较流行的惯例。譬如马索利诺与马萨乔，委罗基奥与达·芬奇，他们师徒之间都有过联手绘制同一幅作品的经历。

区别在于，马萨乔和达·芬奇都是青出于蓝而胜于蓝的成功案例。他们的授业恩师，后来还有机会被人频频提起，在很大程度上是受惠于比自己更出色的弟子。

而拉斐尔则因为自身的过于强大，他的学生中间，没有能够出现与他成就相当或者超越他的强者。虽然在他英

⑥ 乔凡尼·巴提斯塔·罗索(Giovanni Battista Rosso, 1494—1540)，意大利画家。罗索被逐出罗马后去了巴黎，获得法国王室的重用，主要负责建造和装饰枫丹白露宫，是第一代枫丹白露画派的首席代表画家，为尚处于艺术荒漠状态的法国培养了不少艺术人才。

⑦ [苏]阿尔塔耶夫：《拉斐尔·桑蒂》，李长敏译，64页，沈阳，辽宁美术出版社，2011。

年早逝之后，拉斐尔曾经最中意并诩之为"第二个我"的朱里奥·罗曼诺和富有才气的萨尔托等人，曾经试图转换绘画风格，并在意大利半岛闯荡出响亮一时的名号，但与拉斐尔的天纵英才相比，他们最终只能囿于"矫饰主义"的窠臼，而成为意大利美术发展史上，被一笔带过的陪衬者。

1514年，拉斐尔以但丁诗作中的《西斯廷圣母》为主题，为西斯廷教堂创作了同名祭坛画，这是他最成功的一幅圣母像,画面中所表现的圣母形象集文雅、温柔与美貌于一体，既包含有拉斐尔早期作品中偏重的人间母性，又兼具女王式的端庄与严肃。

《西斯廷圣母》被视为拉斐尔继《雅典学院》之后，他在罗马期间的又一巅峰之作。

拉斐尔的诸多为人称道的精彩之作中，值得一提的还有1515年完成的《椅中圣母》。

图7-13　拉斐尔《西斯廷圣母》布面油画

图7-14　拉斐尔《椅中圣母》木板油画

传说有一次，拉斐尔看到一幕非常温馨而美妙的母子相处的场景，由于现场没有合适的材料和工具，他在情急之下临机一动，将一只空橡木桶翻过来，在木桶的底面上画了一幅速写。根据这个素材，拉斐尔后来创作了一幅圆形构图的画面，这就是被公认为代表了拉斐尔唯美和典雅风格的《椅中圣母》。诺曼·戴维斯在《欧洲史》中对拉斐尔系列作品给出的评价是："拉斐尔的《圣母像》，是与中世纪的圣像在精神上相分离的世界"。⑧

⑧ ［英］诺曼·戴维斯：《欧洲史》上卷，郭方、刘北成等译，475 页，北京，世界知识出版社，2007。

图 7-15 拉斐尔《披纱巾的女子》木板油画

1516 年至 1519 年间，拉斐尔为情人之一冬娜·薇拉塔绘制了肖像画《披纱巾的女子》。此外，他还创作了一系列重要作品，如《圣茜西利亚之狂想》《利奥十世和两位红衣主教》等。

除了完成大量的绘画作品之外，拉斐尔后来还接受利奥十世的指派，全面主持梵蒂冈宫的建筑督造和古罗马遗址的考古发掘。这些繁忙而琐碎的工作使拉斐尔的身体健康受到严重影响。

图 7-16 拉斐尔《圣茜西利亚之狂想》布面油画

图 7-17　拉斐尔《利奥十世和两位红衣主教》木板油画

如左：画上三个人物是教皇利奥十世、红衣主教路易兹·德·罗西、教皇的外甥兼教廷枢密官米里奥·德·美第奇。

教皇利奥十世出身于佛罗伦萨最有影响力的美第奇家族，父亲是曾被誉为"豪华者"的大名鼎鼎的洛伦佐·德·美第奇。由于美第奇家族与前后几任罗马教皇的关系都非同一般，而且是罗马教廷的财产管理者，洛伦佐意识到，将家族势力安插到教廷内部，将是维持美第奇家族长期利益的最佳途径。因此他将自己的女儿嫁给了教皇英诺森八世的儿子，并设法将自己的次子送到教皇的身边培养，处心积虑为他铺平道路。日后，他的先见之明终于获得了非常丰厚的回报。他的次子吉奥瓦尼历经磨难，终于以枢机主教的身份被"选举"为新任教皇，并以"利奥十世"作为他的继承者称号。利奥十世对父亲的深谋远虑心领神会，在他任内，美第奇家族的亲戚和朋友，以及对美第奇家族有重大贡献的人，塞满了罗马教廷的主教团。这使美第奇家族在佛罗伦萨步入衰落之后，他们的家族势力，能够以更为尊荣的身份顺势迁移到罗马，并逐渐扩散到欧洲的其他城邦。他的弟弟(一说是堂弟，即洛伦佐被刺杀的弟弟朱里奥·美第奇的私生子)和侄子，即后来的罗马教皇克莱芒特七世和利奥十一世，还有他们家族先后嫁入法国王室的凯瑟琳王后与玛丽王后，将美第奇家族的巨大影响，一直持续到18世纪中叶，并直接推动了整个欧洲尤其是法国宫廷文化和艺术的发展。

利奥十世对拉斐尔的才能和脾性非常欣赏，但教廷出现的日益艰难的财政状况，已经让他无法及时、足额地向拉斐尔支付应有的报酬。

为了做出补偿，教皇利奥十世破例给拉斐尔赏赐了一顶"红衣主教"的帽子，在他看来，这似乎是所有职业艺术家中，唯有拉斐尔才能匹配的最高荣誉。"红衣主教"是枢机主教的俗称，在天主教世界的宗教等级中，红衣主教的地位层级仅次于教皇。在理论上，红衣主教还拥有晋升为新任教皇的机会。

在此之前，教皇还试图将另一红衣主教的侄女许配给拉斐尔。拉斐尔对此并不满意但也不便拒绝，于是一直拖着不肯举办婚礼，直到他 37 岁时突然病故。

事实上，拉斐尔不愿接受指定婚配自有缘故。他在罗

⑨⑩ ［意］乔尔乔·瓦萨里：《意大利艺苑名人传·巨人的时代》，刘耀春等译，96 页，武汉，湖北美术出版社，长江文艺出版社，2003。

马期间的私生活一直丰富多彩，有据可考的他的数位恋人，皆是不可方物的美人。这使他总是不可救药地坠入温柔乡中而无法自拔。面对那些为他所倾倒的热情洋溢的漂亮姑娘们，瓦萨里的记载中写道："拉斐尔是个非常多情的男子，总是沉湎于女色，并随时准备为她们效犬马之劳。"⑨

随后瓦萨里还举了一个例子："当密友阿格斯蒂诺·奇基请他为私邸的第一敞廊作画时，拉斐尔却因迷恋一位情妇而忽略了这份工作。绝望的阿格斯蒂诺在友人的帮助下，费尽周折想出一个办法，他将这位女士延请至家中，安顿在拉斐尔作画的工作间，终于使这幅画得以完工。"⑩

乔尔乔·瓦萨里，是米开朗基罗学生当中唯一在艺术事业上有所成就的人，拉斐尔去世的时候他已经 9 岁。他撰写的《意大利艺苑名人传》长达百万字，记载了那一时期意大利的所有知名艺术家的个人生平与主要作品，是经常被后世引用的最贴近那个年代的参考资料。虽然他的著作中也存在一些不确切的史料或者互相矛盾的表述，但他的成果对后来的艺术史研究产生了巨大影响。

瓦萨里将拉斐尔的英年早逝，明确归因于他"异乎寻常的纵欲"和医疗失误。

但是苏联时期的著名传记作家阿尔塔耶夫在《拉斐尔·桑蒂》中，则将拉斐尔的暴病身故，委婉地描述为"过度的工作和肺结核耗尽了他的体力"。

总之，不管出自什么原因，拉斐尔·桑蒂，在他如日方中的美好华年和艺术事业的鼎盛时期，突然于 1520 年 4 月 6 日令人遗憾地离开了人世。那一天，刚好是他 37 岁的生日。

整个罗马都处于惊愕和哀痛的氛围之中。人们的叹息与祈祷，弥漫在罗马城的每一个角落。按照他生前的愿望，拉斐尔被安葬在最负盛名的古罗马建筑万神殿中。

拉斐尔·桑蒂，是后世公认的与达·芬奇和米开朗基罗鼎足而三的时代巨人。达·芬奇的深邃，米开朗基罗的博大，拉斐尔的典雅，都完美体现了他们各自作品的主要特色，也是文艺复兴时期最成熟的、最具代表性的辉煌成就。

从 17 岁离开故乡，拉斐尔在短短的二十年职业生涯里，创作了数量可观的绘画精品。一系列圣母像，以优雅、端庄和不可言喻的美，而成为数百年来被长期尊崇的典范，尤其是最负盛名的《雅典学院》，使他年纪轻轻即奠定了一代宗师的地位，可谓少年得志。

达·芬奇、米开朗基罗和拉斐尔，都是世间罕见的天才人物。从他们的职业经历来看，相对而言，拉斐尔似乎比他们更幸运一些。

达·芬奇成名以后，再没有可资学习或借鉴的前辈大师来为他提供更高明的额外能量，故而在年事日高的岁月里，不可避免地陷入被后起之秀取而代之的尴尬境地。但在意大利文艺复兴的三大巨匠里面，他属于最令人尊敬的、打着火把走在最前方的人。比他年轻 31 岁的拉斐尔，则由于达·芬奇与米开朗基罗的探索性贡献，得以获得最直接的启发，因此有幸成为进展最迅捷的人，在年纪轻轻的当口，即能获得与前辈大师相提并论的艺术成就。

米开朗基罗无疑也是成就斐然的超级大师，但他性格中的缺陷，使他一生遭遇了无数不必要的困扰和磨难。而拉斐尔俊秀的外貌与亲切谦和的好脾气，为他赢得了非常良好的平台环境，使他更有机会得以展示自己出类拔萃的才能。

在生活方面，拉斐尔比前二者也要滋润得多。他既没有性格上的短板，也没有精神方面的负担，他能很好地解决内心世界与外部世界的关系。借用另一版本的《拉斐尔画传》作者马波的评论来说："他顺应教皇，讨教皇的欢心，欢愉地摆动在圣母与情妇之间，调和异教与基督教的信仰，他不曾深入探究人生和信念的神秘性与冲突感，只追求人生的情欲和欢乐、美的创造和拥有以及对朋友与情人的忠诚。他带来的是宁静，不提出问题，不制造疑虑，不制造恐惧，不制造理智和情感之间的冲突以及躯体与灵魂间的矛盾，见到的都是对立统一的协调。他的艺术把一切都理想化，宗教、女人、音乐、哲学、历史甚至战争，以及自

⑪ 马波:《拉斐尔画传》,133页,长春,时代文艺出版社,2004。

己的一生都是这样。"⑪

作为罗马画派最主要的代表人物之一,在视觉艺术领域创造出人类理想美最高境界的拉斐尔·桑蒂,他的成就不仅令同时代的无数艺术家黯然失色,还对身后艺术流派的发展产生了深远影响。他被后世称为"古典主义"大师,也是数百年来一代一代后学者高山仰止的偶像。

上苍曾将最丰厚的眷顾几乎完全倾注于他。他同时拥有惊人的才情、完美的容貌、优雅的风度和辉煌的事业。他曾集所有的赞誉于一身,只是天不假年,他那接近完美的生命之歌未能徐徐唱完,竟然在最华彩的章节戛然而止!

在赞叹和惋惜之余,鉴于他在艺术领域早早建树的远超同侪的高度,和越来越锐不可当的发展势头,人们不禁还容易心生假想:天才若不早死,世界将会怎样?

第 八 章
提香，威尼斯画派的灵魂人物

提香·韦切利奥，是威尼斯画派中最有影响力的灵魂人物，也是几乎能与达·芬奇、米开朗基罗、拉斐尔三大巨匠相提并论的艺术大师。如果说"文艺复兴三杰"是那个时代最耀眼的艺术顶点，那么可以说，提香的整体成就，便是与他们落差最接近的另一座艺术高峰。尤其在色彩方面的造诣，他在那个时代罕有匹敌。

从世俗的角度来看，他的人生形态也似乎比"文艺复兴三杰"更完美。他既像拉斐尔那样左右逢源，又像米开朗基罗那样长寿。[①] 当达·芬奇和拉斐尔早早谢世之后，他以卓越的绘画技巧和高贵的社会身份，取得了几乎与米开朗基罗平分秋色的荣誉。在米氏离世之后的十余年时间里，他是文艺复兴由盛而衰之际闪亮在意大利半岛上的最后一颗巨星。

1488 年[②]，提香出生在意大利水上名城威尼斯北部的山区小镇卡多莱，这个风景秀丽的地方位于皮亚夫河畔，距离阿尔卑斯山脚只有 8 千米。

提香出自当地名门之一韦切利奥家族。他的父亲是一位军官，曾经在提香的少年时期带他游历过威尼斯城。这座繁华而别致的水上都市让提香非常向往。17 岁的时候，提香如愿来到威尼斯，成为著名画家乔凡尼·贝里尼的学生。

在欧洲美术史上，贝里尼家族的艺术成就虽然不足以列入顶级行列，但他们一向被视为威尼斯画派的先行者。

① 提香（1488—1576），比达·芬奇晚 36 年出生，比米开朗基罗小 13 岁，比拉斐尔小 5 岁。米开朗基罗寿至 90 岁，提香则活了 88 岁。

② 一说 1490 年。

源于威尼斯的地理区位优势，以及其他客观原因，贝里尼父子有机会率先接触到尼德兰地区传来的新式油画技法。这种来自阿尔卑斯山脉另一侧的经过改良的材料工艺和绘画技巧，使他们在运用色彩方面，得以胜过那些还在使用传统材料的诸多名手。当代表意大利最高成就的佛罗伦萨画派从鼎盛时期渐渐衰落，而欧洲其他地区的艺术家群体尚未崛起之时，威尼斯画派一代宗师乔凡尼和他的后继者们，及时扮演了接力者的角色。

对于提香而言，在乔凡尼·贝里尼门下学习，不仅能够感受到良好的艺术氛围，更幸运的是，他还在此遇见了对他未来影响深远的师兄乔尔乔涅。

乔尔乔涅是威尼斯画派四大高手中最先登场的名家。他的绘画造型优美，色彩绚丽。在同时期的艺术家们还仅仅把风景当作人物画的陪衬之时，他一反常态，拓展了风景人物绘画的新格局。无论单独讨论文艺复兴时期威尼斯画派的发展脉络，还是撰写提香的相关事迹，他都是一个无法绕开的重要节点。他对提香在艺术道路上的引领作用，甚至远远超出了他们的老师乔凡尼。

刚刚入行的提香，很快成为才华卓著的乔尔乔涅的追随者。

比他大11岁的乔尔乔涅，俨然成为提香的授业导师。他出类拔萃的绘画水平，令提香佩服得五体投地。在乔氏的悉心指导下，提香进步很快。他惊人的悟性和虔诚的态度，使乔尔乔涅愿意毫无保留地与他一起切磋技艺。

提香对师兄乔尔乔涅的任何建议都言听计从，以至于时常因此而忽略老师乔凡尼的指导意见。这令乔凡尼·贝里尼的权威感和自尊心受到挫伤，他无法忍受二位弟子分庭抗礼般的行为，一怒之下把他们逐出师门。乔尔乔涅和提香只好自此独立门户。日后，他们却双双成为乔凡尼门下弟子中最有资格代表威尼斯画派的巅峰人物。

乔尔乔涅和提香之间具有高度的默契。他们的绘画技巧和风格非常相似，以至于他们共同绘制的作品，人们往往无法分清到底区别在哪里。

乔尔乔涅不仅在技艺上对提香予以指点，还在生活上教他如何面对可能出现的难题。譬如乔尔乔涅会引导比他年轻许多的提香，怎样去接近自己心仪的姑娘。为了表达亲密无间的友谊，他甚至曾邀请提香共享同一位情妇。乔尔乔涅恃才放纵和及时享乐的示范行为，可能是提香日后也以风流而著称的重要因素之一。

他们俩原本形影不离，情同手足。但两人近乎完美的合作关系，却随着时空的流转慢慢产生了裂痕。

有一天，某位观众不合时宜地搞错了恭维对象，让乔尔乔涅突然意识到提香的技艺已经在不知不觉中超越了自己。从此，心情复杂的乔尔乔涅变得性格古怪起来。他与提香兄弟般的情义，不可避免地出现了疏离感。

那时，乔尔乔涅疯狂地爱上了一位美如天仙的女子，他沉迷于与她之间的两性欢愉，并竭尽所能，试图将她的玉颜和胴体画入自己的作品中。但1510年，这位让他惊为天人的美女，竟不幸染上鼠疫而香消玉殒。不久之后，乔尔乔涅也不幸被传染，在33岁时，正值英年的乔尔乔涅心有不甘地离开人世。他未能完成的作品，两年后，由躲避鼠疫之后归来的提香补画了上面的风景部分。这就是著名的经典作品《沉睡的维纳斯》。这一年，提香24岁。

图 8-1　乔尔乔涅《沉睡的维纳斯》布面油画

（风景部分由提香 1512 年补画）

有必要扰乱时序在此穿插一下的是，18年后，提香绘制的另一幅名作《乌尔比诺的维纳斯》，在人物的动态造型上，几乎完全照搬了乔尔乔涅的原创。

似乎没有人能确切了解提香这一举措的真正意图。他也许是借此向亦师亦友的乔尔乔涅致敬，也许，是为了缅怀年轻时，那曾经一起亲密合作和一起放浪形骸的时光……

图 8-2　提香《乌尔比诺的维纳斯》布面油画

（相传画中的漂亮模特儿是提香的红颜知己，威尼斯著名交际花安吉娜·戴尔·莫若。）

乔尔乔涅突然早逝之后，提香被掩盖的光芒慢慢开始显露出来。

起初，提香几乎完全延续了乔尔乔涅的技术体系和绘画风格。除了《沉睡的维纳斯》，他还补画了几幅乔尔乔涅未能完成的其他作品。由于二者在这一阶段的创作风格高度一致，加上他们经常合作完成订单的事实，因此后来的专题研究者们经过考证之后认为，以往曾经冠名为乔尔乔涅的传世作品中，可能只有五幅是乔尔乔涅真正的独立创作，而其他作品里面，或多或少都掺入了提香的贡献。

提香完成于1515年的早期代表作《神圣与世俗之爱》，已经超越了他先前的水平。这幅作品使他在威尼斯获得声誉，但依然还存在乔尔乔涅风格的痕迹。

图 8-3 提香《神圣与世俗之爱》布面油画

1516 年，乔凡尼·贝里尼去世之后，28 岁的提香以绝对优势袭承遗缺，成为威尼斯首席宫廷画师。提香精湛的绘画技艺和出色的个人魅力，使他在那些身份高贵的名流之间如鱼得水。

彼时的威尼斯，经济实力和宗教、政治氛围，都要优于意大利半岛上的其他名城。这个位于半岛北部的要冲之地，一向是陆海交通的黄金码头。在地理大发现之前，它以沟通欧亚大陆的便利条件，成为地中海周边最繁华的经济重镇之一。

当佛罗伦萨曾经波澜壮阔的蓬勃发展之势渐渐消退之际，慢了一拍的人文主义浪潮却向威尼斯鼓荡而来。繁荣的商业活动和文化交汇，使威尼斯的市民们在思想上变得越来越开放。笼罩欧洲的禁欲主义在此不可避免地被淡化，易于被普罗大众所接受的世俗享乐主义却蔚然风起。威尼斯的人们天生具有欢乐明朗的气质，他们喜欢饮酒、狂欢、享乐，以奢侈浪费而闻名遐迩；威尼斯的妇女更以酷爱修饰和自由无拘束的性格为荣。这里的一切，造就了威尼斯画派形象丰满的、构图新颖的、色彩艳丽的艺术特色。

威尼斯的富庶与包容，为艺术家们提供了丰厚的经济条件和文化背景。提香恰好在这一色彩斑斓的时代应运而生，他的那些明朗艳丽并具有乐天情趣的作品，成为深受各界喜爱的、为那个时代增光添彩的壮丽瑰宝。

1518 年，提香为弗拉里教堂画的煌煌巨作《圣母升天图》横空出世。提香诸多名作中，这幅作品被认为具有里程碑式的性质，是文艺复兴时期威尼斯画派最伟大的经典之作。

图 8-4　提香《圣母升天图》布面油画

油画《圣母升天图》气势恢宏,造型精湛,色彩温暖富丽,其尺寸也远远超过了之前的其他祭坛画。这幅名作不仅使提香一举跻身于超级大师的行列，更在成就和规模上，使威尼斯画派自此获得与佛罗伦萨画派和罗马画派相提并论的殊荣。时人于是认为，30 岁的提香，俨然已经可以和誉满天下的米开朗基罗媲美。

据说此作最初交付时，由于画面中关于"圣母升天"的内容与经典教义不太吻合，以至于委托创作这幅祭坛画的修士们几乎不愿接受。不过人们欣喜若狂的追捧，尤其是查理五世对此作的高度赞赏，让他们最终改变了主意，转而成为这幅作品的颂扬者。（提香去世之后，就安葬在陈列了这幅巨作的弗拉里教堂里面。）

图 8-5　提香《花神》布面油画

提香的另一代表作《花神》，被认为绘制于1515—1520年。画中表现的这个丰腴而妩媚的女性形象，尽管看起来很美，但更像是来自世俗世界，而不是来自传说中的天国。相传提香以他热恋中的情人为原型创作了这幅作品。③ 因此，虽然这是他早期的代表作之一，名义上表现的是罗马神话传说中的花神芙洛拉，实际上更应该被看作是一幅以现实人物为蓝本的，具有一定现实主义特征的肖像画。

在此之前，很少有人敢于如此直接地以充满旺盛生命力的、完全世俗化的女性，来公然比拟神话人物。而提香这一作品在当时所受的欢迎程度，似乎能够表明人文主义思潮在那时已经广泛地深入人心，人们对于神话人物的理解，已经具备一定的宽容度，并渐渐脱离了神秘主义和理想主义的范畴。

③ 一说此画是以法国国王亨利一世（1008—1060）的情人琳菲菲为模特。因亨利一世的生活年代比提香早了400多年，故此说当为讹传。

图 8-6　提香《酒神节狂欢》画布油画

油画《酒神节狂欢》，是提香于 1523—1524 年倾心绘制的又一名作，被美术史家们认为表达了"对人性的赞扬和对神学的宣战"。此作人物数量众多而造型生动有序，色彩丰富并且绚丽多变，表现出提香惊人的画面构造能力。他以巧妙精美的构图和明快奔放的色调节奏，淋漓尽致地展示了他盛年时期的个人特色。

《酒神节狂欢》，原本出自希腊神话传说中酒神巴克斯的事迹。但从表现的内容与效果来看，与其说此画中描绘的是巴克斯与众神痛饮，倒不如说是世俗生活中的民间青年男女，于郊野中的尽情狂欢。④这一符合威尼斯当时新兴资产阶级趣味的作品，使他再次获得广泛而热烈的赞许。

1525 年，37 岁的提香与赛西莉雅结婚。提香婚前已有两个私生子，不久赛西莉雅又为提香生了一个女儿。

在威尼斯，提香就像罗马时期的拉斐尔那样四处受宠，他的名望与身价一路飙升，使他有条件成为那个时代比较罕见的、既有艺术成就又很会享受生活的名流。

他的私生活也像他的绘画一样多彩多姿。相比"文艺复兴三杰"在爱情或世俗婚姻方面的不完美，提香似乎比他们更能平衡爱情、婚姻与艺术的关系。他不仅事业成功、家庭美满，在他漫长的生命历程中，还拥有无数对他死心塌地的红颜知己。在崇尚享乐主义的威尼斯，才华盖世而又挥金如土的提香，以游刃有余地周旋于众多淑女名媛之间，而享有和他的艺术成就颇相匹配的风流之名。难能可贵的是，提香不仅擅长社交，在各类应酬之余，一生中还创作了多达 500 余幅的油画作品和为数可观的版画与镶嵌画。其中很大一部分都足以垂范后世。

婚后不久，提香还以他声名远播的才能，意外获得了贵族子弟才能拥有的伯爵之位。

1532 年⑤，雄霸大半个欧洲的神圣罗马帝国皇帝查理五世率领军队来到威尼斯附近的小城博洛尼亚时，与他关系良好的红衣主教依波利托·德·美第奇，重金聘请提香为帝国皇帝绘制了一幅戎装像。查理五世对提香的作品感到非常满意，他下令授予提香金矛骑士头衔、拉特良宫廷伯爵和皇家教廷伯爵。年届 45 岁的提香，借此正式成为拥有贵族身份的上流人物。

在那以后的几年时间内，依波利托·德·美第奇红衣

④ 还有一种说法认为：此画又名《安德罗斯岛居民欢庆酒神节》。画中所描绘的情节，是在爱琴海基克拉迪斯群岛中的一个叫安德罗斯的小岛上，居民们正在纵情狂欢，饮酒作乐，谈情说爱和跳舞，以庆祝酒神的节日。

⑤ 一说 1530 年。

主教还聘请提香为他画过两幅个人肖像。此外，提香还画了《西班牙拯救了宗教》和《腓力二世把初生的太子斐迪南献给胜利之神》等作品，以感谢帝国皇帝查理五世对他的恩宠。

1543 年，在教皇保罗三世来到博洛尼亚之际，提香为他绘制了油画《保罗三世肖像》。教皇对提香的画技高度赞赏，并赋予提香以慷慨的赏赐。

图 8-7　提香《保罗三世肖像》布面油画

1545—1546 年，提香应召访问罗马，是其平生少有的几次远行活动之一。其间，他根据要求绘制了《教皇保罗三世及其侄子》，还为几位红衣主教分别画了肖像，因此获得罗马荣誉市民的称号。

有趣的是，提香的到来，再一次激起了已届耄耋之年的米开朗基罗的好胜之心。

当达·芬奇与拉斐尔相继辞世，米开朗基罗成为整个欧洲至高无上的顶级大师。无论罗马还是佛罗伦萨，似乎没有任何人具备足够的成就，来与登峰造极的米开朗基罗在艺术造诣上相颉颃。

然而在相距并不遥远的威尼斯，提香却以独领风骚的才情，攒下了日渐鼎沸的名声，其几乎席卷整个意大利半岛的雄强之势，也仿佛一时无人可以撄其锋芒。

瓦萨里的著作中有一小段文字，记载了他撺掇米开朗基罗去造访提香的雅事。

在客居的工作室里，提香展示了他新画的裸体妇女像《达娜厄》。

图 8-8　提香《达娜厄》布面油画

他们热情洋溢地互相恭维了一番，一向自负的米开朗基罗以罕见的大度，对提香在色彩方面的独到之处给予了高度的赞誉。但在返程的路上，面对好奇而慧黠的瓦萨里的一再追问，米开朗基罗虽然再次肯定了他对提香色彩技艺的推许，但对提香作品中的素描因素，如构图等方面的瑕疵，比较委婉地表达了他的不以为然。言下之意，似乎是说提香尽管已经具备超越时辈的才能，但还没有高明到足以与他相提并论的程度。

图8-9 提香《红衣主教彼得·贝姆博肖像》
布面油画

图8-10 提香《红衣主教亚历山大·法尼兹肖像》
布面油画

不过，在数百年后的今天来看，米开朗基罗的评价虽然不无道理，但在他自1541年创作完《最后的审判》之后，随着他年事日高，他已无法像盛年时期那样再度创作出惊世骇俗的大作。无论在艺坛纵横捭阖数十年的米开朗基罗如何不服老，在他越来越力不从心的晚年岁月里，比他年轻13岁的提香，将当仁不让地成为与他名望相若的艺坛巨擘。

提香在离开罗马返回威尼斯时，特意路过了佛罗伦萨。就像最初来到罗马时一样，他对佛罗伦萨城内琳琅满目的艺术珍宝感到非常震惊。与以往只能从别处零零星星见到拉斐尔等大师的小型作品不同，这一次出行，使提香有机会近距离观摩拉斐尔和米开朗基罗等人留下的众多精品。他对两位大师蜚声四海的名作尤其是大型壁画深入研究了一番，从中深受教益。

提香的绘画风格也随之有所转变。他的技艺曾经受到乔尔乔涅的悉心指点，因此早期作品不可避免地打上了乔尔乔涅的烙印。与一直盛行的先绘制素描底稿然后层层上色的工序不同，乔尔乔涅大胆创造了直接用色彩塑造形象的新技艺。在这个基础上，提香将乔尔乔涅的直接画法再度升华，从而形成了自己独步江湖的绝技。他的中年时期画风细致，色彩鲜亮。晚年则笔势豪放，色调沉着而变化精妙。

1548年，提香接受征召来到奥格斯堡（现德国中南部城市）出任查理五世的御用画师。同年完成的《查理五世骑马像》，是一幅以肖像为主，同时能隐喻重大事件的油画作品。他不仅十分传神地表现了查理五世的个人形象，还比较巧妙地暗示了查理五世在穆尔堡战役中获得的军功。

提香60岁时绘制的《查理五世骑马像》，不同于他早期的色彩绚丽的个人风格，但以宏伟的构图、历史隐喻性和政治意义，为后来巴洛克风格的骑马像树立了一个基本范式。不过批评家们也曾将这幅油画，视为提香一生中少见的逢迎之作。⑥

在回到威尼斯短暂停留一段时间之后，1550年，提香再次来到奥格斯堡，为查理五世的儿子西班牙公爵腓力二

⑥ 在1871年意大利作为一个统一的王国之前，意大利半岛上存在着佛罗伦萨、威尼斯、热那亚、米兰等相对独立的城邦共和国。当时威尼斯共和国正面临着雄霸欧洲的查理五世的战争恫吓，但提香依然将威尼斯人眼中的敌对者画得威风凛凛。人们认为提香的这一行为有失政治底线和道德操守，似乎与他以往不主动攀附权贵的清高之气不相符。

如右：在欧洲历史上，查理五世是个颇具传奇色彩的著名人物。这位西班牙帝国时期的超级强人出自哈布斯堡家族，通过姻亲关系和四处征战，统治着欧洲大部分的地区和在美洲新发现的广大殖民地。因大航海时代而兴起的他的盛极一时的帝国，曾被称为"日不落帝国"，这比后来英国自维多利亚女王时期传颂至今的同名称号，足足早了300多年。

据相关材料记载，他还拥有一大串让人望而生畏的头衔：查理（卡洛斯、卡瑞尔、卡尔、卡洛、夏尔），托上帝洪福，神圣罗马帝国皇帝、永远的奥古斯都、罗马人民的国王、意大利国王、西班牙国王、西西里国王、那不勒斯国王、萨丁尼亚与科西嘉国王等。

鉴于其名下领土特别广大，而且过于分散不便治理，后来他将神圣罗马帝国的王位禅让给弟弟斐迪南继承，同时将治下以西班牙为基本势力范围的一部分土地分封给儿子腓力二世。二者后来形成现代德国与西班牙的基本领土框架。

图8-11 提香《查理五世骑马像》布面油画

图8-12 提香《葡萄牙的伊丽莎白女王》布面油画

图 8-13 提香《腓力二世像》布面油画

世工作，先后为多位帝国家族成员和贵族世家绘制了数幅
肖像画。其中以《腓力二世像》最为知名，这幅全身像打
破了欧洲肖像画一直以半身为唯一样式的惯例，后来为无
数艺术家所效仿。

1551 年，63 岁的提香辞别查理五世返回威尼斯。此后，
提香再也没有离开过这座水上大都市。

图 8-14　提香《提香之女拉维妮娅》布面油画

　　提香晚年虽然也一直在坚持创作，但相比盛年时期，似乎没有产生更有影响力的作品。自从他最大的雇主查理五世退位以后，他的生活便不如从前那样顺心遂意。

　　1561 年，在妻子赛西莉雅亡故多年以后，73 岁的提香再次遭遇他一生中为数不多的悲伤时刻——他的爱女，年方 35 岁的拉维妮娅不幸染病去世。拉维妮娅曾经多次出现在提香的画面中，扮演过圣母或传说中的神话人物。这一年提香为她绘制的肖像，虽然不是他最值得称道的作品，却是拉维妮娅短暂生命中最后的写照。

　　在日渐苍老的时光里，提香的好友们纷纷凋零殆尽，他的作品也一改早期的绚烂多彩，而显得更加沉郁。

　　完成于 1562 年的《自画像》，手法明显异于从前，而变得笔触更明显、色调更凝重。

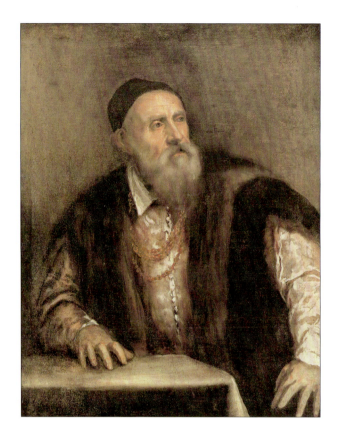

图 8-15　提香《自画像》

布面油画

图 8-16　提香《穿棉袄的男子》

布面油画

在这幅让人感怀的作品中，暮年提香如大山一般稳重的坐姿里，已显露出些许疲态，他那阅尽红尘的目光意味深长地投向画面之外，仿佛包含了他对人生的高度理解，又恍若在细细打量他那一路走来的风华岁月。

这与他青年时期的另一幅作品《穿棉袄的男子》形成了非常鲜明的对比。

这幅近年才被学术界认定为提香真迹的作品，据考证是提香22岁时的自画像。在这两幅相隔半个世纪的画面中，回望1510年的提香·韦切利奥，年轻俊朗的画中人看起来是多么踌躇满志，那温雅而略带一丝轻佻的眼神中，也似乎只有对未来的无限自信，而不见半分沧海桑田的痕迹……

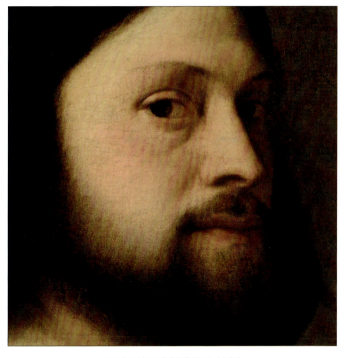

图8-17　提香《穿棉袄的男子》（局部）

公元1576年，一场规模浩大的鼠疫再次袭击了威尼斯共和国，数以万计的威尼斯人因此失去生命。在乔尔乔涅罹难66年之后，一生幸运的提香这次未能免灾，8月27日，在无人陪伴的寓所里，衰朽而孤独的提香伯爵悄无声息地与世长辞，享年88岁。

两天之后，他的次子奥拉兹奥也在这场浩劫中不幸去世。不久，提香一生所积累的财富和遗作，被他那不成器的私生长子波波尼奥很快挥霍一空……

提香是一位高产艺术家，除了上述名作之外，他的传世作品还有很多。尽管他与自己的弟子们关系并不十分亲密，但他门下，还是涌现出了两位非常杰出的人物：丁托列托[8]与委罗内赛[9]。

丁托列托和委罗内赛虽然接受提香的直接指导并不多，但他们都始终以提香的作品为楷模，然后再加以个性化的变通。在各自的创作生涯中，他们都取得了非常显著的成就。

乔尔乔涅和提香，以及他们的晚辈丁托列托与委罗内赛，被视为16世纪威尼斯画派的四大代表性人物。在意大利其他地区的艺术活动纷纷衰微之际，以提香为中坚力量的威尼斯画派，成为那一时期意大利绘画领域最出色的群体。

提香的绘画技巧不仅成功影响了同时代的人，更启发了无数后学者。日后同样以色彩而闻名于世的巴洛克超级大师鲁本斯，即直接受惠于提香的贡献。提香为查理五世和西班牙公爵等人绘制的众多精心之作，成为自意大利半岛流入欧洲内地的最宝贵的艺术成果，后来得以名动四方的西班牙宫廷画师委拉斯贵兹，和几乎所有的马德里画派传人，乃至荷兰大师伦勃朗等人，都曾认真揣摩过提香的作品。

然而，在提香身后，虽然还有丁托列托和委罗内赛在威尼斯绍续遗泽，在佛罗伦萨和罗马等地的诸多名手也还在唱和文艺复兴艺术的尾声，但曾经无比辉煌的意大利半岛，将不可避免地随着大航海带来的经济中心和文化中心的转移，而渐渐让出精彩纷呈的历史舞台。与此同时，伴随着人类文明前进的脚步，在高耸入云的阿尔卑斯山脉的另一侧，欧洲美术史的发展进程，也已悄然翻开新的篇章。

[8] 丁托列托（Tintoretto，1518—1594），此名为绰号，意为"小染匠"，原名雅各布·罗布斯蒂（Jacopo Robusti），威尼斯画派成熟时期的四大代表人物之一，提香最出色的弟子。代表作有《圣保罗的皈依》《圣母参拜神庙》《基督受刑》《最后晚餐》《入浴的苏珊娜》《贝尔沙查尔宴会》《圣马可的奇迹》等。

[9] 保罗·委罗内赛（Paolo Veronese，1528—1588），威尼斯画派成熟时期的四大代表人物之一。师从提香，代表作有《威尼斯的凯旋》《征服斯米尔纳》《保卫斯库塔里》《利未家的宴会》《加纳的婚礼》《美神和战神》和《圣塞巴斯蒂亚诺的殉教》等。

第 九 章
时代大潮，大航海对欧洲艺术发展的影响

① 马可·波罗（1254—1324），出生于威尼斯商人家庭，世界著名旅行家。其著作《马可·波罗游记》对欧洲产生了深远影响。

② 马可·波罗被冠以"百万君"的绰号还有另外一种说法：由于当时的欧洲在城市建设和人口规模等各方面都与中国差距过大，很多人对马可·波罗在书中动辄使用"百万户""百万人"等数据难以置信，认为马可·波罗的描写过于夸张，因此送他一个"百万先生"的绰号，以达到揶揄和讽刺的目的。

③ "元代的一统天下，产生了随官方行军的耶律楚材的《西游录》，以及来自欧洲和北非的政治旅行家和出入境贸易商人合二为一的人物马可·波罗及其《行纪》、伊本·白图泰及其《游记》……在北京，马可·波罗接受了大汗的任命担任元朝官职，奉命沿京杭大运河南行，对沿运河城市淮安、扬州、苏州和南宋首都所在城（杭州）都做了妙笔生花般的赞美，并且访问了元代中国最大国际贸易港口城市刺桐（泉州）……"

见（明）马欢：《瀛涯胜览》前言导读，3页，北京，商务印书馆，2016。

公元 1295 年的某一天，几位失踪多年的威尼斯商人，历经千辛万苦终于回到了故乡。

当穿着奇装异服的马可·波罗①和他的父亲及叔叔一起心潮澎湃地出现在家门口时，所有人都目瞪口呆，继而欣喜若狂。自 17 岁追随父辈远涉东方开始，阔别 24 年之后才突然归来的马可·波罗，已经变成一位不折不扣的中年富豪。

人们将拥有无数金银珠宝的马可·波罗呼为"百万君"②，但对他讲述的各种天花乱坠的故事却不免嗤之以鼻。带着羡慕、嫉妒与疑虑的威尼斯城的各色人等，仿佛更愿意将马可·波罗视为财ami来历不明却惯于大言诳语的江湖人士。

不久之后，这位号称见过大世面的"牛皮客"，不幸在威尼斯与热那亚之间的一次海战中被俘。而万幸的是，在长达四年的被囚期间，曾经九死一生的马可·波罗终于有机会将他的见闻娓娓道来。根据他的口述，由狱友鲁斯蒂谦整理出来的原始版本《世界奇异录》不久即风靡威尼斯。日后，这一版本被改写成《马可·波罗游记》，继而迅速以手抄本的形式，由意大利半岛扩散到几乎整个欧洲的上流社会。

在此之前，欧洲人对真正的东方世界所知极其有限。作为最早深入东方世界的欧洲人之一，和第一个能完整著述并大规模传扬游历见闻的先行者，马可·波罗对忽必烈时期元代中国的详细介绍，让一向囿于内部视野的欧洲人自此耳目一新。③

根据他的描述，人们知道，在遥远的东方，有一个更

强大、更富庶的幅员辽阔的国度，那里不仅有以往通过阿拉伯商人万里迢迢转运而来的丝绸、茶叶、瓷器和香料，还有他们从未见过的各种奢侈品与奇珍异宝。在那片神秘的土地上，有无数繁华到足以令欧洲人难以置信的宏大城市，和远远超越欧洲的文明。

马可·波罗和他的游记，成功激发了欧洲人几个世纪的东方情结。④ 许多具有冒险精神的人，开始通过各种途径主动向东方探索前进。欧洲人对外部世界的了解，开始渐渐步入快行道。此后，"从威尼斯出发前往中国的商人和圣方济各会的传教士可谓络绎不绝……"⑤

15 世纪中叶，随着来自古老中国的造纸术、印刷术和重要文献的传入，欧洲人的理性知识水平和文化传播速度得以大幅度提升。尤其是指南针、航海术和火药技术的输入，使欧洲人的航海技术和军事技术得到迅速发展，从而为即将出现的新航路的开辟和殖民扩张，创造了非常关键的前提条件。

此前，欧洲大陆与亚洲的贸易通道，其实早在中国的西汉时期已经开始，即"张骞凿空"以后出现的所谓"丝绸之路"。但由于恶劣的地理条件和复杂的历史原因，欧亚之间艰涩而脆弱的有效沟通一直进展缓慢。尤其是一次次大型战乱造成的地缘震荡，使得原本就被崎岖险峻的帕米尔高原阻隔的欧亚联通，经常处于被中断的状况。

随着历史的发展进程，尤其是马可·波罗的游记广泛流传之后，地中海周边地区与东方贸易活动变得越来越频繁。由于水上交通比陆路交通更有效率而且成本更低，具有天然地理优势的意大利半岛，获得了其他地区无法比拟的经济利益。因辐射周边的内海航运而受惠的威尼斯与热那亚，及因手工业而兴起的佛罗伦萨、米兰等意大利半岛上的各个城邦，得以迅速积攒巨额财富，而成为欧洲最先具备强大实力的地区，从而为文化艺术在此地的繁荣发展，培植了最现实的经济基础。

但由于 1453 年东罗马帝国的灭亡，以及取而代之的奥斯曼土耳其帝国对地中海和西亚关键隘口的管控，欧亚大陆

④ "据称 17 岁时，马可·波罗跟随父亲尼科洛和叔叔马泰奥前往中国，历时约四年，于 1275 年到达元朝首都。他在中国游历了 17 年，曾访问当时中国的许多古城。1295 年回到威尼斯。不过其是否真正来过中国却在中外引发了长期争议。持怀疑态度者认为马可·波罗可能只是到了黑海沿岸或者中亚，然后根据道听途说杜撰了自己的游历见闻。

但大部分学者持肯定态度，德国图宾根大学汉学家福格尔的最新研究说明，历史学上颇有争议的马可·波罗的确来过中国。

无论如何，《马可·波罗游记》对欧洲产生了巨大影响是毋庸怀疑的事实。一大批航海家、旅行家、探险家读了《马可·波罗游记》以后，纷纷东来寻访中国，对 15 世纪欧洲的航海事业起到了巨大的推动作用，极大促进了中西交通和文化交流。因此可以说，马可·波罗无意之中给欧洲开辟了一个新时代。马可·波罗的游记'不是一部单纯的游记，而是启蒙式作品，对于闭塞的欧洲人来说，无异于振聋发聩，为欧洲人展示了全新的知识领域和视野。这本书的意义，在于它导致了欧洲人文的广泛复兴'。"

⑤ 〔英〕加文·孟席斯：《1434，一支庞大的中国舰队抵达意大利并点燃文艺复兴之火》，宋丽萍、杨立新译，87 页，北京，人民文学出版社，2012。

⑥ 关于大航海引发的地理大发现，及由此带来的世界范围内的地缘政治板块的大变迁，和经济、文化、宗教、科技、军事等全方位的变革对人类社会造成的深远影响，常常会让研究中国近现代史的研究者们，在中国最先开始大规模远航却戛然而止的现实面前扼腕叹息。

虽然历史不容假设，但从曾经产生的史实而言，始于 1405 年终于 1434 年的中国明朝时期的"郑和下西洋"，前后"七次"大规模的远航探索，比欧洲大航海运动早了半个多世纪。那时的中国，无论造船技术还是船队规模，都是欧洲人望尘莫及的。1434 年，当远航舰队主力返回中国后，郑和派出的洪保、周满、周闻小分队成功远赴地中海，在佛罗伦萨与教皇尤金四世产生了直接联系并赠送了一些重要典籍，使欧洲人从中获得重要启发。（从《农书》启发达·芬奇，再从达·芬奇启发伽利略，之后再下启牛顿，此后欧洲的一系列科学进步，在很大程度上都得益于中国唐、宋、元、明时期的文明成果——这也是加文·孟席斯考述之前，中外学术界中尚未曾明确过的新观点。）

自明成祖到明宣宗时期突然展开的声势浩大的远航活动究竟出于什么目的，至今依然众说纷纭。但有一点可以肯定，那时中国人的远洋船队显然不是为了海外殖民或开辟海外贸易通道以获取经济利益。

在即将成就历史奇迹的关键时刻，中国人的远洋航行活动，却因为后续统治阶层的战略短视而强行废止。不仅郑和的生平记载在《明史》中被刻意放在带有贬低意味的佞幸人物之前，在他率领下曾经纵横四海的各种大型海船，和全体海员们出生入死积累的珍贵海文资料，也被迂腐的大明朝守旧官僚们付之一炬。这的确是不得不令中国人感到惋惜的事情。

加文·孟席斯与李兆良等一些当代学者的研究成果表明，郑和舰队的某个下属分支曾经率先到达过美洲。据佛罗伦萨学者托斯卡内利的来往信件和一系列原始材料可以证明，无论哥伦布还是麦哲伦，都不是仅凭空想、推测和碰运气就完成了大航海的伟业，而是使用了中国人之前制作的世界地图（经托斯卡内利等人翻译成了拉丁文版）和导航技术。当然，就像董并生等人关于"伪希腊史"的深度辨析引起主流学术界集体沉默一样，这一论点尽管已经初步获得美洲沿海沉船文物等一系列证据支持，但要获得主流史学界的论证和认可，可能还不是短期之内能够实现的。仅补注于此，以供读者旁参。

传统通道的贸易风险变得越来越大，成本变得越来越高。这让位于阿尔卑斯山脉西北侧的各个邦国，越来越难以忍受日益高昂的贸易代价。而《马可·波罗游记》中富有诱惑力的精彩描述，以及一些侥幸得以生还的老兵和冒险家们带回来的各种传说，促使当时精英阶层中的众多有识之士，开始思考如何寻找新的通往东方世界的贸易路线。

在 15 世纪的下半叶，意大利文艺复兴运动已经在如火如荼地展开。除了在艺术领域取得的巨大成就，基于数学、几何、天文、地理等方面的早期探索都已获得爆发性进展。尽管宗教禁锢依然在意识形态中占据统治地位，但越来越多的人，开始倾向于相信地球是圆的。

迅速提升的手工业制造体系和科学知识，使造船技术和航海技术变得比以前更发达。欧洲人开始尝试摆脱近岸航行的约束。常年在刀头舔血的极具冒险精神的海盗们，甚至可以成群结队地，在离海岸线越来越远的大西洋深处寻找生机。不断传来的新发现和成功案例，使欧洲濒海地区的贵族统治者们，也开始愿意激励那些敢于在惊涛骇浪中穿行的各路探险者和投机者。

历史的天平，开始倾向于地球上的那些更具探索精神和攫取欲望的人类群体。欧洲大陆数百年的辉煌，开始真正拉开壮观而华丽的帷幕。⑥

据欧洲人的航海史志记载，公元 1488 年，即中国郑和下西洋的庞大船队偃旗息鼓 54 年之后，接受葡萄牙国王委托的王族子弟迪亚士，经过漫长而凶险的航行，发现了非洲最南端的好望角。这意味着沿非洲西海岸进入印度洋航线的关键转折点已被确定。

1498 年，葡萄牙人连续多年的冒险行为终于获得了巨大的回报。另一位航海家达·伽马借由熟悉西印度洋季风规律的阿拉伯领航员的帮助，发现并贯通了前往印度的新航线。这意味着来自东印度群岛的名贵香料，自此不必经过海路阿拉伯商贩的层层盘剥和陆上丝绸之路的关隘险阻，而可以直接进入西欧。

在此之前的 1492 年，位于葡萄牙王国东部，刚刚由两个王国联姻而组成的西班牙王国早期雏形的前线行宫里，巧舌如簧的哥伦布终于成功说服了著名的"天主教双王"之一的伊莎贝拉女王。在她的资助下，为规避葡萄牙人开拓的经由南非好望角向东的新航线，哥伦布开始了向相反方向寻找另一条新航路的探险活动。经过七十天的远航探索，当年 10 月，哥伦布的第一次远洋航行即有了全新的发现。在此后 10 年里，哥伦布又先后进行了三次横跨大西洋的远航，取得了丰硕成果。

此处必须提到的一个插曲是，限于当时普遍性的知识局限，哥伦布并不知道自己发现的竟然是一片新大陆。直到死去，他都以为自己到达的是马可·波罗在游记中描述过的东方世界的某处偏僻海岸。不久，哥伦布的一位朋友——佛罗伦萨航海家兼美第奇家族在塞维利亚的代理人亚美利加·韦斯普奇（Americus Vespucius，1454—1512），在经过数次详细考察后确定哥伦布所发现的是一片欧洲人以前从未听闻过的新大陆。由于他的观点被广为流传，因此导致德国地理学家马丁在 1507 年出版的《世界地理概论》中，将这块大陆标注为"亚美利加"（Americas）。于是，哥伦布所发现的新大陆，最终未能以他的名字称为"哥洲"来成全他的荣誉，而是被命名为"亚美利加州"。中文简称"美洲"。

但哥伦布的误解，却并未真正影响世界新格局的重新洗牌。在教皇亚历山大六世的介入调停下，通过谈判，葡萄牙与西班牙以各自开拓的东、西两条新航道为基本依据签订条约，为两国划定了欧洲之外的已知世界上的势力范围。葡、西两国迅速崛起，双双成为海洋大国。

1519 年，西班牙再次资助了航海家麦哲伦的探险。这次远航的目的，是在哥伦布的成果之上，继续向西去寻找通往东印度群岛的贸易路线，这可以让西班牙在不侵犯葡萄牙航线的前提下，通过远洋贸易来获取利润。经过三年的艰苦航行，并且麦哲伦本人不幸在途中因干涉菲律宾群岛上的内讧而被土著杀死，1522 年，历经磨难的维多利亚号重返欧洲，幸存下来的 18 名形销骨立神魂颠倒的船员，终于完成了伟大的环球航行壮举。地球也终于被证实的确是圆的。

大航海运动和地理大发现，引起了欧洲乃至全世界的地缘政治板块和经济格局的巨大变化，此前与欧、亚、非三大洲长期互相隔离的南美洲和北美洲，将被迅速纳入欧洲人的势力范围。而在其后的激烈竞争中，西班牙得以脱颖而出，成为欧洲近代史上最先崛起的超级海洋大国。西班牙在美洲拥有的盛产白银和蔗糖的大片殖民地，为其带来了海量的财富，[7] 这也是西班牙哈布斯堡王朝的鼎盛时期，其名义上的统治面积曾达到 3000 多万平方千米。

与此同时，曾经凭借内海贸易优势而盛极一时的意大利半岛诸城，却因为主要贸易通道的迁移，而在不知不觉的变化中失去早先的繁荣景象。以地中海为活动中心的区域性商业宝地，逐步被人类史上第一次全球化的大趋势所淘汰。日益萧条的商业活动，使曾经的黄金码头威尼斯、热那亚和包含佛罗伦萨、罗马、米兰等地在内的著名城邦，自此坠入日渐平庸的境地。在此后欧洲数百年的发展过程中，它们被迫告别往日的极度辉煌，而慢慢被边缘化。取而代之的，是西班牙、荷兰、法国、英国等新型强国的先后崛起。[8]

在令人眼花缭乱的地缘政治板块的巨大变化中，欧洲艺术的主要发展脉络与走向，也随着权力中心与经济中心的此消彼长，而产生了相应的变化。

"经济基础决定上层建筑"，这一论断用在观察艺术发展活动的强弱规律方面也极其有效。

显而易见的例证是，当《马可·波罗游记》促使欧洲人睁眼看东方之后，迅速兴起的以地中海为中心的内海贸易，使坐拥地理优势的意大利半岛收获了巨大的贸易红利。在这个过程中积累了巨额财富的美第奇家族等新兴资产阶层，通过气势恢宏的经济赞助，有效推动了佛罗伦萨、罗马、威尼斯等地的人文主义理性思潮和文化艺术活动的突发性进展。后世所称的"意大利文艺复兴"遂应运而生。

⑦ 当然也为欧洲大陆带来了肆虐数百年的流行瘟疫。由于地理板块长期隔离造成的人种间免疫能力的缺陷，欧洲人带到美洲的病菌同样造成了美洲印第安人的大规模死亡。

⑧ 葡萄牙在海外的霸权，因为本土过于狭小而限制了它的扩张能力，无论在财政实力还是人力资源上，因为西班牙的长期打压，与荷兰、法国和英国的全球探索的展开，而显得越来越力不从心。在随后的强权更替中，葡萄牙最先黯然退出了超级大国的角逐舞台。

与欧洲激烈竞争的一度强悍无匹的奥斯曼土耳其帝国，及其所把持的东欧和西亚、中亚等势力范围，将因为远离新型的主要贸易通道，而陷入封闭发展所导致的日益落伍的不利局面。

日后出现的横跨欧亚的沙皇俄国，彼时还只是欧洲西北部远在权力中心之外的、在原始森林中仰赖金帐汗国而生存的、规模极小的莫斯科公国。

对当今世界举足轻重的美国还未登场。北美大陆还在经历印第安人被欧洲人殖民剥削与挤压、灭绝的悲惨过程，直到 18 世纪下半叶，鸠占鹊巢的欧洲殖民者通过北美独立运动而脱离英国的控制才得以建国。

中国正处于明朝中期，资本主义萌芽在南方沿海城市有所出现，但儒家文化主导下的农耕文明，使相对内敛和保守的中国人更愿意专注于内部的稳定，而错过了拓展海洋利益的大好时机。

但是，当大航海带来的世界局势的新变化，使意大利半岛失去地理优势和经济推动力之后，原有的显赫世家如美第奇及其他豪族，都在每况愈下的衰落过程中，越来越难以维持往日那风光至极的荣耀。曾经与其相对应的进展迅猛的文化艺术活动，也不可避免地渐渐随着城邦的衰落而萎靡。曾以文艺复兴三杰为主要代表的人才辈出的意大利半岛，也将随着历史大趋势的流转，陷入貌似后继无人，实为经济乏力的令人叹惋的境况。

　　而宏观意义上的文艺复兴运动、宗教改革运动和思想启蒙运动，以及紧随其后的工业革命等欧洲文明的全方位发展演变，将在势不可当的时代大潮的驱动之下，高度匹配欧洲政治、经济、文化中心的转场交换和重新确立而载沉载浮。

　　欧洲艺术发展演变的进程主线，也将在局中人浑然不觉的模糊状态中，暗随着大航海及地理大发现带来的一系列巨大影响，而派生出精彩纷呈的新局面。

第 十 章

尼德兰画派，西欧文艺复兴的另一面旗帜

① 2020 年 1 月，荷兰王国宣布
将国名重新改为"尼德兰王国"。为
便于表述及尊重历史沿革，以下文本
仍将沿袭不同历史阶段的"荷兰"称谓。

② 严格来讲，真正意义上的"尼
德兰文艺复兴"并不存在。因为之前
这一地区乃是长期无人居住的沼泽之
地，完全没有地区性的文化传承和历
史根基，随着后期欧洲移民向此地的
慢慢聚集和拓展，尼德兰地区在 12 世
纪之后才逐渐发展成为人口稠密的地
区。相对而言，尼德兰只能算作文化
上的新兴地域，其文化特征和发展水
平带有紧随时代的即时性，因此只能
视为欧洲"文艺复兴运动"向不毛之
地的现代化延伸，从逻辑上来讲就不
存在"复兴"的说法。

尼德兰绘画艺术在技巧和风格、
题材上的发展，不是借助所谓"古希
腊古罗马"的文化，也不像意大利那
样受到东罗马帝国（拜占庭）美术的
影响，在很大程度上是基于中世纪哥
特式美术的改造和进化。

本文中提到的"尼德兰文艺复兴"，
只是遵从已经约定俗成的说法，在本
质上可以理解为"文艺复兴时期"这
一地域的艺术发展状况。

当佛罗伦萨画派的大师们在意大利半岛创作出一系列
让人大饱眼福的艺术杰作之时，在阿尔卑斯山脉的另一侧，
在欧洲西部的尼德兰地区，渐渐兴盛起来的艺术活动也呈
现出遥相呼应的发展状态。

虽然从整体来看，尼德兰地区的名家阵容和艺术成就
似乎远远不及意大利半岛那么引人注目，但在文艺复兴运
动初期，这一地区的绘画水平，与同时期的佛罗伦萨画派
相比并不逊色，甚至在有些方面还略有过之。

"尼德兰"一词，源自荷兰语"Nederlanden"，意为"低
地"。由于数百年来欧洲地缘政治版图的历史变迁非常复
杂，曾经的尼德兰地区，如今已经分属于荷兰①、比利时、
卢森堡等国家，还有一小部分并入了法国。因此，宽泛意
义上的"尼德兰地区"与历史上的"尼德兰王国"，以及
尼德兰王国的主要地缘代表荷兰，虽然存在诸多含义重叠
的地方，但并不能简单直接地完全画上等号。

尼德兰是莱茵河等数条大河注入大西洋的流经之地。
这里地势低洼，河道纵横，连接外海与内河贸易的水路
交通十分便利。在 14 世纪末，这一地区的经济规模虽然
比不上同时期的黄金码头威尼斯和热那亚，手工业发展
也远逊于佛罗伦萨等意大利半岛上的各个城邦，但与欧
洲其他那些崎岖闭塞的高海拔地区相比，尼德兰是中世
纪末期继意大利半岛之后，欧洲西部最早出现资本主义
萌芽的地方。尼德兰的"文艺复兴"②也是在这一有利条
件下，以相对发达的经济背景和比较繁荣的城市文化为
依托而渐渐展开的。

话说 15 世纪初，当领风气之先的马萨乔③在佛罗伦萨扬名立万之时，在尼德兰地区潜心耕耘的胡伯特·凡·埃克（1370—1426）和扬·凡·埃克（1385/1390—1441）兄弟，也渐渐开创出新的局面。

没有证据显示凡·埃克兄弟和马萨乔之间存在直接的横向联系，但他们在相距遥远的地方，几乎同时建立了不朽的业绩。

历代相传的学术成果表明，马萨乔是远承乔托衣钵而下启整个佛罗伦萨画派（绘画领域）的开山鼻祖，他的学术脉络和对后学者的影响也一直有迹可循。但关于凡·埃克兄弟的师承来历，及在此之前尼德兰地区在绘画方面的学术积淀，却似乎缺乏原始材料的明确说法和多方佐证。

从零星资料当中可以看出，胡伯特·凡·埃克，应该是尼德兰画派前期代表人物扬·凡·埃克在艺术道路上的引路人。

③ 马萨乔 1428 年去世，时年 28 岁。他比扬·凡·埃克要晚出生 10 来年，但他在意大利半岛赢得职业声望，却反而比扬·凡·埃克在尼德兰地区建立影响要早 10 年左右。马萨乔的湿壁画遗作是意大利文艺复兴早期的主要成果，深度启发了委罗基奥、波提切利、达·芬奇等佛罗伦萨的后辈艺术家们，通常被认为是奠定欧洲文艺复兴早期绘画技术体系的中流砥柱。

图 10-1　凡·埃克兄弟合作《根特祭坛画》（组画）木板油画

1415 年，胡伯特·凡·埃克接到订单，为根特（今属
比利时）圣贝文教堂绘制祭坛画。但他还未画完便去世了。
他的弟弟扬·凡·埃克接过兄长遗下的任务，于 1432 年最
终完成了这组使兄弟俩名扬后世的作品。这组具有里程碑
意义的划时代巨作，被认为是尼德兰新时期绘画艺术与中
世纪绘画风格相区别的分界点。它不仅充分展现了凡·埃
克兄弟的精湛画技，其细致入微的刻画方式，还在很长时
期内影响了尼德兰地区的整体画风。

图 10-2　《根特祭坛画》（局部一）

图 10-3　《根特祭坛画》（局部二）

在欧洲美术史上颇有影响力的《阿尔诺芬尼夫妇像》，是扬·凡·埃克于1434年前后独立完成的代表作。倘若以包含马萨乔在内的佛罗伦萨画派同时代著名作品为参照，来与扬·凡·埃克的这幅油画做一个横向对比，其结果可能会让人感到惊讶。抛开作品尺寸的差异，单纯从画面的技术含量来看，无论是人物造型的精确性，还是对于体积、空间、透视、质感乃至于细节的刻画和色彩的表现，扬·凡·埃克的写实技巧似乎都要更成熟一些。抛开精神内涵方面的因素，纵观同时期的整个欧洲，也几乎难以找到能与此画在技巧上相提并论的名作。

可以基本确定的是，发轫于马萨乔一脉的佛罗伦萨画派，在写实技巧方面的探索与完善，直到数十年后，达·芬奇的系列成果才算基本成熟。如果《阿尔诺芬尼夫妇像》的作者和创作年代无疑，那么只能说明，在15世纪初，以扬·凡·埃克为代表的尼德兰画派，无论在绘画技巧、创作观念还是材料工艺方面，都曾经走在了佛罗伦萨画派的前面。④

这也意味着，在地理阻隔难以逾越、地区交融还很不方便的时期，远在西欧的尼德兰地区，在绘画技术的传承上，可能还存在着另外一条不为人们所完全了解的、与佛罗伦萨画派几乎平行发展的学术脉络。从凡·埃克兄弟的早期作品来看，他们的技术特点似乎也像马萨乔一样，可能与14世纪上半叶的前辈大师乔托有一定渊源（当然，也不能排除凡·埃克兄弟与马萨乔之间存在某种不为人知的学术关联）。

与以素描和湿壁画见长的佛罗伦萨画派不同，尼德兰画派的先行者在探索过程中，找到了以油脂来调和颜料的新方法。这一明显优异于传统技法的材料特性和使用技巧，经过扬·凡·埃克的再度改良，而成为数百年来油画界大致遵循的基本工艺。扬·凡·埃克也因此被认为是欧洲油画技术最早的创造者。在他的引领之下，易于控制而且表现力更强的油画技术，才得以区别于程序烦琐的蛋彩画，并几乎淘汰了传统湿壁画的材料制作工序。油画与壁画，也才因此有机会慢慢发展成两个相对独立的画种。

④ 尽管《根特祭坛画》和《阿尔诺芬尼夫妇像》最终问世的时间都要略晚于马萨乔去世的1428年，但凡·埃克兄弟系列作品的写实性手法，在此之前早已形成，对形体、空间、透视等服务于画面立体感的具象造型体系的技术性探索，已然具备相应的高度。扬·凡·埃克对材料工艺的改良，最终还促成了油画与壁画的画种分离。

图10-4 扬·凡·埃克
《阿尔诺芬尼夫妇像》
木板油画

扬·凡·埃克只活了 50 多岁，但他在尼德兰地区留下了数十幅传世真迹。除了众所周知的《根特祭坛画》和《阿尔诺芬尼夫妇像》，比较重要的还有《洛林的圣母》《教堂中的圣母》等系列作品。他以辉煌的成就和卓越的贡献，被公认为尼德兰画派最重要的奠基者。

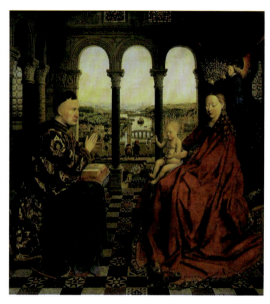

图 10-5 扬·凡·埃克《洛林的圣母》木板油画

图 10-6 扬·凡·埃克《教堂中的圣母》木板油画

顺便提一下，扬·凡·埃克所创造的油画技巧，数年之后由他的弟子传到了威尼斯。包括贝里尼父子、乔尔乔涅以及提香在内的威尼斯画派的诸多名家皆因此受益匪浅，而提香的发扬光大，又直接惠及了稍后出场的鲁本斯和委拉斯贵兹，从而有力地促进了欧洲巴洛克艺术的发展。

与凡·埃克兄弟活跃在同时期的尼德兰艺术家，还有同被誉为尼德兰画派奠基人之一的罗伯特·康宾。

康宾（1375—1444）被认为是佛莱玛尔修道院发现的一批无名作品的创造者。他的艺术风格对凡·埃克兄弟曾经产生过一定的影响。他的学生维登（1399—1464），在肖像画方面也小有成就。

在扬·凡·埃克与康宾先后作古之后，约与达·芬奇同时代的希罗尼姆斯·博斯（1450—1516）诞生，成为15世纪下半叶到16世纪初期，尼德兰画派中最具个人风格的艺术大师。

博斯出生于艺术世家，擅长运用细密笔法。他的代表作《人间乐园》《末日审判》《愚人船》等系列作品，以画面当中各种诡谲的、超出自然和现实的景象，精辟映射了人们在失去信仰、失去归属感和安全感时的集体堕落与精神焦虑。

博斯首创的以写实性表现手法和梦幻般的象征主义相结合的绘画风格，对同时期的一些艺术家产生过深刻影响。数百年后，他的理念还被19世纪的法国艺术家卢梭和20世纪的西班牙艺术家达利等人借鉴与发展，博斯也因此被誉为超现实主义流派的鼻祖。

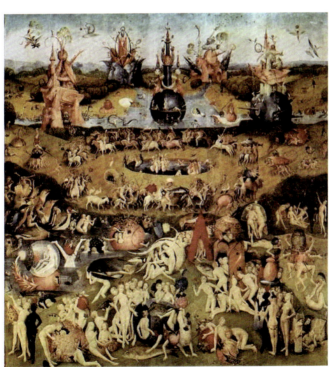

图10-7　博斯《人间乐园》木板油画

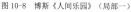
图 10-8　博斯《人间乐园》（局部一）　　　　　　图 10-9　博斯《人间乐园》（局部二）

　　总体而言，这一时期尼德兰地区的经济发展水平虽然领先于更偏远的高海拔地区，但与同时期意大利的富庶城邦相比还存在较大的差距，像美第奇家族那样为艺术家们持续提供订单和大额资助的超级金主也几乎不存在。因此，尼德兰画派在后续发展过程中，源于宗教因素⑤以及缺乏强有力的经济支持和更多的施展机会，不仅在建筑与雕塑方面的成就乏善可陈，在绘画艺术方面，也将不知不觉地，被意大利半岛巨星云集的光芒所掩盖。

　　但从人类文明的多样性角度来看，15、16 世纪之交的欧洲，当波提切利、达·芬奇、米开朗基罗、拉斐尔等大师们以鸿篇巨制在意大利半岛歌功颂德之时，尼德兰地区的画家们面向普通阶层的艺术创作，却更多呈现出明显的市民文化特征。尼德兰画派的表现内容与艺术风格，也因此明显区别于善于宏大叙事的佛罗伦萨画派。换句话来说，尼德兰画派后来呈现出来以"细密画"为主体风格的重要原因之一，实际上也比较隐晦地根植于壁画与油画的微妙区别。前者更像是教堂和贵族阶层才有条件拥有的洪钟大吕，而后者则如同民间乐器，以其精巧轻便，而得以进入越来越多的普通家庭。

⑤　相比意大利半岛金碧辉煌的天主教世界，尼德兰地区由于受到新教崇尚简朴的教义影响，建筑、雕塑、绘画、装饰等方面的需求被广泛抑制，其发展成果也因此相对逊色。

除了经济方面的因素，这一地区成因复杂的地缘角逐与教派冲突，对尼德兰画派中、后期的艺术创作活动，也产生了直接而深远的影响。虽然关于宗教或重大历史事件的主题性创作和流行于贵族阶层中的肖像画杰作还时有产生，但表现普罗大众世俗生活的现实主义作品，越来越频繁地出现在人们的面前。所谓风俗画，成为尼德兰画派这一时期的显著特色。在这个意义上，与轰轰烈烈的意大利文艺复兴运动相比，尼德兰画派也完全可以被视为欧洲西部文艺复兴时期的另一面旗帜。

将视角完全转向平民生活，并以精湛画技来郑重呈现给这个世界的，是尼德兰画派后期最有代表性的旗手老彼得·勃鲁盖尔（1525—1569）⑥。虽然与擅长描绘风俗画的马苏斯和为风景画做出重要贡献的帕提尼尔相比，他未必是这一行为的首先开创者，但在那个时代的尼德兰，他的艺术成就显然是最卓越的。

与意大利画家们热衷于表现上帝、耶稣、圣母等神圣人物不同，勃鲁盖尔的早期作品中更多充斥着他对魔鬼、鱼人、怪物等阴暗世界的各种想象。在宗教、神话和民谚题材的外衣下，勃鲁盖尔向人们展现了很多看似荒诞不经但却发人深省的隐喻图景。

⑥ 勃鲁盖尔的两个儿子也是画家，其中一子与他同名，但成就和影响不如老勃鲁盖尔。老彼得·勃鲁盖尔去世前夕，尼德兰地区爆发了反对西班牙统治的资产阶级革命，经过数十年的抗争，获得独立的北部七省成立了荷兰共和国。尼德兰南部后来则分属于比利时、卢森堡和法国。传统地缘意义上的"尼德兰"地区不复存在，勃鲁盖尔因此也被认为是尼德兰画派最后一位具有重大影响的艺术家。此后，原尼德兰南部地区由弗兰德斯的鲁本斯扛起巴洛克艺术的大旗，而北部地区的艺术活动由"荷兰画派"的一众名家哈尔斯、伦勃朗、维米尔等大师来扮演主角。

图10-10 勃鲁盖尔《大鱼吃小鱼》
纸本钢笔

图 10-11　勃鲁盖尔《尼德兰箴言》油画

图 10-12　勃鲁盖尔《巴别塔》油画

图 10-13 勃鲁盖尔《伯利恒的户口调查》油画

图 10-14 勃鲁盖尔《盲人的寓言》油画

毫无疑问，在《大鱼吃小鱼》《尼德兰箴言》等系列作品中，可以看出勃鲁盖尔曾经深受前辈艺术家博斯的影响。

1563 年，勃鲁盖尔创作的《巴别塔》，被视为他从博斯的窠臼中跳脱出来的代表作。

1566 年的《伯利恒的户口调查》和 1568 年的《盲人的寓言》等系列木板油彩画，也是他以宗教神话和民间谚语为题的油画杰作。他以比较含蓄的方式，表明了自己的批判性立场。

当西班牙的残酷压榨在尼德兰激起广泛的对抗情绪之际，宗教改革运动也对尼德兰地区造成了巨大冲击。尼德兰人民开始觉醒和躁动，就像同时期的威尼斯一样，人们的生活、精神和审美思想也在发生前所未有的巨大变化。曾经深受宗教影响的禁欲主义，被重视现实生活的人文主义世界观冲击和改变。简言之，人们已不愿意再被从前的宗教戒律和封建专制完全禁锢。

图 10-15　勃鲁盖尔《雪中猎人》油画

勃鲁盖尔的创作旺盛期，刚好处在尼德兰资产阶级革命的酝酿阶段。他以当地农民日常生活为题材，创作了《雪中猎人》《农民的婚礼》《农民的舞蹈》等一批非常优秀的现实主义作品。他的精彩之作直接反映了 16 世纪尼德兰的社会风貌，在欧洲绘画史上，他被称为"农民的勃鲁盖尔"。

勃鲁盖尔虽然只活了44年即离开人世，但他在欧洲艺术史上的地位不容小觑。他不仅是下启17世纪荷兰绘画的先驱者，还对后来意大利、西班牙、法国等地的艺术发展产生了一定影响。

在勃鲁盖尔去世四十年之后的1609年，经过数十年的反复斗争，尼德兰北部地区抗击西班牙统治的资产阶级革命终于取得了成功。欧洲历史上第一个资产阶级共和国荷兰得以建立，并趁着大航海时代带来的淘金浪潮而迅速崛起。勃鲁盖尔的故乡尼德兰南部地区，则在历经地缘政治的反复震荡之后，先后脱离西班牙与荷兰的掌控，演变成了现代国家比利时王国。以当今的地理版图来看，他和鲁本斯都是比利时人引以为荣的艺坛代表。

图 10-16　勃鲁盖尔《农民的婚礼》木板油画

有关尼德兰"文艺复兴"艺术的简略盘点，遂以勃鲁盖尔为最后的标志性节点而画上句号。通过16世纪的丰厚铺垫，分别归属于尼德兰南部地区的鲁本斯和北部地区的哈尔斯、伦勃朗、维米尔等巨匠，将以更精彩的艺术作品，来续写17世纪欧洲西部低地国家艺术发展史的辉煌篇章。

第十一章
丢勒，北方文艺复兴的集大成者

如同中国人大多对本土历史上的南北朝和五代十国时期缺乏具体了解一样，欧洲地缘版图让人眼花缭乱的变迁过程，一直以来，俨然也是一本连欧洲人自身都难以厘清头绪的糊涂账。

因此，在叙述欧洲美术发展史的主要脉络时，如何关联地缘历史的传承关系，向来是著述者颇费踌躇的事情。比如说，我们曾经谈到的"意大利文艺复兴"，是以当今欧洲地缘政治版图的划分为基本范畴。但在历史上，具备明确的"国家"概念的"意大利"，直到 1860 年萨丁王国改名为意大利王国并于 1871 年全境统一才算正式成立。从这个角度来看，原本出自佛罗伦萨共和国的米开朗基罗和出自威尼斯共和国的提香，生前肯定无法预知，若干年后彼此将会成为同一个国家的历史荣耀。

我们当下能见到的"德国文艺复兴"这个名词，也主要是基于现代德国的大概地理区域而言。如今的德国版图与历史上疆域辽阔的德意志第一帝国时期相比，虽然已经面目全非，但大名鼎鼎的阿尔布莱希特·丢勒（1471—1528），显然是现代德国人最名正言顺的民族骄傲。

丢勒一向被公认为欧洲文艺复兴时期北方美术的集大成者。他所处的时代背景，是德国历史上"神圣罗马帝国"由盛转衰的过渡阶段，即"德意志第一帝国"的中后期。他所在的城市，也远远缺乏佛罗伦萨那样的经济条件和学术氛围。当时的德国境内被无休止的战争、饥荒和瘟疫深度困扰，社会矛盾正在日趋激化。与高度繁荣的意大利半岛相比，这一地区的经济水平与文化、艺术的发展状态明显滞后，总体上处于比较低迷的状态。

而丢勒的价值，则恰恰在这一时期得以显现。他宛如一个孤独的高举火种的引领者，几乎凭一己之力，照亮了那个时代欧洲大陆的北方艺坛。他将来自意大利半岛的先进技法引入他所在的落后地区，并凭借远超时辈的天赋才情和不畏艰辛的探索，而获得了非常伟大的成就。恩格斯曾在评价欧洲文艺复兴这一历史时代的著名论述中，把丢勒视为能和达·芬奇相提并论的杰出人物之一，"是需要巨人的时代所产生的巨人"。

公元 1471 年，丢勒出生于德国纽伦堡的一个代代相传的金银匠世家。（他比远在意大利半岛的达·芬奇小 19 岁，比米开朗基罗大 4 岁，比拉斐尔大 12 岁。）

在系统的学院派艺术教育成型之前，金银首饰加工似乎是欧洲数百年前最容易造就艺术大师的行业。这方面有据可考的成功案例很多，比如前面章节提到过的基布尔提、布鲁内莱斯基、多纳泰罗、波提切利等人，都在这方面造诣很深。这个技术含量很高的行当，要求从业匠人最好能具备一定的绘画和雕刻技巧，因而在私人作坊的传承模式（父子或师徒）下，丢勒自小便受到了比较严格的绘画启蒙教育和雕版训练。

丢勒的父亲是引他入行的第一位老师。老阿尔布莱希特年轻时曾经向尼德兰地区的艺术名家学习过美术基础，对扬·凡·埃克兄弟和维登等尼德兰画派的艺术作品有一定了解。在艺术家身份几乎等同于工匠身份的纽伦堡，老阿尔布莱希特对成为职业艺术家的兴趣并不太高。他的家庭有很多个孩子需要养活，因此他希望尽快把他们都培养成能够继承家族职业的合格的金银工匠。在排行第三的丢勒身上，他更倾注了大量的心血。

但早慧的丢勒，却在绘画方面显现了他更多的兴趣与才气。他 13 岁时信手拈来的素描自画像，预言般地显露出了惊人的艺术天赋。这幅灵气十足而且几乎没有瑕疵的作品，即便放在当代，依然能引起无数后学者的赞叹。

图 11-1　丢勒 13 岁时的自画像　纸本素描

　　这幅作品的意义还在于，在大师们的传世名作中，它被认为是欧洲美术史上最早的自画像。远在意大利的达·芬奇固然创作过一张名声更为显赫的同类作品，但与比他年轻许多的晚辈丢勒相比，达·芬奇的素描自画像迟至 31 年后才得以面世。

　　丢勒对少年时代的这张处女作一直怀有深深的自豪感。在成名多年以后，他还在画面的空白处不无得意地补签了

① ［德］艾希勒：《丢勒》，雷坤宁译，北京，北京出版集团公司·北京美术摄影出版社，2015。

如下文字："1484 年，我对着镜子画了自己，那时候我还只是一个孩子"。① 后来丢勒被誉为欧洲的"自画像之父"，其原因除了这幅素描作品被理论界考据为同类题材中最早的开山之作以外，还与他此后一系列启示后学的自画像有关。他也许不是唯一自恋到为自己的容貌和才华所倾倒的艺术家，但是，当其他的欧洲艺术家们把目光纷纷投射到外部世界，或者为别人绘制肖像之时，他成为第一个凭借出类拔萃的写实技巧，从而使自己的个人形象得以流传于后世的先行者。

1485 年，少年丢勒进入纽伦堡的一所公立学校就读。适逢其时，德国教育界在人文主义影响下，渐渐引入了一些新的学科，这使丢勒在传统家教之外，能够接触到一些来自欧洲南部的知识信息，丢勒因此有机会获得更全面的学术素养。

丢勒在绘画方面的进步很快。他的父亲意识到，指望丢勒继承他的衣钵，未必是最好的主意。于是 1486 年，15 岁的丢勒被送到纽伦堡附近最有名望的画家迈克尔·瓦尔盖默特工作坊。在那儿的三年学徒时间内，丢勒初步学习了从弗兰德斯传来的尼德兰画派最擅长的精细描绘法。他不仅认真临摹了老师的作品，还直接以大自然和人体作为观察对象，以提升写实技巧和对绘画法则的理解。

丢勒所在的瓦氏工作坊除了承揽绘画订单以外，还负责为当地一家规模最大的印刷厂制作插画的业务。当时的德国印刷业，已将源自中国的活字印刷术进行了一定程度的变通和改良。丢勒因此接触到由金属加工术发展而来的铜版技巧，这为他将来在铜版画方面取得创造性的成就，预先完成了必要的铺垫。

19 岁时，丢勒再次展示了他令人惊异的才华。他为父亲画的一幅素描肖像画，以其精湛的造型和娴熟的技巧，为他在纽伦堡赢得了声誉。这时他已结束了在瓦尔盖默特门下的学徒期。初露头角之后，丢勒决定要去看看外面的世界，于是沿着莱茵河，他游历了德国当时最主要的几个工业城市。4 年的游学考察，使丢勒结交了一些新的朋友，也拓宽了视野。

图 11-2　丢勒 22 岁时的自画像　布面油画

1494 年初夏，丢勒回到纽伦堡，与家乡的一位铜艺家的女儿结了婚，这一年他 23 岁。丢勒的婚姻充满了非常浓郁的父母包办的味道。他的妻子虽然家境富裕，但只是一个很平凡的世俗女子，与一身文艺气质的丢勒几乎没有任何共同语言。于是短暂的蜜月之后，她不幸被丢勒冷落。在后来的漫长岁月中，他们既没有诞下子嗣，也没有离婚。由于丈夫长期浪迹四方，这位令人同情的妇人几乎没有过上几天正常的婚姻生活。但长期以来，丢勒的传记作者们似乎不太愿意为此苛责他们心中最崇敬的艺术大师，只有在最迫不得已的时候，她才会象征性地，出现在与丢勒有关的事迹里。

她的几乎被彻底遗忘的名字，中文译作阿格妮丝·弗蕾。如果允许想象数百年前，她这一生关于丈夫丢勒的最温暖的回望，也许是在他们结婚前夕，丢勒在为她绘制的素描肖像画上，曾经不乏温情地题写过一行让她感到羞涩和幸福的话语："我的阿格妮丝"……

据有些资料记载，曾经面容姣好、性格谦和的阿格妮丝，后来不可避免地被生活扭曲成脾气古怪而令人生厌的怨妇。她对丢勒频繁的社会交际时有不逊之言，对丢勒与同性好友毕尔克海默之间长期的超乎寻常友谊的亲密交往尤其不满。比如潘诺夫斯基在《丢勒的生平与艺术》中写道："有人说她是位性情平和的好妻子，但遭到了他那位大名鼎鼎的丈夫的冷落。另一些人则说她是个地道的悍妇，使出浑身解数让丢勒的生活陷入了悲苦的境地，逼迫他不停地工作挣钱，实际上导致了他的死亡……"总之，她与丢勒的婚姻是不太为人所称许和羡慕的。这大概是他们共同的人生悲剧。

刚好在丢勒结婚的这一年，令人闻风丧胆的黑死病向纽伦堡蔓延过来。在人们四处避难的当口，丢勒决定再次离开家乡外出游学。于是他打点行装，不畏长途跋涉和一路艰险，翻越欧洲南部最高大巍峨的地理阻碍阿尔卑斯山脉，来到了意大利北部最著名的水上城市威尼斯。

这是丢勒第一次游学意大利半岛。在这一阶段，虽然意大利文艺复兴三巨头的鼎盛时期还没有完全到来，在米兰客居的 42 岁的达·芬奇才刚刚开始酝酿如何创作《最后的晚餐》，19 岁的米开朗基罗还心有余悸地彷徨在佛罗伦萨和罗马之间的旅途上[2]，11 岁的拉斐尔还在乌尔比诺小城心怀惆怅地摆弄他父亲遗下的调色盘。但丢勒依然在威尼斯发现了意大利文艺复兴前期的巨大成就。

在威尼斯及邻近小城帕多瓦的三年期间，丢勒认真学习了曼坦尼亚和贝里尼父子的作品。他还深入研究解剖学，并写下了大量的笔记。1497 年的春天，丢勒回到故乡纽伦堡，在离家不远的地方开设画室，尝试着将意大利学回来的技巧应用到自己的创作中。1498 年，丢勒完成了一幅非常出色的自画像，成功展示了他游学归来的最新成果。（这一年，比他小 26 岁的荷尔拜因在奥格斯堡出生。）

② 彼时从佛罗伦萨城逃出来的米开朗基罗尚未成名，他的《哀悼基督》5 年以后（1499 年）才面世。

图 11-3　丢勒 27 岁时的自画像　木板油画

图 11-4　丢勒 29 岁时的自画像　石灰板油画

　　1498 年前后，丢勒还自费出版了一部引起轰动的木刻组画——《启示录》。这也是自古以来，世界印刷史上出现的第一本个人画册。《启示录》一经出版就迅速风靡欧洲，丢勒因此名动四方。

　　1505 年，34 岁的丢勒利用夏季便于翻越阿尔卑斯山脉的时机，不远千里再次来到威尼斯。这时他的作品已经展现出比较成熟的面貌。八载暌违，威尼斯最出色的本土画家如乔凡尼·贝里尼等人，对老朋友丢勒的才华更加刮目相看。威尼斯画派未来的领袖人物提香·韦切利奥，刚好也在这一年拜在乔凡尼的门下学习。尽管丢勒本人深受意大利艺术的影响，但他的到来，依然使 17 岁的提香大开眼

图 11-5　丢勒《启示录·四骑士》木刻版画　　　　　　　　　　　　　图 11-6　丢勒《启示录·圣米迦勒屠龙》木刻版画

界。后来他们之间还时常书信往来，提香直到晚年，都珍藏着丢勒送给他的版画作品。

　　丢勒的第二次远行，正好是意大利艺术活动如火如荼的阶段，各路名家纷纷登场，艺术精品层出不穷。欣逢其盛，丢勒不仅在威尼斯停留了很长时间，还特意造访了佛罗伦萨和罗马等名家名作汇集之地。虽然此时他已经跻身一流大师的行列，但名满天下的达·芬奇和新晋顶级大师米开朗基罗的代表作品，依然给丢勒留下了极其深刻的印象。

　　这一期间，丢勒还为威尼斯圣巴托洛米欧教堂绘制了祭坛画《蔷薇花冠的祭礼》。

　　圣巴托洛米欧教堂是旅居意大利半岛的德国人经常聚会的场所。一些人文主义学者，包含科学家、诗人、哲学

图 11-7　丢勒《蔷薇花冠的祭礼》木板油画

家和艺术家，将这里当作一个交流思想和沟通感情的联络点。丢勒也是热衷于参加这些社交活动的名流之一，他结识的众多知识渊博的朋友，为他在文学、数学、几何学甚至筑城学等各个方面的知识养成，提供了巨大的帮助。

对丢勒艺术生涯产生影响的人还有很多，其中不得不提到的，是在他人生经历中占据重要地位的同性密友毕尔克海默。

威利巴托·毕尔克海默比丢勒大一岁，也是纽伦堡人。年轻时候的毕尔克海默似乎是个命运的垂青者，在他身上，奇迹般地簇拥着无数让人艳羡的光环。他是一位具有贵族血统的富家子弟，是所在社区的政治与军事领袖，是一位大藏书家，也是一位学富五车的大学者，在文学、艺术、体育等多个领域都出类拔萃。毕尔克海默一向神采照人，自视甚高，但与平民家庭出身的丢勒，却结交成了亲密无间的朋友。

毕尔克海默对丢勒给予了很多引导和帮助。长期研究丢勒艺术的著名艺术史家欧文·潘诺夫斯基在他的书中写道："毕尔克海默将他朋友的兴趣引向了希腊与罗马的经典作品，使他了解到当代哲学与考古学的发展状况。他耐心帮助丢勒提高写作能力，为他的版画提供有趣而神秘的题材……"

相传丢勒越过千山万水奔赴意大利，一方面是为了艺术，另一方面也是为了与在意大利游学的毕尔克海默相聚。日后，丢勒以在多个领域都有所建树而闻名，成为一位博学多才的艺术大师，与毕尔克海默对他的长期影响有很大关系。

1507年，丢勒结束他在意大利的第二次游学生活返回故乡。在漫长而艰辛的归途中，他创作了一系列著名的水彩风景画和描绘细致的小型作品。

1509年，丢勒购置了一套豪宅，安心从事艺术创作，此后他陆续完成了一些重要作品。这一时期，丢勒还认真研究了语言和数学等方面的学问，并开始撰写艺术理论。

1512年以后，丢勒先后被神圣罗马帝国皇帝马克西米连和继任者查理五世礼聘为御用画家。断断续续的皇家供奉，自此成为丢勒晚年的重要经济来源之一。

需要强调的是，自意大利归来之后，丢勒的油画技巧固然可以在那一时期的欧洲北方独步江湖[③]，但在美术史上最具有创造性价值的，当属他的版画作品。毕竟从发展规模和技术水平等方面来衡量，无论雕塑还是壁画或者油画，以丢勒为代表的北方艺术，与群星闪耀的南部意大利地区相比，仍然存在不小的差距。

而丢勒的天才贡献，是在题材、技巧和工艺材料方面，将版画艺术的表现形式与技术体系提升到全新的高度，并在功能上将版画从此前的传统印刷术中彻底分离出来。自此以后，版画才真正有条件成为一个与油画、壁画和雕塑并行发展的独立门类。

③ 这一时期，德国的荷尔拜因与尼德兰地区的老勃鲁盖尔还没有登场。

丢勒最初擅长的是木刻版画，但后来他又以丰富的行业经验和综合学识，改进了铜版画的制作工艺。在印刷术还不够发达的年代，丢勒凭借铜版画给他带来的独特优势，使他的作品和名声广为流传，几乎遍及欧洲的每个角落。

他盛年时期的雕版作品对艺术家们产生了深远的影响。1513—1514年完成的雕版作品《骑士、死神、恶魔》《圣哲罗姆》《忧郁》等，是他众多铜版画中的杰作。出神入化的雕版技术和含义丰富的象征与隐喻，为他奠定了铜版画艺术的宗师地位。

图11-8　丢勒《骑士、死神、恶魔》铜版雕刻

在雕版技术之外，丢勒还将源自炼金术的酸腐蚀方法加以改良，成功创作了一系列铜版蚀刻作品。后来被印刷行业大量引用的铜版技术，即是在他的蚀刻技术基础上的再度完善。

50 岁之后丢勒越来越体弱多病，生活品质严重下降，在艺术上的创作频率也有所减缓。这一时期他转而投入大量的精力用来从事写作。1523 年末，他开始写自传。1525 年，重要理论著作《量度艺术教程》出版。1527 年，科学著作《筑城原理》出版。

1528 年，他的重要著作《人体解剖学原理》脱稿。遗憾的是，他没能熬到此书出版的时节。是年春夏之交，丢勒不幸染病辞世，时年 57 岁。（此时，达·芬奇和拉斐尔已经相继于 9 年前和 8 年前去世，最长寿的米开朗基罗则一直活到 36 年后的 1564 年。）

图 11-9 丢勒《四使徒》布面油画

此前，他于 1526 年创作的木板油画《四使徒》和著名肖像画《伊司马斯·范·鹿特丹》，成为他暮年时期最后的代表性杰作。

　　丢勒一生多才多艺，他不仅是杰出的画家，而且还在艺术理论、解剖、雕刻、建筑等方面造诣精深，同时在哲学、数学、几何、炼金术（早期化学）、机械等方面也颇有建树，是继达·芬奇之后，又一位拥有通才式学问的艺坛巨擘。

　　当欧洲南部的意大利文艺复兴运动蓬勃兴起的时候，他成为欧洲北方地区最卓越的探路者和集大成者。他把意大利文艺复兴的形式和理论带到了欧洲北部，并结合德国本土一直固有的哥特式传统而形成自己的创作风格。他的艺术成就深度影响了一批又一批的后学者。

　　丢勒在德国，拥有堪与达·芬奇相匹俦的盛名和各种版本的传说，在欧洲乃至整个世界，也是屈指可数的艺术大师。而他的墓碑上，却只简短地镌刻着一行意味深长的铭文："这儿埋葬的，只是阿尔布莱希特会死的部分"。

第 十 二 章
荷尔拜因，被英国人视为国宝的德国人

继丢勒之后，德国新一代后起之秀当中，出类拔萃的艺术大师当属小汉斯·荷尔拜因（1497—1543）。

与之前提到的其他著名大师相比，小汉斯·荷尔拜因才算是真正的艺术世家子弟。他的父亲老汉斯·荷尔拜因（1465—1524）和叔叔西格姆德·荷尔拜因，都是颇有声望的艺术家。老汉斯的艺术成就虽然比不上同时代名满欧洲的丢勒，但他一直被学术界公认为奥格斯堡画派的创始人。他留下的数量不菲的以宗教题材为主要内容的作品，也是 15 世纪德国文艺复兴时期不可多得的艺术瑰宝。

1497 年，荷尔拜因出生于巴伐利亚地区的奥格斯堡。这座历史悠久的千年古城当时是神圣罗马帝国（德意志第一帝国）的直辖市，是以矿冶工业和金融业而闻名于欧洲的重要城市之一。荷尔拜因自小即与兄长安布罗修斯一起，在父亲直接引导下学习绘画技巧，并很快呈现出青胜于蓝的趋势。

1514 年，17 岁的荷尔拜因已经具备相当出色的绘画能力。在老汉斯的鼓励之下，他和兄长一起来到巴塞尔（曾经是德国属地，今属瑞士），成为当地画家赫博斯特的徒弟。

二年学徒期满之后，荷尔拜因兄弟双双成为巴塞尔地区最被人们看好的艺坛新秀。

巴塞尔位于当今瑞、德、法三国交界处的莱茵河湾，是连接瑞士、德国和法国的重要交通枢纽，邻近意大利半岛的米兰，以前也曾是德国的属地。在荷尔拜因登场的时代，教会对印刷业的严格管控已经有所松动，由于工商业的逐渐繁荣和人文主义思想的传播，以及巴塞尔大学的建立，这一地区的印刷与出版事业获得了极大发展。巴塞尔成为整个欧洲最重要的出版中心。德意志的学者和艺术家们纷纷麇集于此。

印刷术的改进，尤其是此前丢勒在版画技术上的创新性贡献，使衍生于出版业的插图艺术得以蔚然兴起。荷尔拜因兄弟也在这一时节，凭借出色的绘画手艺，而被一家大出版商聘请为插图作者。与此同时，荷尔拜因还开始承揽绘制肖像画的业务。

因为印刷行业的业务关系，荷尔拜因有缘接触到了中国明朝时期流传过来的原版印刷品。中国古代典籍中的精美插图，使他深深感受到中国传统绘画中"线"的无穷魅力。这一来自东方文明的高妙手法，与那时盛行于欧洲的以明暗光影为造型手段的技术体系大有不同，最后造就了荷尔拜因与其他欧洲画家卓然不同的风格特质。从他流传于世的众多肖像素描精品中可以看出，荷尔拜因非常注重"线"的表现力，精准的轮廓线，再辅以简约的皴擦，似乎与中国绘画的线造型艺术颇有异曲同工之处，又很好地结合了欧洲本土的绘画技术体系。多年以来，他的素描肖像一直是深受人们喜爱的学习范本。

1516年，为新当选的巴塞尔市长创作的《迈尔夫妇像》，使荷尔拜因在巴塞尔一举成名。第二年，荷尔拜因顺道游历了意大利北部。美不胜收的意大利艺术珍品，给他留下了深刻印象。回到巴塞尔后，荷尔拜因被正式接纳为画家行会会员。不久，他和一位皮革商的遗孀结了婚，并开始独立工作。1519年，荷尔拜因的哥哥，同样才华出众的安布罗修斯不幸早逝，年仅25岁。

图 12-1　荷尔拜因《托马斯·埃利奥特爵士肖像》纸本

图 12-2　荷尔拜因《理查德·索斯韦尔爵士的肖像》纸本

图 12-3　荷尔拜因《男子肖像》纸本

图 12-4　荷尔拜因《威廉雷斯基摩肖像》纸本

荷尔拜因素描作品

1522 年前后，荷尔拜因结识了著名的人文主义学者伊拉斯谟。伊拉斯谟是欧洲文明史上泰斗级的哲学家和神学家，出版了《论自由的意志》《格言集》《对话集》《愚人颂》等扬播四海的著作。荷尔拜因不仅为他膜拜的偶像精心绘制了《愚人颂》的系列铜版画插图，还先后为伊拉斯谟绘制了数幅油画肖像。

图 12-5　荷尔拜因《鹿特丹的伊拉斯谟》木板油画

这些比较成功的肖像作品，再度强化了荷尔拜因在巴塞尔的艺术声誉。然而，在荷尔拜因的绘画技巧逐渐成熟之时，欧洲各地的天主教徒和新教徒之间，以及怀有政治野心的霸权争夺者之间，为了各自的信仰和利益，正进行着旷日持久的教义辩论和暴力斗争，这一时期巴塞尔地区的社会局势，也因为宗教改革运动的波及和愈演愈烈的国际冲突而变得越来越动荡。

在德意志第一帝国四分五裂的土地上，旧有秩序被再次打破，新生力量与保守力量的互相攻击几乎无处不在。欧洲大陆自此又卷入了长期的、时断时续的战争之中。

当远在佛罗伦萨的米开朗基罗受此影响而张皇失措，以至于连续 10 多年都没有创作出上乘之作时，荷尔拜因在巴塞尔也几乎面临着同样的困境。

于是 1526 年，在巴塞尔生活了 12 年的荷尔拜因横穿大半个欧洲，渡过英吉利海峡来到了相对安宁的伦敦。这一年他 29 岁。

为荷尔拜因迁居英国提供方便的正是伊拉斯谟。他将荷尔拜因郑重推荐给了远在伦敦的挚友托马斯·莫尔爵士[①]。

图 12-6　荷尔拜因《托马斯·莫尔肖像》木板油画

① 在欧洲历史上，莫尔也是一位特别著名的人物。他品行高尚，才华横溢，以其著作《乌托邦》（意为"不存在的地方"）而名垂史册。他是欧洲早期空想社会主义学说的创始人。他的思想极大启发了包括欧文、圣西门、傅立叶等在内的空想社会主义体系的代表人物，也为后来的科学社会主义思想体系提供了非常重要的参照元素。1529 年，他被任命为首席大法官，成为仅次于英王亨利八世的实权派人物。但 1534 年，当亨利八世试图与王后"阿拉贡的凯瑟琳"离婚时，莫尔明确表达了反对态度。由于莫尔与罗马教皇克莱芒特七世在此事件上的立场完全一致，亨利八世自此改变了对待天主教的态度，转而开始支持马丁·路德的宗教改革运动，并自封为英国最高教首。英国从此成为以新教为主流教派的国家。由于莫尔爵士不肯妥协，他被投入监狱，次年以叛国罪被处死于断头台。

莫尔爵士对荷尔拜因的到来异常高兴，他将他安排在自己的官邸盛情款待。1527 年，荷尔拜因精心绘制的《托马斯·莫尔肖像》，在伦敦的贵族阶层引起轰动。此后，他又为莫尔家族创作了水平不俗的集体肖像画《托马斯·莫尔爵士和他的家人》。

1528 年，荷尔拜因自英国返回巴塞尔，并在城内买了房子准备常住。但是巴塞尔骚乱不已的社会氛围让他总是心神不宁。在完成几幅订单之后，1532 年他再次来到了伦敦。

1533 年，荷尔拜因绘制的《托马斯·克伦威尔肖像》再次获得好评，并赢得了新晋首席国务大臣克伦威尔[②]本人的赏识。经由他的举荐，荷尔拜因成为国王亨利八世的御用画家。

② 托马斯·克伦威尔（1485—1540），英国近代社会转型时期杰出的政治家，英王亨利八世的首席国务大臣。他敏锐认识到宗教改革带来的契机，通过一系列政治措施，为英国民族国家的形成，做出了不可磨灭的贡献。他一生毁誉参半，他的节节高升也引发了世袭贵族的仇视。1540 年，他被反复无常的亨利八世授意判处死刑。

图 12-7　荷尔拜因《托马斯·克伦威尔肖像》木板油画

③ 亨利八世改宗新教，使得英国境内以质朴、简洁为主流观念的生活方式，得以明显区分于崇尚奢华、雄伟的其他欧洲地区。欧洲大陆司空见惯的大型神话和宗教、历史题材在英国被抑制，艺术家们的表现机会很少，肖像画（包含人像素描）遂成为荷尔拜因施展才艺的主要载体。此后一段时间内，英国的艺术发展也将因此继续落后于欧洲内陆的其他国家。

④ 亨利八世的第一任王后是来自西班牙王室的凯瑟琳公主。原本是他未过门的嫂子，在他哥哥不幸早逝之后，1509 年，亨利七世为了维持与西班牙的联盟，让当时年仅 12 岁的亨利八世迎娶了 18 岁的凯瑟琳。

随着与西班牙关系的恶化，亨利八世对于自己的婚姻问题日益不满。1527 年，他决心离婚再娶。但按照教会法规，以及为了保全西班牙王室的脸面，出自美第奇家族的时任罗马教皇克莱芒特七世拒绝了亨利八世的离婚请求。原本支持天主教的亨利八世一怒之下遂改宗新教。

第二位王后是受过法国宫廷教育的安妮·博琳，1533 年结婚；1536 年被以通奸罪处死。她的女儿即来后大名鼎鼎的英国女王伊丽莎白一世。

第三位王后珍·西摩 1537 年产后去世。亨利八世死后与其合葬。

第四位是来自克里维斯的安妮王后。原为德国公主，1540 年结婚。传说这位王后面貌丑陋，生性传统，不久亨利八世与她离婚。

第五位凯瑟琳·霍华德王后，1540 年结婚；两年后被以"通奸罪"处死。

第六位凯瑟琳·帕尔王后，1543 年结婚。1547 年亨利八世死后，帕尔王后再婚，下嫁托马斯·西摩爵士（西摩后来因为发动政变被他的哥哥处死）。相传西摩爵士还曾挑逗过少女时期的伊丽莎白，伊丽莎白女王后来终身未婚。

图 12-8　荷尔拜因《亨利八世肖像》
板上油画

亨利八世（1491—1547）是英国都铎王朝的第二位国王，也是英国历史上承前启后的有为君主之一。在他当政之际，英国虽然已经具备一定的国力，但与后来建立全球霸权的鼎盛时期相比，还属于刚刚起步的阶段。

在此之前，英法百年战争及大规模的瘟疫传染，对与欧洲大陆隔海相望的英伦三岛造成了巨大的损失。当西班牙、法国、德意志等几个大国在忙于争夺欧洲霸权之时，羽翼未丰的英国，还不得不在列强之间左支右绌苦苦周旋。

因此当源于意大利半岛的文艺复兴运动已经在欧洲大陆取得丰硕成果之后，慢了数拍的英伦诸岛才勉强赶上最后的尾声。而德国人荷尔拜因在英国留下的艺术精品，遂成为文艺复兴时期，几乎唯一能为英国挽回颜面的亮点。

荷尔拜因的肖像画在美术史上具有非常重要的地位，与他在英国的艺术活动关联很大。在为亨利八世服务期间，他为国王和他的家人及朝臣们绘制了很多肖像。其中于 1541 年完成的《亨利八世肖像》，是公认的肖像画代表作之一。③

亨利八世对荷尔拜因超凡入圣的绘画技巧一向非常满意，但根据记载，他也曾对荷尔拜因发过脾气。

在宗教戒律比较森严的时代，极度任性的亨利八世却一反常规结了六次婚。④ 与西班牙、法国和德国之间的数次政治联姻，尤其两任王后被他以"通奸罪"处死，是亨利八世一生中被屡屡诟病的劣迹之一。

在 1540 年他的第四次婚姻迎娶安妮王后之前，他由于对德国公主相貌平平的传言有些疑虑，因此特派荷尔拜因去绘制了一幅肖像画。亨利八世看到荷尔拜因的作品之后心花怒放，但结婚时看到公主本人却大失所望，当年即与安妮离了婚。撮合这桩婚姻的首席国务大臣托马斯·克伦威尔因此被投入"伦敦塔"，他的政敌们趁机怂恿亨利八世，最终将他送上了断头台。

亨利八世抱怨荷尔拜因过于美化了他的王后，而没有如实表现出安妮公主的真实面貌，以至于影响了他对这桩婚姻的判断。虽然荷尔拜因并未遭到更严厉的处罚，但大受惊吓之后，心惊胆战的荷尔拜因不久即一病不起。

　　生活在战乱频仍而且黑死病四处肆虐的年代，荷尔拜因对于生命的看法也许是悲观的。他原本是天主教的虔诚信奉者，但马丁·路德的新理念，尤其是英国国王亨利八世的宗教立场转变，无疑使他产生了动摇。与那些敢于直接表露宗教派别并不惜为之殉身的勇敢者不同，荷尔拜因只是谨小慎微地犹疑在两大教派之间。

　　比如创作于 1530 年前后的《新约和旧约的寓言》，从技术含量来看，显然算不上荷尔拜因的上乘作品，但此作中的各种隐喻，似乎表露了他认可路德理念的倾向。

图 12-9　荷尔拜因《新约和旧约的寓言》油画

图 12-10　荷尔拜因《两个使节》木板油画

如上：据考证，画中人分别是法国大使丁特韦尔和拉沃尔主教塞尔维。

荷尔拜因在此作中大量运用了细密画手法，画中精细描绘的各种道具皆有隐喻意味，暗示了两位大使的职业身份和丰富的才学。

1533 年创作的《两个使节》，无疑是荷尔拜因一生中最为知名的作品。从严谨的人物造型，到每一个局部的深入表现，荷尔拜因炫技般地展示了他惊人的绘画技巧。但从源自潘诺夫斯基流派的图像学分析来看，荷尔拜因在此作中巧妙设置了大量的隐喻和难以精确解读的谜题。

这幅作品不仅是让人们感到惊叹的视觉奇迹,画面中对各种道具的精心选择与位置安排皆有深意。作者通过不遗余力的精细描绘,辅以那个时代艺术家们惯常使用的象征主义手法,将两位大使的年龄、职业、学术素养和宗教立场等一一对应在画面的细节之中。

图 12-11　荷尔拜因《两个使节》(局部一)

图 12-12　荷尔拜因《两个使节》(局部二)

但长期以来，引发无数人士各种解读与猜测的，是他为何要在作品底部，加上一块与画面极不协调的、严重变形的头骨。

图 12-13 荷尔拜因《两个使节》（局部三）从画面的侧上方看，被拉长的头盖骨清晰可辨

曾经比较流行的观点认为，荷尔拜因是在以隐晦的方式，揭示"人类终究难逃一死"的悲剧性宿命。这也许是他的真实想法，也十分符合当时欧洲人口大规模消亡的悲惨现实。

但近来研究成果表明，荷尔拜因的这一行为可能还暗含别的深意：在当时基督教会的严密控制之下，欧洲大陆还存在一个高度隐秘的信奉古犹太教的宗教团体，其中的数个分支日后发展成神秘组织"共济会"之下的不同分会，并一直延续到当代。按照画面左侧大使帽子上的神秘标记"骷髅"和荷尔拜因在画面下方刻意变形的"骷髅"来看，荷尔拜因可能是应"骷髅会"雇主要求而作，也极有可能包括两位大使和他本人在内，都是早期"骷髅会"组织的秘密成员。

在这幅作品完成 10 年之后，荷尔拜因本人也成为那个年代司空见惯的又一位英年早逝者。1543 年，在他为亨利八世绘制另一幅肖像画时，因为感染黑死病，他不幸客死于伦敦，年仅 46 岁。

小汉斯·荷尔拜因，他生活在文艺复兴浪潮余波起伏的时代。他在母国与前辈丢勒齐名，却为英国撑起了文艺复兴时期绘画领域的大旗。当达·芬奇、拉斐尔等意大利顶级大师纷纷凋零之后，他成为整个欧洲屈指可数的、与米开朗基罗和提香两大长寿巨匠遥相呼应的顶级艺术大师之一。他是来自德国奥格斯堡的荷尔拜因家族的骄傲。凭借震古烁今的艺术创造，他被德国、瑞士和英国争相视为不可或缺的历史荣耀。

第 十 三 章
"希腊人"格列柯，西班牙的矫饰主义代表

由于诸多客观因素的影响，文艺复兴运动在欧洲各地引发的时机与取得的成果并非完全一致。当占据天时、地利、人和等多方优势的意大利半岛狂飙突进之时，欧洲其他地区的文化艺术活动还基本处于万马齐喑的状态。

随着大航海带来的此消彼长的新变化，以及人文主义的逐渐扩散，北方各地的艺术大师们才开始渐次登场。但在更加辉煌的新时代来临之前，忙于互相征战的德意志、英国、法国和西班牙等欧洲各国，仿佛都还未能为文化艺术在当地的蓬勃发展准备充分的条件。

德意志还在"神圣罗马帝国"的名义统治下，实际处于四分五裂的动荡时期，影响深远的农民战争和宗教改革运动还未尘埃落定；尚未强大起来的英国还在大陆列强的夹缝中寻求机会，圈地运动及系列政策引发的内部矛盾正使他们深受困扰，未来赖以雄视全球的综合国力还仅仅处在最原始的萌芽状态；法国雄心勃勃的争霸企图一直被各方敌对者严重挫伤着，当丢勒、荷尔拜因等艺术大师为其他地区争得荣耀之时，法国当地的艺术成就还乏善可陈。

相比之下，暴富起来的西班牙似乎是当时最有可能在文化艺术领域大放异彩的地方，然而这种推想并未在那个年代成为现实。尽管大航海运动为西班牙带来的巨大收益，使之迅速成为雄踞欧洲的超级帝国，但西班牙对有效治理过于分散的领土显然力不从心。经由强权压制和政治联姻而纳入版图的各个地区，民众反抗此起彼伏；以法国为首的霸权觊觎者时时刻刻在拉帮结派，与他们进行尖锐斗争；

以西班牙本土为依托来君临天下的查理五世和他的继承者们固然都有附庸风雅的喜好，但是西班牙境内的新老贵族和热衷于追逐利润的新兴资产阶层，都没有养成佛罗伦萨那样的慷慨赞助学术与艺术的风气。因此事实上，当意大利半岛的巨大影响力日趋消退之际，西班牙在政治、经济方面的短暂强大，并未使之在文化艺术发展领域也成为当之无愧的真正领袖。在日后的地缘竞争中，随着倾全国之力远征英国的"无敌舰队"宿命般地被海上风暴无情摧毁，第一代"日不落帝国"曾经强大无比的疆域与威望，最终被后来居上的法、英、德等欧洲列强渐渐侵蚀和湮没。

因此在巴洛克巨匠委拉斯贵兹出现之前，只有唯一的外来移民格列柯（1541—1614），勉强可以算作文艺复兴后期能为西班牙挽回些许颜面的艺术大师。然而可悲的是，格列柯生前并未在他的第二故乡获得与其成就相匹配的待遇，相反，他长期被同时代的很多西班牙人看作疯子。直到300多年后，在事关欧洲美术史的脉络追溯时，人们才重新为他赋予姗姗来迟的荣誉。

格列柯并非土生土长的西班牙人。1541年，他出生于威尼斯共和国统治下希腊地区的克里特岛。在移居西班牙之后，由于他的原名过于拗口，人们才开始以"埃尔·格列柯"来称呼他，意为"希腊人"。像马萨乔和波提切利一样，格列柯也是一位以绰号而闻名于世的艺术家。

关于格列柯克里特时期的可靠史料很少。零星记载表明他出自一个税务官的家庭，童年时期受过良好教育和东罗马艺术的熏陶。

青年时期的格列柯以小有名气的画家身份来到威尼斯。提香门下最有成就的弟子丁托列托曾经给过他有益的启示，年迈的提香本人也曾指点过他。

35岁以前，格列柯一直在威尼斯和罗马两地学习与生活，并创作过一些不太知名的作品。这期间，随着米开朗基罗和提香两大宗师的先后辞世，意大利半岛的艺术活动进入群龙无首的阶段。此前，米开朗基罗和拉斐尔的弟子们在追随先辈的基础上，曾经掀起过一股追求新奇风格的

"矫饰主义"风潮，尽管后人对这个过渡于盛期文艺复兴美术和巴洛克美术之间的流派褒贬不一，但浸染其中的格列柯，无疑深受这种时风的影响。

然而格列柯在意大利的数年时光过得并不顺心。像脾气暴躁的米开朗基罗四处树敌一样，格列柯直率而偏执的性格也一向不讨人喜欢。再加上委罗内塞、丁托列托、瓦萨里等名家基本垄断了威尼斯的全部订单，因此格列柯在威尼斯并未获得太多表现机会。

他想在罗马扬名立万的打算也没有遂意。传记作者巴比斯·普拉依塔基斯无疑是格列柯最饱含深情的赞誉者，但他在著作中依然毫不避讳地描述过格列柯目空四海以致被冷遇的故事：急于获得名望的格列柯，数次在罗马贵族和艺术家同行面前，公开诋毁米开朗基罗的壁画作品有多么拙劣，因此应该抹掉由他来重画。格列柯不合时宜的狂妄言论，激怒了一向以米开朗基罗为荣的罗马市民。他不仅因此遭到群殴，最初接纳他的红衣主教法尔内塞也将他逐出了自己的府邸……

1577 年，心情沮丧的格列柯听闻西班牙王室正在招募宫廷画师，于是决定到那里去碰碰运气。但在马德里度过的短暂时光同样让他感到不满意。于是不久，他来到了马德里附近的古城托莱多。此后他在那里度过了大起大落的后半生。

托莱多曾经是查理五世的王宫所在地。自从 1561 年他的儿子腓力二世迁都之后，这里的繁华景象萧条了许多。托莱多城内还聚集着一批政治上失势或经济上濒临破产的旧贵族，他们时常沉浸在对往日辉煌的怀念之中，对如今江河日下的生活处境，充满着惴惴不安的怨怼之情。

格列柯一反常规来到这个走向衰落的城市，是因为他破天荒地获得了人脉支持。由于他在罗马时期偶然结交的画家朋友大力举荐，一向备受冷遇的格列柯，初到托莱多即受到了热情接待。格列柯幸运地获得他在西班牙的第一批订单。

图 13-1 格列柯《圣母升天》布面油画

1577 年，格列柯完成的巨幅祭坛画《圣母升天》，使他在托莱多赢得了好评。他在这一时期的画风，在很大程度上与托莱多没落贵族们的精神趣味产生了共鸣。但 1579 年，他为托莱多大教堂绘制的名作《剥去基督的外衣》，由于教会指责格列柯对主题表现不妥，而引来巨大的争议和长期的诉讼。好在最终格列柯虽然只从委托者手上拿到

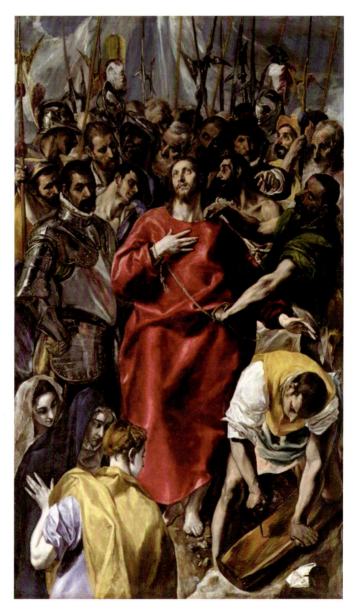

图13-2 格列柯《剥去基督的外衣》布面油画

少量报酬，但大量定制此画复制品的合约，为他带来了可观的收益。这是格列柯第一件与人产生纠纷的作品。

　　这一阶段格列柯的个人生活有所改观，他在西班牙的毕生伴侣赫萝尼玛为他生下了一个儿子，即《格列柯传》开篇第一章提到的，日后以他为荣同时也被他的遗留问题所折磨的马努埃尔。

1580 年交付的肖像画《手抚胸膛的贵族男人》，是格列柯最为出色的肖像画代表作之一。这幅作品获得了比较广泛的赞许，也使格列柯的大名传扬到更为遥远的地方。不久，西班牙国王腓力二世也被打动，聘请他为自己建造的宏伟修道院绘制巨幅祭坛画。

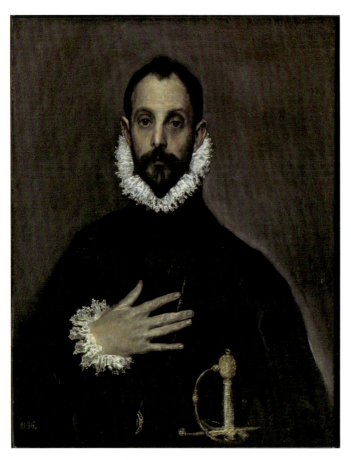

图 13-3　格列柯《手抚胸膛的贵族男人》布面油画

腓力二世是位好高骛远却缺乏英才大略的君主。厌倦权位的查理五世退位之后，西班牙的威望在腓力二世手中达到巅峰，最后也在他治下走向衰落。

历史上被腓力二世挫伤的人不少。很不幸，格列柯也算其中一个。他可能并未摸清腓力二世的意图和喜好，从而失去了最有可能成为西班牙宫廷画师的机会。在国王和他的顾问们看来，格列柯 1582 年交付的《圣莫里斯的殉教》，带有很多偏离主题的成分。有评论家这样阐释道："作品被腓力二世拒绝的原因在同时代的神职人员荷塞·德希古恩萨的评论中有所暗示。这位评论者认为该画不适合作为祭坛画，因为缺少'鼓励信仰'。埃尔·格列柯在画面中并没有把焦点对准殉教，而是将它逼到远景处。相反，将圣莫里斯和他的同伴就'为了信仰是否应该选择死亡'这一问题的讨论场面拿到了近景。在这一点上，他错误地判断了腓力二世的价值观，因为国王虽然喜爱绘画，却更加珍视信仰。"

图 13-4　格列柯《圣莫里斯的殉教》布面油画

对于格列柯而言，虽然他拿到了腓力二世给他的酬金，却屈辱地付出了作品被闲置的代价。这无疑是一次严重的精神打击。格列柯回到托莱多，度过了一段苦闷消沉的时光，自此变得更加孤僻和神经质。他没有寻求国王的再度青睐，而是扎根于托莱多，继续他那依靠画笔来换取报酬的日子。在财务状况有所改善之后，格列柯于 1585 年租借了一幢侯爵府邸，开始过上比较奢华的生活。

图 13-5　格列柯《奥尔加斯伯爵的葬礼》布面油画

　　格列柯是极少数受到东罗马艺术和意大利艺术综合影响的画家之一。来到西班牙之后，由于腓力二世主导下的宗教氛围仍然秉持着较为严格的天主教规制，而呈现出相对保守的特征，格列柯在创作中时常会因为教义上的理解偏差而遭遇指责和诉讼。但 1588 年为圣特梅教堂创作的《奥尔加斯伯爵的葬礼》，是格列柯生前少有的获得广泛赞誉的作品之一。这在很大程度上为他挽回了在马德里受损的名声。

图 13-6 格列柯《托莱多风景》画布油画

与盛期文艺复兴美术崇尚严格的写实技巧不同，格列柯在他的作品中添加了很多矫饰主义画家惯常使用的拉长、变形等技术手段，因而呈现出时兴的矫饰主义流派所具有的特征。在此基础上，格列柯还在构图、布光、用色及笔触方面，表露出更为明显的主观处理画面的痕迹，从而使作品赋予了介于现实与梦幻之间的神秘主义色彩。可以说，《奥尔加斯伯爵的葬礼》，为格列柯奠定了矫饰主义流派后期的旗手地位。

　　虽然从整体来看，矫饰主义在美术史上仅仅是昙花一现的过渡产物，但格列柯在造型语言上的先锋性突破，在 1608 年完成的《托莱多风景》等作品中显现无遗。他在画面中刻意注入主观因素的创造性手法，成为被无数后学者重视和借鉴的样本。在日后的现代艺术流派演变中，格列柯凭借这一卓越贡献，被认为是表现主义及立体主义的先驱。

　　格列柯的晚年时期还创作过一些如今看来意义非凡的作品，如《圣母子与圣马丁》等。但由于他的作品风格越来越不符合时人的喜好，以致不论在形式上还是内涵上，都远远超出了那个时代西班牙人的理解力与容忍度。再加上一贯不愿听命于雇主却又锱铢必较的性格缺陷，格列柯非常可悲地陷入一起又一起的纠纷诉讼之中。他的财政状况迅速恶化，此后也一直没有从困境中摆脱出来，以致无法如期支付房租和必要的生活开支。

　　1614 年 4 月，73 岁的格列柯潦倒不堪地死于西班牙故都托莱多。在他离世之后的很长一段时间里，格列柯与一家慈善医院纠缠不清的矛盾，还持续困扰着他的儿子马努埃尔；他的大部分作品被冠以一文不值的评价，而备受敌对者们的无情奚落……

　　然而历史仿佛给格列柯和托莱多的人们开了个不太厚道的玩笑。在被冷落 300 多年后，一切与格列柯有关的遗迹，如今都已成为托莱多城最受关注的旅游热点；他留存下来的那些作品，无论经典的还是不够经典的，也都重新引起人们的重视与珍惜，最终成为格列柯本人，以及整个西班牙的光荣。

除了绘画方面的成就，格列柯在雕塑和建筑方面也小有建树。但很少有人知道，在他的祖籍所在地克里特岛，埃尔·格列柯还有一个不太易于记忆的名字——Doménikos Theotokópoulos，中文译作多米尼柯·狄奥托科普洛斯。

第 十 四 章

卡拉瓦乔，现实主义大师的暴戾人生

"没有他，就没有里贝拉、弗美尔、拉·图尔和伦勃朗；没有他，德拉克洛瓦、库尔贝和马奈将是完全不同的模样。他用短暂、悲剧、混乱的一生，创造出超越时间的奇迹。"[①]这是弗朗辛·普罗斯著述的《卡拉瓦乔传》中，印刷在封底的最后一句话。

在如今的艺术史专家们看来，倘若忽略他，欧洲美术发展史的脉络图上，将会缺失一个无人取代的关键分支。在文艺复兴后期的艺术流派演变中，他是意大利半岛最卓越的现实主义大师。他还直接影响了包含鲁本斯和委拉斯贵兹等人在内的很多巨匠，从而又被视为巴洛克艺术的先驱。回望 17 世纪之初的欧洲画坛，他无疑是最杰出的引领者之一。

但同时，他又是一个声名狼藉的暴戾狂徒，以狎妓、同性恋、寻衅斗殴、杀人、逃亡等各种为人所诟病的行为，为他 39 岁的短暂生命，留下了劣迹斑斑的人生记录。在关于他的各种版本的生平资料中，与他有仇的作者几乎用尽了所有难听的词语，来举证他的各种遭人鄙夷的品行；愿意为他颂扬的，无论如何婉转辩护，也无法抹去那些铁板钉钉的被一则则记录在司法簿上的恶行。

米开朗基罗·梅里西·达·卡拉瓦乔（1571—1610），他的名字被唾弃他的口水和历史尘埃足足湮没了 300 多年，直到第二次世界大战结束后，才被进行系统

① ［美］弗朗辛·普罗斯：《卡拉瓦乔传》，郭红英译，封底，南京，译林出版社，2014。

性研究的学者们再次发掘出来。他和同样被长期冷落的埃尔·格列柯一起，成为欧洲近代美术史上最具有传奇色彩的异类奇葩。

1571 年，他出生在意大利北部名城米兰附近的卡拉瓦乔村。就像列奥纳多·达·芬奇以地为名一样，卡拉瓦乔的姓氏当中，也包含了出生所在地的元素。他的名字还很容易让人将他的家族与文艺复兴盛期的顶级大师米开朗基罗联想在一起。但据考证，二者之间实际上没有任何血缘或家族谱系的关联。卡拉瓦乔出生的时候，大名鼎鼎的米开朗基罗已经于 1564 年去世。据欧洲人命名的文化习俗来推测，大概是卡拉瓦乔的父亲希望自己的孩子未来也能成为像米开朗基罗那样的艺术大师，因此为他借用了一个非常响亮的名字。

从后来的结果来看，卡拉瓦乔在艺术上的天赋，应该没有让他父亲的在天之灵失望。但令人遗憾的是，卡拉瓦乔在性格上的暴戾程度，却远远超越了他父亲的偶像米开朗基罗。一向有坏脾气之名的米开朗基罗，最多只是在言语上不太照顾别人的感受，而与他相比，卡拉瓦乔则简直是没有丝毫控制力的、一言不合就拔刀相向的恶棍。

卡拉瓦乔的父亲曾经是深受当地侯爵信任的建筑设计师兼管家，他的母亲也出自当地有教养的殷实人家。但在 1576 年带走提香的那一场大规模瘟疫中，卡拉瓦乔的祖父、父亲和叔叔等人都不幸染病去世。在此后的愈益艰难的日子里，他的母亲独自抚养着卡拉瓦乔和他的几个弟妹。虽然没有确切资料来记录 13 岁以前的卡拉瓦乔如何度过自己的童年时期，但极有可能是在这一阶段，卡拉瓦乔为自己野性十足的性格铺下了底子。

1584 年春夏之交，卡拉瓦乔进入米兰的一家画室里当学徒，师从一位不太出色的宗教画家。但从师承关系来看，卡拉瓦乔可以算作提香的再传弟子。

三年之后，卡拉瓦乔结束了学徒生涯，开始在社会上闯荡。17 岁时，他的母亲去世。卡拉瓦乔所获得的极其有限的遗产，很快被他在米兰花得干干净净。

卡拉瓦乔放荡不羁的生活习性也可能始于在米兰的这一阶段。1592 年秋天，他因为争风吃醋而砍伤了一个朋友，于是逃到了罗马。这是他留下的第一份犯罪记录。

刚刚来到罗马城的年届 21 岁的卡拉瓦乔非常狼狈。他没有钱，也没有容身之所，只能依赖之前练就的混世套路，以获得陌生人的暂时款待。但他的本性却经常使他露出不为人们所喜爱的破绽。普罗斯说："他每次离开时，并没有人对他友好道别或热情地表示欢迎他再来。"②

② ［美］弗朗辛·普罗斯：《卡拉瓦乔传》，郭红英译，30 页，南京，译林出版社，2014。

在这段居无定所的日子里，卡拉瓦乔结识了人生中唯一与他肝胆相照的朋友马里奥·明尼蒂。明尼蒂是来自西西里的年轻艺术家，他成为卡拉瓦乔在罗马的绘画模特和长达数年的亲密同居者。在卡拉瓦乔后来的逃亡岁月中，已经娶妻生子的明尼蒂，依然竭尽所能为他提供了帮助。卡拉瓦乔在罗马还结交过一些臭味相投的江湖朋友，其中有一位名叫奥诺里奥·隆吉的建筑师，后来将他带入罗马街头纠纷不断的阴暗世界。

卡拉瓦乔在罗马的第一份正式工作，是为当时的著名画家朱塞佩·切萨里做助手。切萨里的绘画风格比较传统，也知道如何迎合雇主的喜好，因此深受教皇和红衣主教们的青睐。

卡拉瓦乔与切萨里的八个月相处，使双方都感到很不愉快。卡拉瓦乔对自己只能从事绘制水果和花卉等边缘性工作非常不满。当然也可能还有别的原因，总之，他与切萨里产生了严重冲突，随后卡拉瓦乔在医院躺了大半年。

卡拉瓦乔对外的说辞是自己不小心被马踢伤了。现今比较常见的简略叙述说他是染病住院。但弗朗辛·普罗斯似乎在他的著作中暗示了另外一种事实：卡拉瓦乔的伤势是被切萨里的哥哥，一位蹩脚画家兼臭名昭彰的地头蛇殴打所致。

卡拉瓦乔住院期间，为了证明自己完全具备画人物的能力，赌气创作了两幅人物肖像，即《生病的巴克斯》和《抱水果篮的男孩》。这是后来被确认的他最有代表性的两幅早期作品。

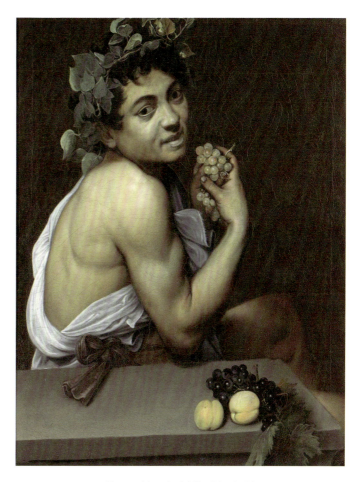

图 14-1　卡拉瓦乔《生病的巴克斯》布面油画

　　康复出院之后，卡拉瓦乔即离开了切萨里的画室。在之后的很长一段时间内，切萨里都将卡拉瓦乔看作自己最大的竞争对手。卡拉瓦乔曾经向切萨里发出决斗的邀约，但被对方轻蔑地予以拒绝。切萨里的理由是，他身份高贵的马耳他骑士头衔，不允许他和普通草民进行有失身份的街头打斗……

　　卡拉瓦乔尝试着以自己的方式开展艺术创作。在此之前，除了纯粹的肖像画需要对着人物描摹以外，艺术家们在主题性创作中，往往只是遵循自己的主观感受，而将人物进行过度的修饰与美化，以达到理想美的效果。卡拉瓦乔则一反常态，他直接将身边存在的现实人物引入自己的

图 14-2　卡拉瓦乔《抱水果篮的男孩》布面油画

画面之中，来充当各种人物角色。自此，人们将能从他的作品中看到，来自世俗世界的流浪汉、妓女、农民、工匠等底层人民，包括他的朋友以及他自己，被公然赋予"耶稣、圣母、圣徒"等各种形象，堂而皇之地出现在一贯严肃的宗教题材或诙谐讽刺的世俗题材中。普罗斯在他的书中写道："……当有人向他建议说一个人物画家应该在古典雕塑中所呈现的完美且令人愉悦的比例中去寻找灵感，他却回复说他宁愿随便找一个街上的吉普赛女郎做他的模特。通过卡拉瓦乔的作品——在罪人与圣徒的姿态中，在圣母玛利亚的身姿中，在美杜莎狰狞的表情中，在酒神巴克斯的倦怠中——你可以看到他对希腊罗马艺术的熟悉以及这些知识对他的影响程度，然而我们从来没有感觉到他是给一个想象中的完美的罗马人物形象穿上 16 世纪的外衣，或是模仿古希腊画家的绘画方法（据说他们在画特洛伊的海伦时，是把五个不同女子身上最美的地方拼凑在一起画出

③ [美]弗朗辛·普罗斯：《卡拉瓦乔传》，郭红英译，37页，南京，译林出版社，2014。

来的）。而卡拉瓦乔试图说服我们他是在雇来当模特的妓女身上找到了古典的优雅，或是借用了古代希腊人用来表现人物表情与生机的方法，来描绘他花钱雇来扮作奇迹或殉难的目击者脸上的敬畏或恐惧……"③

1596 年，卡拉瓦乔完成了两幅成名作：《占卜者》和《纸牌作弊者》。在前一幅作品中，卡拉瓦乔以路过的第一个吉卜赛女郎为模特，将她画成一个狡黠的为年轻人算命却试图偷窃戒指的占卜者。《纸牌作弊者》这幅画中表现的也是罗马市民能够心领神会的现实场景：在当时盛行的赌博活动中，不怀好意的赌徒们在合伙蒙骗一个毫无戒备的年轻人……

图 14-3　卡拉瓦乔《占卜者》布面油画

这两幅与传统风格大相径庭的现实主义作品，顿时让罗马城的那些看惯了古典主义和矫饰主义绘画的人们耳目一新。卡拉瓦乔第一次获得罗马人的交口赞誉。

随即，《占卜者》和《纸牌作弊者》被红衣主教德尔·蒙特买走。德尔·蒙特是树大根深的美第奇家族安置在罗马的利益代表，他曾深受美第奇宫中精美绝伦的艺术珍品的熏陶，是著名的艺术鉴赏家和赞助者。他不仅保存了卡拉瓦乔的很多早期作品，还曾代表美第奇家族资助过伟大的科学家伽利略。

图 14-4　卡拉瓦乔《纸牌作弊者》布面油画

　　这一年卡拉瓦乔总算时来运转。德尔·蒙特成为他在罗马的第一位赞助者和庇护者，他将卡拉瓦乔接入府中，希望他心无旁骛地从事艺术创作。卡拉瓦乔和明尼蒂在蒙特提供的住所同居了几年，其间，为了迎合蒙特的品味，他绘制了《音乐家》《鲁特琴手》等作品。

　　没过多久，德尔·蒙特成为罗马画家行会圣路卡学院的院长。他将卡拉瓦乔介绍给众多的文化名流和艺术收藏家，使他得到了更多的赞助与支持。根据后来的专业学者考证，这一阶段，卡拉瓦乔创作了《美杜莎》《被蜥蜴咬伤的男孩》《抹大拉的忏悔》《逃亡埃及途中的休息》等一系列作品。

　　因为德尔·蒙特的帮助，卡拉瓦乔签下了为圣路易教堂绘制壁画的合同。他于 1600 年创作的布面油画《圣马太殉难》交付后立刻引起轰动。罗马城的很多画家深受影响，纷纷成为卡拉瓦乔风格的模仿者。

　　但紧接着，卡拉瓦乔创作的另外两幅作品，却因为不符合委托者的期待而被拒收，这使卡拉瓦乔有些懊恼。

　　类似的事件后来多次出现。很多被后世公认的卡拉瓦乔的重要作品，当时都曾经遭遇被雇主排斥的命运。原因

图 14-5　卡拉瓦乔《圣马太殉难》布面油画

也似乎惊人地一致：尽管人们很少质疑他那精湛的绘画技艺，但卡拉瓦乔总是公然以形象恶劣的底层人物来模拟那些伟大的宗教偶像，使时常能与这些流浪者或妓女在罗马街头直接打照面的雇主们，往往为此愤怒不已。

　　1602 年的两幅作品是个例外，《施洗者圣约翰》和《胜利的丘比特》获得私人雇主的格外欣赏。不过两年后，因为《胜利的丘比特》遭到竞争对手巴格里昂的恶意模仿，他们之间产生了非常激烈的言语冲突。最后卡拉瓦乔被告上法庭，罪名是暴力威胁和名誉诽谤。

　　《基督下葬》完成于 1603 年，这幅作品使卡拉瓦乔在罗马的艺术圈中获得极大成功，就连与他有仇的巴格里昂，也不得不承认这是卡拉瓦乔最出色的作品之一。

　　命运之神显然垂青过卡拉瓦乔。慷慨可靠的赞助者们也曾使他颠沛流离的生活处境大为改观。假如能踏踏实实地工作，卡拉瓦乔的人生可能是另外一种结局。但不安分的天性，使他不幸陷入罗马街头的互相挑衅、斗殴、寻仇等漫无休止的恶性循环之中。

　　号称"永恒之城"的罗马，自从遭到查理五世的雇佣兵哗变洗劫之后，又被大规模的瘟疫严重创伤。后来虽然

有所恢复，但城中的治安秩序变得非常糟糕。卡拉瓦乔所处的时代，罗马城里的犯罪现象特别猖獗。很早就因父母双亡而单枪匹马闯荡世界的卡拉瓦乔，可能因此严重缺乏最基本的安全感。他在艺术方面的天分极高，却像一个心智残缺的孩子，在试图保护自己的同时，常常暴露出凶残的攻击性。

早早养成不良习气的卡拉瓦乔，无疑很不适应红衣主教府中的那种彬彬有礼的上流生活。因此1601年卡拉瓦乔离开德尔·蒙特府邸，就意味着他已经离开了可以庇护和约束他的安稳之地。他将如同一匹在危险地带狂乱奔腾的野马，悲剧性地踏上跌宕起伏的不归之路。

随着他的知名度急剧提高，他的行为也越来越乖张狂悖。他不仅经常使用侮辱性的语言来贬低艺术界的知名前辈和同时代的其他画家，还由于各种因他而起的法律纠纷，而成为罗马警察局和法庭的常客。似乎他的生活当中，除了专心致志地绘画以外，就是漫无节制地恣意放纵。

另一位传记作者凡·曼德的叙述比较具有画面感："卡拉瓦乔工作两周后，就会花上几个月的时间，挎着剑，带着一个仆人，从一个球场到另一个球场，大摇大摆地闲逛并且惹是生非。"④

司法卷宗至今还保留着与他有关的各种问讯和庭审记录：他用棍棒和剑殴打过一个学生；试图用刀砍杀一名无辜的餐馆侍者；一对母女控告他调戏良家妇女；非法携带武器；故意向警察扔石头；刺伤一名守卫；从背后袭击与他争风吃醋的竞争者；骚扰以前的女房东；为博取高级妓女的欢心而与人打斗……

当性格极端的卡拉瓦乔在罗马慢慢被人疏远之时，继巴格里昂之后，另一位强有力的竞争者圭多·雷尼出现了，他抢走了一些本该属于卡拉瓦乔的订单。就像当年米开朗基罗遇到拉斐尔一样，后起之秀咄咄逼人的上升势头，使卡拉瓦乔感到嫉妒和愤怒——尽管时间证明，圭多·雷尼后来并没能成为像拉斐尔那样值得在美术史上浓墨重彩的真正强者。

1606年完成的作品《圣母之死》被拒收，更加剧了卡

④ ［美］弗朗辛·普罗斯：《卡拉瓦乔传》，郭红英译，62页，南京，译林出版社，2014。

图14-6 卡拉瓦乔《基督下葬》布面油画

如左：1601—1604年间创作的《基督下葬》，意味着卡拉瓦乔的绘画艺术已完全进入成熟期。相比《圣马太殉难》中稍显分散的亮部元素，卡拉瓦乔在此作中展示了更为精深的构图能力。此后，利用强烈的明暗对比来营造出非常明确的视觉中心，成为卡拉瓦乔的招牌式手法，并以此影响了包括鲁本斯、委拉斯贵兹和伦勃朗等人在内的很多艺术大师。

拉瓦乔的负面情绪。

这幅油画后来被公认为卡拉瓦乔的重要作品，但当时委托他的雇主却认为卡拉瓦乔没有升华圣母的形象。传记作者弗朗辛·普罗斯引述曼西尼的话这样说道："他们想画圣母时，展现的却是来自奥塔西奥红灯区的肮脏妓女。——卡拉瓦乔在《圣母之死》中展现的圣母就是这样。这也是神父们拒收它的原因，也是可怜的家伙（卡拉瓦乔）终身受此折磨的原因。"⑤

⑤ ［美］弗朗辛·普罗斯：《卡拉瓦乔传》，郭红英译，102页，南京，译林出版社，2014。

更早期的传记作家贝洛里的看法是"死去的圣母太像一具真正的肿胀的女尸"⑥。另一条难以证实的网络传言则说，卡拉瓦乔在创作《圣母之死》时，直接使用了一具不幸溺水的无名亡故者作为模特……

⑥ ［美］弗朗辛·普罗斯：《卡拉瓦乔传》，郭红英译，101页，南京，译林出版社，2014。

总之，卡拉瓦乔没能收到这幅作品的酬金。长期呼朋唤友浪迹肆坊的生活，使他很快陷入经济拮据的境地，以至于一年之后，当《圣母之死》卖出一个相对可观的价格——对他仰慕已久的忠实拥趸、日后的巴洛克顶级大师鲁本斯将作品极力推荐给另一位收藏家时，他已经因为一场杀人事件逃之夭夭而无福消受了。

1606 年 5 月，在一家网球场，卡拉瓦乔和一位口碑不佳的酒肉朋友比赛打赌。卡拉瓦乔输了，却拒绝支付事先约定的 10 个金币，因而引发了一场斗殴。

根据可靠记录得知，对方名叫杜马索尼。在数日后的再次群殴之中，卡拉瓦乔杀死了对方，自己也身受重伤。稍微恢复之后，他躲过追捕逃离了罗马。

卡拉瓦乔一路辗转，逃到了当时被西班牙管辖的那不勒斯。他父亲以前服务过的科隆纳家族在那里具有比较强大的影响力。卡拉瓦乔将他在途中绘制的一幅油画当作礼物送给了科隆纳家族，他们为卡拉瓦乔提供了新的栖身之所。

在罗马大名鼎鼎的卡拉瓦乔大师的到来，对于那不勒斯的年轻艺术家们来说无疑是件让人兴奋的事情。卡拉瓦乔很快获得一批新的膜拜者。普罗斯说："不仅是因为他们之间有了一个伟大的艺术家，也因为卡拉瓦乔的地位、

如左："《圣母之死》表达了卡拉瓦乔艺术观的本质。它既有艺术性，同时又忠实地反映了在感情强烈的宗教戏剧中的普通人，把圣经故事中的传奇诠释为当代现实，更具有情感直观性，对观者的影响也更大，这一点是他同时代画家所画出的完美甜蜜、升华灵魂的作品里所不能达到的效果。"——弗朗辛·普罗斯

图 14-7　卡拉瓦乔《圣母之死》布面油画

声望以及恶名形成的魅力。"⑦ 此后，他的艺术风格在很长时间内，持续影响了那不勒斯的画家们。

⑦　[美]弗朗辛·普罗斯：《卡拉瓦乔传》，郭红英译，115页，南京，译林出版社，2014。

卡拉瓦乔绘制的祭坛画《七仁慈》可能不是他最出色的作品，但在那不勒斯仍然获得了非常广泛的认可。接下来的作品《被鞭挞的基督》，被认为是"最美、最悲伤的作品之一"，为他赢得了更多的赞叹。

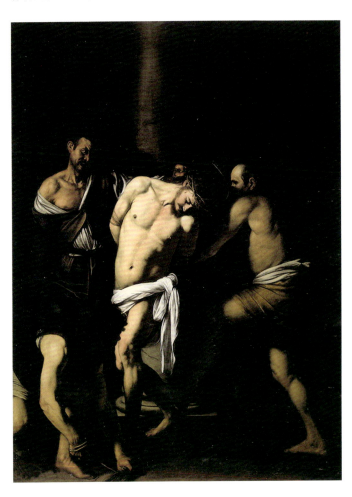

图 14-8　卡拉瓦乔《被鞭挞的基督》布面油画

当他的作品在那不勒斯备受追捧的时候，1607 年，卡拉瓦乔却被迫选择了继续逃亡。

也许是因为他担心那不勒斯距离罗马太近，教皇政府的追捕时刻都可能打破科隆纳家族的庇护。也许是他又一次惹上了新的麻烦。在各种版本关于此事的表述中，普罗

⑧ [美]弗朗辛·普罗斯：《卡拉瓦乔传》，郭红英译，121 页，南京，译林出版社，2014。

斯的进一步考证似乎具有一定的合理性："……依据他的性格来看，这种猜测似乎不无可能。确实，当他两年后重返那不勒斯时，不仅一些旧麻烦在等着他，新麻烦也找到了他。他被袭击了，差点在酒馆的打斗中丧命……"⑧

卡拉瓦乔后来逃到了遥远的马耳他岛。研究专家贝洛里认为，卡拉瓦乔是为了获得马耳他的骑士爵位和十字勋章，以争取获得教皇的赦免。另一位学者桑德拉特提出了别的解释，他认为卡拉瓦乔一直因为被切萨里羞辱而耿耿于怀，于是希望获得同样的骑士身份。二者的说法似乎都有道理，但从日后的事态来看，贝洛里的说法显然能得到更明确的验证。

马耳他岛位于地中海中心。在 1565 年的马耳他大围攻中，驻守在岛上的"圣约翰骑士团"击败过野心勃勃的奥斯曼帝国。成功阻止异教侵略者在欧洲扩张的罕见军功，使圣约翰骑士团在基督教世界具有显赫而独特的地位。

在到达马耳他岛的一年时间内，卡拉瓦乔超凡的艺术才能，不仅使他轻易获得了马耳他骑士团首脑的赞赏，还果真奇迹般地为他赢来了以往只能授予贵族的骑士头衔。在完成《骑士长维格纳科特及其侍从肖像》之后，卡拉瓦乔又获得了为岛上圣约翰大教堂绘制祭坛画的任务。

图 14-9 卡拉瓦乔《遭砍头的施洗者圣约翰》布面油画

《遭砍头的施洗者圣约翰》，是卡拉瓦乔尺寸最大的作品。"贝洛里告诉我们，在画《遭砍头的施洗者圣约翰》时，卡拉瓦乔用尽全力快速而激情地作画，以至于在半色调中还能隐隐地看到画布。"⑨

为了回报卡拉瓦乔的杰作，骑士长维格纳科特给罗马教皇写信，请求赦免新晋"忠顺骑士"卡拉瓦乔以前所犯下的罪行。1608 年 7 月，根据普罗斯的记载，卡拉瓦乔正式获得新成员十字勋章和腰带，还获得了一条黄金链和两个奴隶。

卡拉瓦乔似乎为自己挽回了一线生机。可惜的是，他那疯子一样的毛病再次使他与幸运之神擦肩而过。哪怕佩戴着令人仰慕的十字勋章，也并未使卡拉瓦乔从此变得气质高雅和善于克制。在刚刚获得封赏之后，出于不为人们所知晓的某种原因，他竟然打伤了另一位身份高贵的骑士。

卡拉瓦乔被关在戒备森严的军事监狱中等候处罚，但不知道他使用什么手段，竟然成功越狱。这种严重违背骑士精神的恶劣行为，彻底触怒了骑士长维格纳科特。于是卡拉瓦乔被迅速开除骑士资格，并被满城通缉。

卡拉瓦乔当然知道骑士团的能耐。他一路如惊弓之鸟，总算逃到了明尼蒂的故乡西西里。四年前，明尼蒂厌倦了追随卡拉瓦乔到处寻衅滋事的打斗生活，于是回到西西里的古城锡拉库萨，随后结婚生子，成为当地小有名气的艺术家。明尼蒂竭力为仓皇而来的卡拉瓦乔提供一切帮助，并为他在当地市政府争取到一份报酬可观的订单。

于是卡拉瓦乔在逃亡生涯中，为西西里留下了他的名作《圣露西的葬礼》。之后，卡拉瓦乔又逃到了另外一个城市墨西拿。在那里他绘制了《拉撒路的复活》和《牧羊人的敬拜》，并拿到大笔酬金。不久，卡拉瓦乔又离开西西里岛，回到了那不勒斯。

他在任何地方都没有透露自己被骑士团追捕的事实。当然，他可能的确不知道自己越狱后已被开除。他的骑士勋章，加上他原本就名扬四海的艺术家名望，使他能够获

⑨　[美]弗朗辛·普罗斯：《卡拉瓦乔传》，郭红英译，126 页，南京，译林出版社，2014。

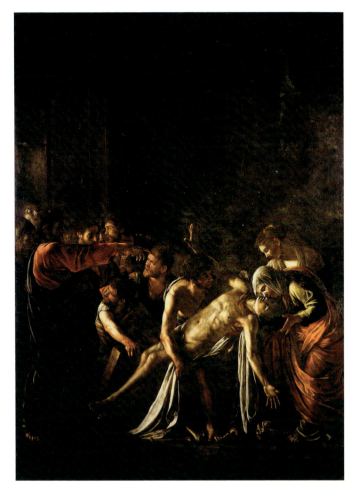

图 14-10　卡拉瓦乔《拉撒路的复活》布面油画

得所到之处的热烈欢迎。卡拉瓦乔总是能找到一些比较隐秘的住所来进行创作，等作品完成后再拿给雇主。但即便如此，他也知道自己时刻处在险境之中，因此在每一个地方都不敢久留。苏西诺说，卡拉瓦乔总是佩戴着武器，即使睡觉时，短剑也放在身边。

但各种防范最终并没有使他免受灾祸。1609 年的某一天，在那不勒斯的一家酒馆里，他被一伙来历不明的寻仇者包围。一番激烈打斗之后，卡拉瓦乔晕倒在血泊之中。他身受重伤，脸上也被严重毁容。

在接下来养伤的大半年时间里，卡拉瓦乔又完成了他人生最后阶段的重要作品。他打算将它们当作礼物，送给一些能帮助他再次获得教皇赦免的人，其中还包括他曾触怒的马耳他骑士团长官维格纳科特。

1610 年夏天，由于两位红衣主教出面求情，罗马教皇终于赦免了著名艺术大师卡拉瓦乔所犯下的罪行。于是卡拉瓦乔带上新近的画作，搭乘一艘双桅小帆船，踏上了回归罗马的旅程。但在途中短暂停靠的时候，可能卡拉瓦乔鬼鬼祟祟的样子确实看起来形迹可疑，因此被一队士兵留置盘问，直到船开走之后才被释放。

卡拉瓦乔被迫沿着海岸追赶，希望能在帆船即将停靠的下一个港口，及时找回自己的作品。不幸的是，他没能成功穿越近百千米的沼泽地带。在盛夏的高温之下，卡拉瓦乔因为急于抄近道而中暑，死于埃尔科莱港口的医院里。

他遗失在船上的几幅作品，后来被一位红衣主教找到。其中一幅是《莎乐美收到圣约翰的头颅》，一幅是《手提歌利亚头颅的少年》。

正如他在 10 年前绘制的《犹蒂砍下何乐弗尼的头颅》一样，这两幅作品也充满了让人们不忍直视的血腥之气。

在《手提歌利亚头颅的少年》这幅画中，少年手上所提的头颅，竟是卡拉瓦乔最后的一张自画像。"他的形象粗大而丑陋，一只眼皮下垂，前额有个流血的伤口，可能是被大卫的弹弓射出的致命的石头留下的印记，但是也在暗示那是画家在那不勒斯酒馆里遭受到的毁容的伤口……"[⑩]

这幅谶言般的油画，成为卡拉瓦乔最知名的代表作。在他饱受诟病的悲剧人生戛然而止之前，他以天才般的绝笔，为世间留下了一幅充满传奇色彩的诛心之作。同时，他也似乎为自己一生所犯下的罪孽，残忍而悲悯地，在此作中赋予了自责、忏悔与救赎的含义。

如果说近两个世纪之前，马萨乔所开拓的现实主义，是让宗教偶像踏踏实实地站在观众面前，从而消减了中世纪以来宗教人物一直高高在上不食人间烟火的神性，那么卡拉瓦乔的现实主义则在此基础上，更前进了一大步。

自波提切利、达·芬奇、米开朗基罗、拉斐尔等人一路走来，文艺复兴时期的艺术家们固然使绘画技巧获得了前所未有的进步，但所有与宗教有关的主题性创作，依然

⑩　[美]弗朗辛·普罗斯：《卡拉瓦乔传》，郭红英译，139—140 页，南京，译林出版社，2014。

图 14-11　卡拉瓦乔《手提歌利亚头颅的少年》布面油画

带有比较明显的理想主义特征。只有从卡拉瓦乔开始，那些圣经中的人物才算真正与有血有肉的现实世界产生深度关联。因此从这个角度来说，在 15 世纪早期的马萨乔和 19 世纪中叶的库尔贝之间，承前启后的卡拉瓦乔，无疑是现实主义画风发展脉络中最不可忽略的关键衔接者。

卡拉瓦乔非常善于在画面中营造出明暗对比特别强烈的光影效果。在大面积暗色块的衬托之下，他刻意要突出的明亮区域，成为更加引人注目的视觉中心。他还大胆打破古典范式中的平衡感与和谐感，在画面中注入了更多戏剧性元素。这使他的作品率先呈现出比较明确的巴洛克特征。

虽然他在"巴洛克时代"完全到来之前即英年早逝，但他的风格被紧随其后的鲁本斯等人发扬光大。因此，卡拉瓦乔既被艺术史家们视为文艺复兴时期绘画领域的最后一位大师，又常常被看作开启巴洛克艺术风格的第一位先驱人物。

"卡拉瓦乔是时代的产物也是时代的异类。他宛如一个来自未来的访客，偶然着陆在这条艺术时间线上。他是一个无视并重新界定了他那个时代艺术常规的画家，是一个大量借鉴先人画家的精髓却又有自己作画原则的画家。他宣称只对大自然、对自己周遭的街头巷尾里的生活及残酷的现实感兴趣……"[①]

无论卡拉瓦乔在品行与道德上的瑕疵让多少人感到遗憾和厌恶，但他在艺术上对后世的影响是无人可以取代的。他一向主张"无情的真实"，其以底层人民为形象来源和以现实场景表现虚幻题材的创作理念，深度启发了一批又一批的艺术大师们，而被研究者们归纳为"卡拉瓦乔主义"。

令人百感交集的米开朗基罗·梅里西·达·卡拉瓦乔，在他悲摧而独特的暴戾人生怆然谢幕之际，一个意义非凡的时代，正承载着新的历史使命呼啸而来。

① ［美］弗朗辛·普罗斯：《卡拉瓦乔传》，郭红英译，8—9页，南京，译林出版社，2014。

第 十 五 章
从文艺复兴到巴洛克

公元 1401 年，当基布尔提和布鲁内莱斯基在佛罗伦萨竞争教堂洗礼门的浮雕方案时，他们可能并未意识到自己正在参与一起意义重大的标志性事件。也许他们都有足够的才情和雄心，自信将来必可名垂于后世，但显然，他们都无法提前预见数个世纪之后，会有人将他们的竞争事件看作欧洲文艺复兴（视觉艺术）的起点。

尽管不同界别的专家之间尚未完全就此达成共识，但研究艺术史的学者们大多认为，正是基布尔提、布鲁内莱斯基、多纳泰罗和马萨乔等人在艺术界的普遍竞争，空前激发了那一时期的创造力，从而有力推动了艺术领域的大进步，并应和了思想领域和科学领域的大发展。

绕开"文艺复兴"[①]这一名词的宏大阐释，可以大致对这一历史事件给出如下简评：文艺复兴是欧洲在中世纪之后，第一次规模浩大、影响深远的思想解放运动，是人类文明涵盖了文学、哲学、美学和科学等众多学科的巨大飞跃。

需要补充说明的是，与中国史学界惯常以王朝的兴亡更替来进行历史断代不同，欧洲文艺复兴运动的产生、发展与结束，涵盖面和整个过程都非常复杂，在欧洲各地引发的变化与导致的后果也不完全一致，故而缺乏重大而统一的关键节点来予以明确区分。于是在以百年为时间单位的欧洲历史回溯中，人们往往将以文艺复兴运动为主流的十五、16 世纪通称为"文艺复兴时期"。接踵而至的以"巴洛克艺术"为主流的 17 世纪，遂被称为"巴洛克时期"（但并不代表这一时期的所有艺术作品都会具有明显的巴洛克风格）。

总体而言，欧洲文艺复兴时期的艺术面貌无论在精神上还是在技术上，都大大超越了中世纪的发展水平。

① "文艺复兴"的概念内涵和历史属性目前已经引起广泛争议，按中外学者近年来的最新考述成果来看，欧洲古希腊史的真实性与可靠性已经受到深刻质疑。新观点认为，长期附会于"古希腊史"的"文艺复兴"，其历史性质实为欧洲中世纪之后勃发起来的"文艺新兴"，所谓"复兴"的概念主要源自 19 世纪以来欧洲学者们的主观创造和持续强化。本书作者倾向于"文艺新兴"或者"文艺勃兴"的论调，文末所附《余论》部分对此有专门论述，但本书正文中仍然大量沿用了"文艺复兴"的传统说法。特此说明。

以"人文主义"[②]为核心的精神理念，在很大程度上突破了中世纪以来的宗教禁锢。自马萨乔奠定现实主义绘画原则开始，越来越多的后继者尝试着将宗教题材进行一定程度的世俗化表现。以活动区域来定义的佛罗伦萨画派、威尼斯画派、罗马画派以及尼德兰画派等等，形成了一个个星光璀璨的著名艺术家群落。

以佛罗伦萨画派为主要贡献者的艺术家们，用科学方法探索艺术造型规律，把长期流行于中世纪的平面装饰风格，成功改造为符合透视规律、具有明暗效果和三度视觉空间的新画法。以达·芬奇、米开朗基罗、拉斐尔等人为主要代表的"文艺复兴三杰"，凭借对人体解剖及艺术法则的深刻理解，将壁画、油画和雕塑领域的写实技巧，提升到前所未有的新高度。

源于尼德兰画派凡·爱克兄弟在油画材料工艺方面的改良，以提香为主要代表的威尼斯画派对色彩的高妙运用，强化了绘画艺术的表现力和感染力，使文艺复兴美术在注重素描因素的基础之上，在色彩因素上再次得到进一步的优化。

北方文艺复兴的集大成者丢勒，不仅将源自意大利半岛的绘画艺术成功传播到德意志，还创造性地拓展了版画艺术的表现形式；同样出自德国的荷尔拜因则横渡英吉利海峡，使文艺复兴美术的种子，得以播撒到远离欧洲大陆的英伦三岛……

站在当今的时空节点来回望那个名家辈出的辉煌时代，与时下更看重表现形式和个人特色的主流意识相比，文艺复兴时期的艺术家们仿佛还不太过于强调个人风格。尽管他们的作品都有易于区分的视觉特征，但撇开主题因素，艺术家们似乎都将主要注意力放在了造型技术体系的培养与提高方面。换句话说，在对个人风格特色的追求尚未形成普遍潮流之前，他们明显更热衷于淬炼自己的写实技巧。

以最大限度地完善技术体系为能事，可能是那个时代的集体使命和成就所在。同时，这也是文艺复兴后期，绘画风格日渐趋同的消极原因之一。

② "人文主义是给予更加广泛的理性运动的一个标签，这种理性运动的新知识既是先驱者又是催化剂。它以从中世纪神学的或以神为中心的世界观向从人的角度出发观察世界或以人为中心的文艺复兴的世界观的基本的转变为标志。皮科所写的专著《论人的尊严》可以看作是它的宣言书。最后，它渗透到科学和艺术的所有分科……它的产生与历史学的诞生有关，历史学是对变化过程的研究，并且由此产生了进步的观念；它与科学思潮的变动有关——也就是说，除非能对它进行实验和论证，不能把任何观念接受为真理的原则。在宗教思想方面，它是强调个人道德优越感的新教的先决条件。在艺术方面它与重新开始的对人体和对人的相貌的个性的兴趣相伴。在政治方面它强调反对基督教共同体的主权国家思想，并且由此开始强调现代民族观念。拥有主权的现代民族国家是独立存在的人的集体主义的对应物。"
——［英］诺曼·戴维斯：《欧洲史》上卷，郭方、刘北成等译，473页，北京，世界知识出版社，2007。

当身怀绝技的顶级巨匠们相继退场，16世纪中叶之后的欧洲艺坛呈现出一派面目雷同的沉闷之气时，意大利半岛还是出现了一些不甘墨守成规的艺术家。他们掀起了一阵标新立异的"矫饰主义"风潮。

拉斐尔的得意弟子朱利奥·罗曼诺和再传弟子蓬托莫等人，是较早将他们一直模仿的拉斐尔范式加以变革的先行者之一。他们都曾非常倾慕拉斐尔的典雅风格，但又希望能在此基础上加以创新。帕尔米贾尼诺和终身服务于美第奇家族的乔尔乔·瓦萨里，也是矫饰主义的重要代表人物。

他们都曾深受盛期文艺复兴美术的丰厚滋养和直接影响，但当意识到对人物的写实描绘和透视法则再也难以产生新的突破时，他们转而将画面结构或比例关系刻意加以扭曲与夸张，来制造非理性的情感和戏剧性场面，试图用画面中的不对称和动荡感，来与充满理性与平衡感的主流艺术风格相区别……

从矫饰主义流派的整体成果来看，尽管这些艺术家都渴望蹚出一条新路，但由于历史条件的局限性，他们的有限探索无疑是既不彻底，也不太为时人所理解和推崇的。这一流派的代表人物之中，真正在绘画形式上走在了时代前面的当属格列柯，但他的《托莱多风景》等系列作品在当时却备受冷落。直到300年后，人们才具备足够的眼界和气度，来重新认识到他的独特价值，而誉其为表现主义先驱。

"矫饰主义"在中国也曾被译作"样式主义"和"风格主义"。关于这一流派的定义至今仍有争议。长期以来，人们对矫饰主义的评价也褒贬不一。但总体而言，有矫揉造作之嫌的"矫饰主义"，似乎只能算作盛期文艺复兴美术步入衰落之际的伴生品。

当时，它的确算得上一股异军突起的力量，但并未形成主流。它在美术史上的作用既不应被完全忽略，也不宜被过于放大。因为与即将到来的恢宏壮阔的"巴洛克时代"相比，无论其活动范围，还是对后来整个欧洲美术发展走向的影响，在历史长河中宛如昙花一现的"矫饰主义"，都只能被视为"文艺复兴"和"巴洛克"两大辉煌时期之间的伴生与过渡产物。

图 15-1　帕尔米贾尼诺《长颈圣母》板上油画

如上：这幅以"长颈圣母"为名的矫饰主义代表作，不只将圣母的脖子比例拉长了，作者对圣母的手和处于坐姿状态的身躯，以及婴儿的身长比例，都进行了较大幅度的拉长处理。这种由古典主义派生而来的夸张手法，通常被认为具有矫饰主义的风格特征。

在名词概念上，与易于理解的"文艺复兴"相比，"巴洛克"这个使用频率很高的音译词，在中文字面上的含义则显得有些抽象。

美术史界的惯常描述告诉我们，"巴洛克"一词译自英文"baroque"，最初源于葡萄牙语，意为变形的或奇形怪状的珍珠。后来在欧洲各部的语言转换中，引申为"不合常规"等含义，也泛指各种不完美或离经叛道的事物。

18世纪的欧洲，当法国取代意大利而成为艺术家们最愿意聚集的地域之后，基于新古典主义大师们取得的新成就，再度崇尚古典艺术的人士调侃性地引用了"巴洛克"这个词语，以讽刺17世纪缺乏古典主义均衡特性和理想美的作品。

现代研究者们在整体回溯欧洲美术发展史时，面对17世纪出现的无法一言以蔽之的欧洲美术发展现象，也大致沿用了这个早已流传开来的说法。随着时光流逝，这一名词中最初含有的贬义已被慢慢消解，取而代之的是高度赞赏和积极评价，并以此派生出"巴洛克时期"和"巴洛克风格"等相关概念。

在欧洲美术史上，"巴洛克"不是专指某人或某个流派的艺术风格，而是泛指17世纪到18世纪上半叶，以天主教世界（区别于新教和东正教）为主要时空范围，打破了文艺复兴时期流行的典雅范式、崇尚豪华和气派、动态夸张并注重强烈情感的艺术主流。但长期以来，关于"巴洛克风格"的精确定义和完整表述，几乎从来不曾让人满意过。有关它的种种诠释，也一向众说纷纭而且大多显得力不从心。于是人们往往只能将就着，在只可意会难以言传的表达困境中，形成某种笼统而含糊的印象……

基于此，试图以某种样式或特例来统一代表所谓"最典型的巴洛克艺术"，大概同样是难以实现的。因为相比文艺复兴中后期几乎千篇一律的状况，这一阶段出现的艺术形式已变得更加丰富，不同地域、不同画家、不同作品的具体面貌也各有千秋。故不宜以偏概全，或简单加以类比。因此关于"巴洛克"，大多数教科书都语焉不详，人们也时常陷入难以直观感受和深度理解的尴尬处境，也就不足为奇了。

但是，对巴洛克运动产生的历史背景粗略铺陈一下，对了解欧洲文明史上的这段重要而复杂的组成部分，也许是必要的和有一定裨益的。

漫长而压抑的中世纪之后，经由文艺复兴时期近200年的发展演变，十六、17世纪之交的欧洲，在政治、经济、宗教、文化等各个方面，都发生了非常显著的变化。

影响最大的因素是地理大发现和其后发生的宗教改革运动。它给整个欧洲带来了前所未有的巨大冲击，既改变了以往的经济格局，也改变了欧洲的地缘政治格局和宗教文化格局。

主要贸易通道的转移，使原本占尽地利的意大利半岛，丧失了传统的内海贸易优势，曾经富甲欧洲的意大利各个著名城邦，在经济上自此陷入每况愈下的尴尬境地。就连数百年来在欧洲至高无上的罗马教廷，也不得不放下傲慢的身板，在欧洲大陆的各路豪强中左支右绌，以维持屡受挑战的宗教权威。

与此相对应的，是伊比利亚半岛和西欧新生力量的迅速崛起。西班牙赞助航海事业的投机行为，获得了远超预期的巨大回报。来自美洲殖民地的白银和蔗糖，源源不断地为西班牙哈布斯堡王朝注入近乎天量的巨额财富，并大幅促进了它在欧洲其他利益板块的经济发展。原本在频繁分化组合中飘摇不定的各个邦国，也于矛盾重重的新格局中不断躁动。

1648年"威斯特伐利亚和约"的签订，即意味着宗教改革运动引发的长达数十年的宗教战争尘埃落定。新教自此正式成为在欧洲与天主教和东正教鼎足而三的合法存在。

除了教会内部的分歧，17世纪科学领域的巨大进步，也严重动摇了传统的神学体系和哲学根基。在哥白尼、布鲁诺等前辈的研究基础之上，伽利略的一系列科学实验，尤其是他改进望远镜之后所观察到的天文现象，加上之后牛顿发表的万有引力定律和一系列科学成果，使教会一贯宣称的传统教义理论变得漏洞百出——即便在教会的持续高压之下，越来越多的新型知识分子也纷纷加入理性思辨的队伍……

在这让人目不暇接的过程中，教会上层、各地国王与城邦领主、新兴资产阶级、新型知识分子及底层平民之间，产生了非常复杂的利益纠葛和各自的现实需求。南欧与西欧各地的文化艺术形态，也在这新旧交替的时代，纷纷吹响了积极进取的号角。大部分地区的建筑、雕塑、家具、服装、首饰甚至音乐、文学等门类，也都互相影响，并不同程度地参与到寻求变革以打破保守局面的进程中，从而催生了一个新的具有时代意义的文化现象——"巴洛克运动"。以之为名的"巴洛克艺术""巴洛克建筑""巴洛克音乐"等，遂应际而生。

巴洛克运动在欧洲天主教世界的表现尤为活跃。这既有信仰新教的区域羽翼未丰或教义分歧而导致艺术活动有所抑制的原因，也是天主教统治区域内教会上层与世俗君主及新兴资产阶级互相妥协之后，合力推进"反宗教改革"的结果。

在宗教理念剧烈冲突和文盲率一直居高不下的时代，教会不仅以高压手段来震慑"异教人士"（如通过宗教法庭烧死天文学家布鲁诺等），还试图通过建筑、绘画、雕塑、音乐等艺术手段，来传播宗教理念和营造宗教威权。尽管面临新教的攻讦和挑战，但天主教会长期积攒下来的财力和影响力仍然是相当强大的。为了与对手竞争，天主教会赞助了更多的艺术活动。"在天主教国家中，艺术的所有分支都必须服从豪华而夸张地发展教会的光荣和权力的要求。"[③] 教会一方面限定了表现天主教教义的题材，另一方面，又对当时因物质繁荣而日渐盛行的世俗理念，表现出了适度的让步与宽容。

这使得巴洛克艺术在风格上，普遍形成了既包含宗教元素，又带有世俗特征和享乐主义色彩的特点。

在工业革命即将到来的欧洲，纺织、金属加工、船舶制造、建筑等各个门类的手工业技术已经发展到很高的水平。虽然整个欧洲还存在大面积的不稳定因素，但新航道

③ ［英］诺曼·戴维斯：《欧洲史》上卷，郭方、刘北成等译，504页，北京，世界知识出版社，2007。

带来的前所未有的商业繁荣，尤其是来自中国沿海的绫罗绸缎、瓷器等具有极高手工技术水平的奢侈品和生活日用品，使 17 世纪之后的西欧社会在服饰、家居等方面都获得了更加优裕的物质条件。除了教会上层和王公贵族，新兴有产者也开始加入到争相攀比的队伍。由"朴素"向"奢华"的转换，迅速成为上流社会越来越司空见惯的现实图景。这为那一时期以"张扬"为主调的绘画风格，奠定了迥异于前代的生活来源和视觉基础。

换句话来说，与"文艺复兴三杰"所处时期的近乎粗陋的物质条件相比，17 世纪的欧洲社会虽然还未达到之后的极度奢华的水平（如洛可可时期的法国宫廷盛况），但已显露出金碧辉煌的特点。这也是巴洛克艺术得以蓬勃发展的非常重要的物质基础。

在技术体系上，由于材料工艺的逐步提升，和威尼斯巨匠提香等人的特殊贡献，巴洛克时期的艺术家们尽管还未能建构出可比肩于 19 世纪时期的更科学的色彩理论体系，但在色彩的表现力方面，已经能够普遍比肩文艺复兴时期的巨匠们。

对于光线的重视和运用也是巴洛克艺术与文艺复兴时期有所区别的地方。文艺复兴时期的绘画作品中，光线往往很均衡地分布在画面之中，素描因素往往要大于色彩因素。宏观来看，文艺复兴时期的绘画在构图方面也往往相对平稳和保守。④ 而在卡拉瓦乔的推动下，通过强烈的明暗对比和氛围烘托，以及戏剧性的构图方式，有意识地制造出更为明确的视觉中心，成为巴洛克时期比较盛行的技术手段。在此基础上，首席巴洛克大师鲁本斯动感十足的构图方式和恣肆鼓荡的色彩表现力，更强化了巴洛克艺术光华璀璨的特征。

20 世纪前半叶的美术史大家沃尔夫林，在他的著作《美术史的基本概念》中曾经指出："我们打算从近代艺术筛选出一些基本形式，并用早期文艺复兴、盛期文艺复兴和巴洛克等名称标示时期的顺序。这些名称不能说明什么，把它们应用在南方和北方都会导致误解，但是要排除它们

④ 米开朗基罗的后期作品是其中的特例，故而有些观点认为在《最后的审判》中，已经开始呈现矫饰主义的端倪。

已不可能。"⑤

　　沃尔夫林继续阐释："15世纪费尽心力才能取得的成果在16世纪随手可得,如果说这就是15世纪和16世纪的本质区别,那么我们会说16世纪的古典艺术和17世纪的巴洛克艺术在价值上完全均等。这里古典一词不代表价值判断,因为巴洛克也有自己的古典主义。巴洛克,或称之为现代艺术,它既不是古典艺术的衰落,也不是古典艺术的进一步发展,而是一种完全不同的艺术……"⑥

　　总体而言,当文艺复兴艺术在后期逐渐消沉之际,曾经深受提香和卡拉瓦乔所影响的后继者们,一反古典主义的严肃、拘谨、理性和质朴的范式,而在作品中赋予了更为精美华丽、更为宏伟壮观或激情浪漫的意味。脱胎于文艺复兴艺术的鲁本斯、贝尼尼等艺术大师,遂以一系列令人惊叹的艺术作品,更加明确了吻合时代特质的富丽堂皇的艺术品位。在前辈铺垫的艺术道路上,他们承前启后,成功开辟出光耀古今的巴洛克时代。

⑤⑥ 　[瑞士]海因里希·沃尔夫林:《美术史的基本概念——后期艺术风格发展的问题》,洪天富、范景中译,28页,杭州,中国美术学院出版社,2015。

第 十 六 章
鲁本斯，风光至极的巴洛克超级大师

与此前所述的几位艺术大师相比，彼得·保罗·鲁本斯无疑是更为上苍和时代所垂青的幸运儿。

他虽然只活了 63 岁，但一生名利双收、风光至极。他是 17 世纪欧洲巴洛克艺术的首席超级大师，也是深谙外交并曾一度影响西欧政治生态的杰出人物。

详细记录显示，1577 年 6 月 29 日，鲁本斯出生于神圣罗马帝国境内的锡根小镇（现德国中部地区）。德国学者赫尔曼·奈克法斯撰写的《鲁本斯画传》中写道："根据他出生的日期，他在洗礼盆前得到了两个伟大使徒的名字：彼得和保罗。这个婴儿注定要使鲁本斯这个名字永垂于世。"[1]

鲁本斯的家族先辈们生活在西班牙统治下的城市安特卫普（今属比利时）。他的父亲约翰·鲁本斯原本是个学识渊博并拥有律师身份的体面人，但由于改宗新教，约翰被迫离开故乡来到另一座小城科隆（今德国境内），更不幸的是，不久之后，他既不够光彩也不够谨慎的生活作风，使他本人和他的家庭一度陷入岌岌可危的悲惨境地。

事件的起因，在于旅居科隆的约翰与安娜公主偷情的恶劣行为被暴露。[2] 安娜的丈夫是荷兰起义的伟大领导人——日后被誉为荷兰国父的大名鼎鼎的奥兰治亲王威廉。1571 年，约翰被威廉的弟弟拿骚伯爵逮捕。虽然因为威廉兄弟的大度和顾忌，惶惶不可终日的约翰最后侥幸逃过灭顶之灾，但他的家庭却因此遭受流放锡根的惩处，并不得不缴纳了数额不菲的罚金。

① ［德］赫尔曼·奈克法斯：《鲁本斯画传》，李炳慧译，6 页，北京，北京大学出版社，2011。

② 约翰·鲁本斯律师和安娜公主的不伦之恋，因为安娜的意外受孕而东窗事发。为了让恋人免于一死，安娜签署了自供状，从此身陷囹圄。1575 年，神志失常的安娜公主被移送回萨克森选侯家族，两年后在德累斯顿死于娘家人的囚禁和羞辱之中，年仅 33 岁。她和约翰·鲁本斯的私生女克里斯蒂娜被留在拿骚家族，从此杳无音讯。

在艰难的日子里，约翰的妻子玛利亚·皮佩琳柯丝表现出了令人刮目的高尚情操与勇敢精神。她不仅原谅了丈夫的荒唐行为，还竭尽全力将他营救出来，使他重新承担起照顾家庭的责任。1577年底，襁褓之中的彼得·保罗·鲁本斯和哥哥姐姐被父母从流放之地带回科隆，直到10年之后，他的名声扫地的父亲约翰在那里去世。与后面的奢华生活相比，鲁本斯的这段童年岁月，无疑是他人生中最黯淡的时光。

之后，获得许可的玛利亚带着孩子们回到故乡安特卫普。在祖辈们世代居住的地方，鲁本斯终于有更好的条件来接受教育，从而迅速掌握了多种语言。他温和谦逊的性格，也使他小小年纪就在当地赢得了良好的口碑。

14岁时，鲁本斯的母亲将他送入一位贵妇人的府中培养，因此他有机会学习上层社会流行的宫廷礼仪。这让平民出身的鲁本斯，早早养成了不啻于贵族世家的严谨而优雅的社交风度。日后，鲁本斯能以官方大使的显贵身份非常得体地周旋于各国权贵之间，甚至在错综复杂的政治局势中开展外交事务，与他的这段经历有很大关系。

在这期间，鲁本斯卓越的艺术天赋也开始显露。母亲对他的倾力支持，使他能迅速超越那些只是满足于附庸风雅的业余爱好者。

在之后的几年时间内，鲁本斯先后投入数位艺术家的门下学习绘画。21岁时，鲁本斯获准加入安特卫普画家行会，成为当地小有名气的职业艺术家。

1600年夏天，23岁的鲁本斯不畏千里负笈的辛劳翻越阿尔卑斯山，开始他游历意大利半岛的学习生涯。

他的第一站是威尼斯。贝里尼、乔尔乔涅、提香、委罗内塞、丁托列托等前辈大师的作品让他流连忘返。尤其是提香的作品，深深震撼了青年时期的鲁本斯。他不仅如饥似渴地细细揣摩，若干年后，他还将自己的心得体会传送给年轻的西班牙宫廷画师委拉斯贵兹。委氏后来也深受意大利艺术的滋养与熏陶，而成为17世纪像鲁本斯一样享有盛名的巴洛克大师。

在威尼斯学习期间，鲁本斯结识了一位贵族朋友，经由他介绍，鲁本斯被曼图亚公爵礼聘为宫廷画师。他为公爵绘制了一些肖像画，不久即被派往罗马，受命复制米开朗基罗等前辈大师的遗作。在此期间，鲁本斯还探索性地糅合米开朗基罗和提香的风格，创作了几幅水平不俗的作品。

1603 年，鲁本斯接受曼图亚公爵的委派，带着数量可观的艺术品出访西班牙。鲁本斯为国王和他的宠臣们绘制了数幅画作。其间完成其早期名作《莱尔马公爵骑马像》。这是他第一次承担外交事务。在西班牙宫廷结交的当权贵族们，为他日后置身国际外交圈攒下了良好的人脉基础。

图 16-1　鲁本斯《莱尔马公爵骑马像》布面油画

1605 年，听闻鲁本斯大名的神圣罗马帝国皇帝鲁道夫二世，委托鲁本斯复制了已故艺术大师柯勒乔的两幅作品。翌年，鲁本斯再度来到意大利半岛，在米兰临摹了达·芬奇的著名壁画《最后的晚餐》和另一幅带有传奇色彩的壁画素描稿《安加利之战》。③

③　达·芬奇原作《安加利之战》是佛罗伦萨市政大厅的墙面壁画。1505年前后，因底子制作工艺和调色油质量出现问题，壁画未能完工即被达·芬奇放弃。1555 年，这一传奇遗作被彻底损毁。但素描底稿已被达·芬奇带到米兰，之后在欧洲流传过一段时间。鲁本斯 1606 年在米兰完成的摹本，应该是在达·芬奇素描稿散佚之前临摹的。

诸多前辈大师们在意大利半岛留下的那些令人目不暇接的精彩之作，仿佛为他提供了取用不竭的艺术源泉。他将自己的很大一部分精力，放在了对前辈经典之作的揣摩与学习之中。尤其是提香、米开朗基罗和卡拉瓦乔的作品，为鲁本斯日后形成自己的风格，提供了极其丰厚的养分。因此在 30 岁之前，鲁本斯以临摹、写生和创作相结合，绘制了不少颇有影响的作品。

1608 年秋天，鲁本斯回到安特卫普。这时候，鲁本斯的哥哥菲利普已经晋升为深受公爵倚重的实权派人物。在他撮合下，鲁本斯不久便与贵族出身的伊莎贝拉·布兰特结婚，从此过上富足而惬意的日子。"在婚后的前几年时间里，这位画家跟岳父一起生活。但在 1611 年，鲁本斯拥有了自己的房子，是他在 1610 年购买的一所宅邸的基础上斥重金重建而成的。他采用文艺复兴后期风格建成这座奢侈的宅邸，然后将它装饰得异常高贵和华丽……"④

1609 年，他绘制了表现家庭幸福生活的《鲁本斯和他的妻子伊莎贝拉·布兰特》。此时，他已被阿尔布雷克特大公和伊莎贝拉公主⑤礼聘为宫廷画师。

④　[德]赫尔曼·奈克法斯：《鲁本斯画传》，李炳慧译，34 页，北京，北京大学出版社，2011。

⑤　伊莎贝拉公主和鲁本斯的妻子伊莎贝拉·布兰特不是同一个人，伊莎贝拉公主是曾经资助哥伦布航海的、建立了西班牙国家雏形的"天主教双王之一"伊莎贝拉女王的家族后代。伊莎贝拉·布兰特有可能是其家族远亲。

图 16-2　鲁本斯《鲁本斯和他的妻子伊莎贝拉·布兰特》布面油画

据明确记载，1610 年，经由阿尔布雷克特大公的精心策划，鲁本斯被接纳为欧洲秘密组织兄弟会的会员，从此正式获得贵族精英团体的认可和庇护。随后，他无偿绘制了《伊尔德丰索祭坛画》，来作为这一恩典的回报。"鲁本斯在这幅作品里成功地将亮丽的色彩和不可思议的明暗对比结合起来，这几乎是艺术史上独一无二的佳作。"⑥

⑥ ［德］赫尔曼·奈克法斯：《鲁本斯画传》，李炳慧译，27 页，北京，北京大学出版社，2011。

1611—1614 年间，鲁本斯的著名作品《上升的十字架》和《降落的十字架》相继问世。这两幅作品可以看作鲁本斯对提香、米开朗基罗和卡拉瓦乔的致敬，也被认为是 17 世纪巴洛克艺术的经典作品。

图 16-4　鲁本斯《上升的十字架》布面油画

如左：鲁本斯于 1614 年完成的《降落的十字架》，显然受到了卡拉瓦乔画风的影响。只不过他在此画中将卡拉瓦乔擅长使用的自左上方倾泻而下的酒窖式光线，改成了从右上方照射。

图 16-3　鲁本斯《降落的十字架》（三联画之中间部分）布面油画

1615 年完成的《末日审判》和 1618 年前后完成的《抢劫留西帕斯的女儿》，也是能代表鲁本斯风格与声誉的精心之作。

在这一时期，鲁本斯完成的一系列表现宗教题材的名作，尽管在内容细节上并不完全符合传统教义的阐述，但他精湛至极的绘画技艺和所营造的恢宏灿烂的画面效果，使他的雇主们总是愿意放过那些原本不可谅解的"瑕疵"，而报以最由衷的赞叹。

像拉斐尔一样，名扬四海的鲁本斯身边，很快也聚集了一批才华横溢的仰慕者。作为学生和助手，他们为鲁本斯解决了很多技术含量相对偏低的琐碎性事务。在以鲁本

图 16-5　鲁本斯《抢劫留西帕斯的女儿》布面油画

斯为名的近三千幅作品里面，实际上有很大部分就包含了日后成就斐然的凡·代克等优秀弟子的汗水与功劳。在他们的辅助之下，鲁本斯完成了不少应酬之作，其中也不乏精品。

1621年，当红画家鲁本斯接到了一份新的委托。雇主是前法国国王亨利四世的遗孀——又一位出自美第奇家族的法国王后玛丽·德·美第奇。

图 16-6　鲁本斯《玛丽·德·美第奇肖像》布面油画

在欧洲历史上，玛丽王后（1575—1642）也是一位充满传奇色彩的人物。她的表姐凯瑟琳是第一位出自美第奇家族的法国王后，是法国瓦卢瓦王朝国王亨利二世的妻子和随后 3 个国王的母亲。凯瑟琳王后见证了瓦卢瓦王朝的衰亡，而玛丽王后则经历了新的波旁王朝的兴起。

在丈夫亨利四世遇刺身亡之后，玛丽王后在政治斗争中遭遇失败。但她被儿子路易十三流放不久即获得赦免。回到巴黎的玛丽王后急于修复受损的尊荣，于是盛邀鲁本斯前来装饰自己的新寝宫。

在 1622—1626 年间，鲁本斯极尽歌功颂德之能事，将玛丽王后的生平事迹加以高度美化，绘制了 21 幅煌煌巨作。其中《玛丽·德·美第奇抵达马赛》是最知名的代表作。

关于这些作品，《鲁本斯画传》中罗列了一个非常详细的清单，并特意指出至少最后两幅画——《玛丽·德·美第奇与路易十三和解》与《时间最终揭露真相》，是鲁本斯完完全全的独立创作。相传鲁本斯是在玛丽王后的当面监督下亲自完成这些作品的。

在这个系列的大部分作品中，据说鲁本斯只是画了头、手等关键部分并负责最后的润色。其余成果固然也应归功于他高明而精细的指导工作，但他的那些助手，显然也做出了不可磨灭的贡献。

图 16-7 鲁本斯《玛丽·德·美第奇抵达马赛》布面油画

图 16-8 鲁本斯《伊莎贝拉·布兰特肖像》纸本素描

1626 年夏天，鲁本斯回到安特卫普不久，他的爱妻伊莎贝拉·布兰特不幸感染瘟疫去世，时年 34 岁。在她有生之年，鲁本斯不仅画过几幅其乐融融的家庭生活场面，还曾经为她画过几幅肖像。其中最知名的当属 1622 年完成的素描写生《伊莎贝拉·布兰特肖像》。

鲁本斯的肖像画虽然不及他的大型创作那样有影响，但也留下了不少技艺高超的精品。

1616 年绘制的《小孩头像》也是鲁本斯肖像作品中的上乘之作。这幅肖像画背后还掩藏着另一个让鲁本斯感到悲伤的事实：画中人物是他的第一个女儿，当时年仅 5 岁的克拉拉·塞琳娜·鲁本斯，1623 年，年仅 12 岁的塞琳娜不幸因病夭折……

图 16-9　鲁本斯《小孩头像》油画

　　自 1625 年开始，频繁往返于巴黎和安特卫普之间的鲁本斯，还在百忙之中承担了西班牙王室委托的外交事务。

　　在主流美术史中，常常会将鲁本斯与"弗兰德斯"关联在一起，称之为"弗兰德斯的鲁本斯"。就像前面章节中提到的"尼德兰"一样，弗兰德斯也是一个历史地名，它实际上是尼德兰南部地区的一部分。

　　鲁本斯所处的时代，正好是尼德兰人民反对西班牙统治的"尼德兰资产阶级革命"持续发展的时期。革命的结果，是远离西班牙核心统治区的北方联省获得独立，1581 年建立、1648 年获得西班牙正式承认的荷兰共和国，日后一度成为世界上最强大的海上帝国。"海上马车夫"组成的浩浩荡荡的荷兰船队，曾经络绎不绝地穿行于五大洲的主要贸易航道。后文将要介绍的哈尔斯、伦勃朗、维米尔等人，都是这一地区最为出色的艺术大师。

鲁本斯的家乡安特卫普，是尼德兰南部地区弗兰德斯公国治下的重要城市。在西班牙的软硬兼施之下，弗兰德斯地区的反抗行动，没能像北方联省那样取得革命的彻底成功，而是与宗主国西班牙达成了妥协。鲁本斯即是促成停战协议的穿针引线者之一。在他去世将近 200 年后，这一地区才得以独立建国，即如今与荷兰、德国、卢森堡、法国等相邻的比利时王国。

阿尔布雷克特大公去世之后，鲁本斯依然是代表弗兰德斯与西班牙王室打交道的重要成员。在这个过程中，鲁本斯的出色才能获得西班牙王室的欣赏和信任，国王腓力四世还破例授予鲁本斯及他的后代以贵族爵位。

嗣后，鲁本斯以西班牙和弗兰德斯双重代表的身份出访欧洲诸国。其中最著名的成就，是使西班牙和英国这对世仇之间缔结了友好条约。因此 1630 年，鲁本斯获得英王查理·斯图亚特授予的贵族爵位和骑士徽章。

1630 年可能是鲁本斯的幸运年。从英国归来之后，不仅西班牙国王也为他补授了骑士徽章，而且年届 53 岁的鲁本斯还收获了新的爱情。当年年底，时年 16 岁的海伦娜·富曼——他前妻的漂亮侄女，不顾一切世俗牵绊与他正式举行了婚礼。

鲁本斯为他的第二任妻子也画了不少肖像，《海伦娜·富曼》是其中之一。

1631 年秋天，因宫斗再次失败而逃出巴黎的玛丽王太后来到了鲁本斯的画室。鲁本斯又为她绘制了数幅油画，但作品完成后，玛丽王太后却已经没有财力来付清余款。鲁本斯接济了这位末路穷途的王太后。10 年之后，这位豪门出身的贵妇人，可怜兮兮地死于鲁本斯童年时期在科隆住过的那间故居里。

1633 年，当弗兰德斯的实际领导者伊莎贝拉公主去世之后，鲁本斯即完全退出了政治舞台。

第二年，他将与英国谈判期间绘制的系列草图整理出来，为英国宫廷绘制了大型天顶画《祝福和平》。

1635 年，鲁本斯花费巨款在乡下买下了一座庄园，并进行了翻新改造。这时他的痛风病已经越来越严重，但他还是在困扰之中绘制了不少作品。除了一批风景画，1639年完成的《美惠三女神》，成为他晚年时期最有代表性的重要作品。

图 16-10　鲁本斯《美惠三女神》布面油画

1640 年，63 岁的鲁本斯走完了荣耀而富足的人生旅程。他为妻子和孩子们留下了规模可观的遗产，和足以撑满整整一个大型博物馆的艺术收藏品。

年轻的寡妇海伦娜·富曼后来再婚，嫁给了一位前程远大的税评师。在她大名鼎鼎的前夫鲁本斯去世33年之后，带着贝海克伯爵夫人名分的海伦娜·富曼也离开了人世。人们无法详知海伦娜·富曼后半生的故事，但她年轻时候的美丽容颜，经由她曾深深崇拜的魅力大叔，已永远定格在关于美的历史记忆里。

图16-11　鲁本斯《海伦娜·富曼》木板油画

记载显示，鲁本斯的儿女们当中有考古学家，有法院评议员，有牧师，还有两位不幸早逝。他那未曾谋面的遗腹女未能获得继承遗产的权限，因此在还远未"看破红尘"的年岁，就被她的兄长们强行送入修道院，做了毕生皈依天主的修女……

虽然鲁本斯的孩子们当中没有人继承他的艺术才能，但他身后，拥有无数的仰慕者和追随者，以及整整一个以他为标志性代表的、光辉灿烂的巴洛克时代。

第 十 七 章
贝尼尼，将一切还给永恒之城

"……你将遭遇或者说更好地了解到一位极其迷人的（如果说不总是那么可爱的）人物，他的私人生活分享着丑闻、阴谋，还有大量典型的我们习惯于在电视肥皂剧中才能看到的人物戏剧情节。与他相比，卡拉瓦乔不是唯一一个性格狂野暴乱、采取反社会甚至犯罪行为的、巴洛克时代的罗马艺术家。"[①] 在美国当代著名学者弗兰科·莫尔曼多撰写的《贝尼尼传》中，他在前言部分的结尾处，不露声色地留下了这段意味深长的提示。

乔凡尼·洛伦佐·贝尼尼，1598 年 12 月 7 日出生在那不勒斯之时，即意味着米开朗基罗离世 34 年之后，他在雕塑领域最出色的后继者终于降生在意大利半岛。1680 年贝尼尼的去世，也标志着意大利文化艺术在欧洲长达 400 年的中心地位的正式终结。取而代之的，将是以巴黎为核心的新世代的开始……

在历史上，对于贝尼尼的评价曾经存在不小的争议。有关他的相对客观的生平事迹，要么被他的支持者刻意修饰，并将可能有损其光辉形象的负面传闻悉数隐藏，要么就被他的敌对者肆意夸张，将之描述成一只面目可憎的乌鸦。但传记作者弗兰科近年来的全面研究，终于可以在尘埃落定之后，让人们有机会了解到那些曾经缺损的或者严重走样的相关信息。

弗兰科的态度几乎是完全中立的，他并未打算将贝尼尼的人生加以特别的润色和美化，从而与贝尼尼的那些精美至极的作品相匹配，也未完全采信一些利益当事者的过激之辞，而是将多方收集到的原始资料进行整理后，向我们重现了一个非常出色却并不完美的、足以让人五味杂陈的艺术大师贝尼尼。

① ［美］弗兰科·莫尔曼多：《贝尼尼传——他的人生，他的罗马》，赵元元译，前言 5 页，哈尔滨，黑龙江教育出版社，2015。

作者甚至抛开了为尊者讳的惯例，开篇不久即揭露了贝尼尼的身世：他的父亲彼得罗 25 岁时还是一位事业不太成功却有些行为放浪的雕塑家，以致他的母亲 12 岁即未婚先孕，然后被迫早婚，不久生下了贝尼尼的姐姐。

然后作者弗兰科预告般地写道："……尽管如此，我们关于乔凡尼·洛伦佐·贝尼尼的家庭历史，所知道的第一件事情，却是在性行为上有些轻微混乱的事实。而艺术家本人在他自己的成年生活中，也进行了相似的动态上演……"②

贝尼尼在 13 个孩子当中排行第 6。在他 8 岁的时候，他的父亲彼得罗终于时来运转。1606 年初，凭借越来越精湛的技艺和逐渐传扬开来的名声，彼得罗被教皇招至罗马，为即将竣工的圣保罗教堂进行内部装饰。这无疑是一项让同行们感到艳羡的差使，也是彼得罗平生以来最有可能扬名立万的机会。彼得罗使出浑身解数，终于在罗马站稳脚跟。他不仅获得教皇的信赖，从而在罗马留下了不少存留至今的艺术作品，还在有意无意之中为他的儿子贝尼尼，开拓了从此通往巨额财富和顶级名望的最佳捷径。

虽然贝尼尼后来一直有意淡化父亲对他的教育和启发，他的儿子多米尼科也乐于将贝尼尼装点成一位生而知之的天才，但事实是，贝尼尼自小就喜欢待在彼得罗的工坊里，看着父亲如何将一块块大理石雕琢成型……

从那不勒斯举家迁往罗马之后，少年时期的贝尼尼很少花费时间去读书，而是将自己的全部兴趣，放在对雕塑和绘画的津津有味的揣摩之中。

这使贝尼尼日后不得不为知识结构方面的缺陷而受到困扰。比如说，尽管他后来在生活中不断提升和完善自己，但在盛行咬文嚼字以自高身价的上流社交圈中，他却时常会令人吃惊地暴露出基本语法之类的低级破绽。

如果允许直言，那么不妨这么描述：与贝尼尼之子多米尼科和早期传记作者巴尔迪努奇所极力鼓吹的说法不同，传说中的除了雕塑、建筑、绘画等艺术才华之外，竟然还能撰写家庭音乐剧的、几乎无所不能的巴洛克超级大师贝尼尼，可能至少在他人生的前 20 年，于识文断字和人文知识方面，

② ［美］弗兰科·莫尔曼多：《贝尼尼传——他的人生，他的罗马》，赵元元译，3 页，哈尔滨，黑龙江教育出版社，2015。

曾经处于比"文盲"高明不了多少的状况。③

好在贝尼尼非常聪明地掩饰了这方面的短板：在那些必须以宗教神话和历史知识为底蕴的艺术创作中，他常常委托私人秘书为自己念诵各种文本，以便他能领会其中的精髓并恰如其分地加以运用；他还延请家庭教师来逐步提升自己的阅读与书写水平，以及通过对宫廷礼仪的精心模仿，他后来逐步学到了贵族阶层惯常运用的委婉含蓄的优雅辞令……他通过长期的进修与克制，使自己看起来越来越像一位学识渊博的全才，而且，大多数时候是彬彬有礼的。比如说，在面对教皇和王公贵族之时，他与那种"技巧娴熟的、精明的巴洛克谄媚者"的典型形象的确有几分贴合。只有在面对属下雇员和家族内的其他成员时，他才会时常显露出比米开朗基罗有过之而无不及的狂暴脾气……

不过，贝尼尼在艺术方面的卓越成就，仿佛可以让人忽略他在其他方面的缺陷。

据说他 10 岁就已经能独立创作雕塑作品；在他 11 岁的时候，居然能令当时著名的艺坛耆宿汉尼拔·卡拉奇④感到极度震惊。多米尼科在颂扬其父的浪漫文本中模拟卡拉奇的腔调说："在小小的年纪已经达到了跟我同样的高度，这是其他人只有在老年时才能自诩达到的……"⑤

类似的案例，在贝尼尼晚年时期的自我吹嘘和多米尼科极力神化其父的描述中不胜枚举。不过考据成果显示，尽管他们的确都有夸大其词的嫌疑，但贝尼尼在 11 岁左右引起红衣主教斯皮奥涅的特别留意，是可以基本确认的事实。

红衣主教斯皮奥涅的舅舅是时任罗马教皇保罗五世（1605—1621 年在位）。斯皮奥涅倚仗权势疯狂敛财和涉嫌杀死娈童的恶名，使他完全可以位列罗马教廷历史上的那些被揭露过的劣迹斑斑的显赫人物之一，但对于贝尼尼而言，斯皮奥涅却是使他迅速蹿红的第一位重要推手。

斯皮奥涅特意为少年贝尼尼制造了一次被教皇接见的机会。贝尼尼果然不负"神童"之誉，他当面表演的精湛画技，

③ 贝尼尼比文盲高明不了多少的说法听起来似乎有些匪夷所思，但弗兰科·莫尔曼多的严格考证似乎可以让人信服他的全新版本。而且显然，在学校之外练就一身实际本领，贝尼尼并不是孤例：大约 300 年后，在遥远的东方，有一位名叫杜月笙的在上海滩呼风唤雨的帮会首领也从未进过学堂。相传他纵横捭阖数十年的大部分智慧，即来自说书艺人反复给他口头讲述的《三国演义》。我党早期在战火中成长起来的高级将领中，也有类似的案例。

④ 汉尼拔·卡拉奇（Annibale Carracci, 1560—1609），"卡拉奇三兄弟"中最出色的代表，欧洲博洛尼亚美术学院的创始人，17 世纪学院派美术的倡导者，对法国古典主义绘画产生了一定影响。代表作有《酒神巴库斯与阿里阿德涅》《美惠女神为维纳斯梳妆打扮》《逃往埃及路上休息的风景》等。

⑤ ［美］弗兰科·莫尔曼多：《贝尼尼传——他的人生，他的罗马》，赵元译，34 页，哈尔滨，黑龙江教育出版社，2015。

使教皇发出了贝尼尼即将成为"当世米开朗基罗"的预言。这让贝尼尼小小年纪就成为罗马城最令人瞩目的艺坛新星。

随后，贝尼尼获得特许，使他可以投入大量的时间与精力，在教皇所在的梵蒂冈宫廷内临摹前辈大师们留下来的经典作品。数目可观的古代雕塑，尤其是米开朗基罗的遗作，使贝尼尼深受教益。这一时期，他画了大量的素描和草图，以充实自己的专业素养。精研数年之后，他的技艺获得很大幅度的提升。

1615 年前后，17 岁的贝尼尼小试牛刀，完成了小型神话组雕《山羊阿玛尔赛哺育婴儿宙斯》。

图 17-1 贝尼尼《山羊阿玛尔赛哺育婴儿宙斯》大理石雕

1617 年，贝尼尼又完成了全身雕像《火刑架上的劳伦斯》。这一阶段的作品虽然与他后来的成就相比显得微不足道，但可以看作青年贝尼尼艺术水平在进一步成熟的前奏。

1618 年，贝尼尼获准加入雕塑家行会，自此具备独立创作的资格。第二年，他父亲彼得罗·贝尼尼在罗马雕塑界的风头即几乎被他完全取代。

1621 年初，以审判伽利略而广为后人所知的教皇保罗五世离开了人间。在他当政期间，罗马此前盛行的保守、严峻、昏暗的教会艺术风格得以终结，"它让路给了一种大胆的新风格，包括更大幅度的色彩、动感、光、激情以及快乐——换句话，就是巴洛克主义"[6]。

⑥ ［美］弗兰科·莫尔曼多：《贝尼尼传——他的人生，他的罗马》，赵元元译，85 页，哈尔滨，黑龙江教育出版社，2015。

保罗五世之后的继任教皇格列高利十五世（1621—1623 年在位）同样很看重贝尼尼。1621 年夏天，为了感谢贝尼尼用青铜和大理石制作的一系列肖像，教皇特意册封他为身份高贵的骑士。贝尼尼自此由平民身份跨入贵族阶层。

1623 年，在位时间仅仅两年的格列高利十五世去世之后，经过漫长的选举，红衣主教马菲里奥·巴尔贝里尼登

上

图17-2　贝尼尼《冥王与普罗塞耳皮娜》，
又译作《普鲁东抢劫珀尔塞福涅》双人组雕
及局部　大理石雕

上欧洲最显赫的教皇宝座，他继承的名号是乌尔班八世（1623—1644年在位）。贝尼尼一生经历了10任教皇，并与其中的8任直接打过交道，他在人生的大部分时期都和他们关系良好。其中在位时间长达21年的乌尔班八世，成为贝尼尼前半生最重要的庇护者和赞助者。

在1621—1625年间，贝尼尼为红衣主教斯皮奥涅家族陆续完成了一系列重要作品——《特洛伊勇士和安琪赛斯》《冥王与普罗塞耳皮娜》《大卫》，还有他最重要的代表作《阿波罗与达芙妮》。

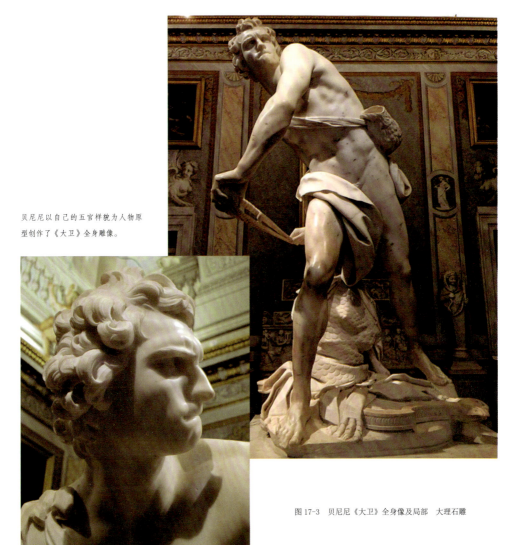

贝尼尼以自己的五官样貌为人物原型创作了《大卫》全身雕像。

图17-3　贝尼尼《大卫》全身像及局部　大理石雕

《阿波罗与达芙妮》是贝尼尼历时三年之久精雕细琢的作品，也是他在雕塑领域第一件足以比肩前辈大师的完美之作。

《阿波罗与达芙妮》取材于希腊神话：因为爱神丘比特的捉弄，热情似火的太阳神阿波罗爱上了冷若冰霜的河神之女达芙妮。河神听到女儿的呼救，在阿波罗的手刚刚触到达芙妮身体的一刹那，将她变成了一棵皎洁的月桂树。

贝尼尼抓取了一个既唯美又惊险的瞬间，他以充满运动感而又高度和谐的人物姿态，构成了一组让人叹息的场景：阿波罗迈开轻盈的脚步正在追逐他喜爱的美女，就像一个春心萌动的轻佻少年；充满青春气息而貌似清高的达芙妮，在本能的逃避之际却似乎欲走还留；因她猝不及防而心慌意乱的呼喊，激起她父亲最警觉的意念反应，于是在河神的法力作用之下，她的脚迅速变成树根，而高高飘扬的头发和向上挥动的双手，正蔓生出月桂树的枝叶……

在水火不容的悲剧即将发生的当口，贝尼尼非常智慧地将希腊神话中这个原本比较普通的传说故事，塑造出一幕让人心碎的关于爱的箴言：最美好的曾在你能看到的地方，但一旦莽撞，也许即意味着爱与美的毁灭……

在这组群雕中，贝尼尼成功展现出了前所未有的雕琢技术。他在不使用任何支撑物和加强筋的前提下，使玲珑通透的复杂构件不可思议地展现在石材制作的三维空间之中，仿佛大理石已经失去了它本身的重量和容易崩损的材料特性。

他还通过独有的打磨技术，使大理石的质感表现力达到令人顶礼膜拜的程度。正如传记作者弗兰科引用当时雕塑家彼得·罗克韦尔的评论："任何雕塑家看了贝尼尼的《阿波罗与达芙妮》都只能惊讶地离开。"[7]

⑦ 〔美〕弗兰科·莫尔曼多：《贝尼尼传——他的人生，他的罗马》，赵元元译，61页，哈尔滨，黑龙江教育出版社，2015。

《阿波罗与达芙妮》使 27 岁的贝尼尼年纪轻轻即在罗马确立了雕塑行业首席大师的地位。这比 120 年前米开朗基罗发布巅峰之作《大卫》时的年龄，还要小两岁。

图 17-4　贝尼尼《阿波罗与达芙妮》双人组雕及局部　大理石雕

但他获得广泛赞誉的背后，还有一个不大为世人所知的事实——无论贝尼尼本人，还是他的儿子多米尼科和早期传记作者巴尔迪努奇，都有意忽略了贝尼尼助手朱利亚诺·菲内利在这一名作中的贡献。

根据朱利亚诺的说法，作品中大量的切削工作和最考验耐心与雕琢技巧的镂空部分大多出自他的手笔，而通过大理石镂空表现出来的枝叶和头发部分恰巧是人们最为惊叹的元素之一。此前的任何欧洲雕塑大师都从未展示过类似的绝技。

朱利亚诺认为贝尼尼尽管是订单负责人和主要创作者，但无权将他理应获得的合作者的荣誉完全据为己有。在拿到经济报酬之后，他愤怒地离开了贝尼尼的工作室。日后朱利亚诺也成为雕塑领域小有才名的独立大师。

与一向执着于独自完成所有工序的前辈大师米开朗基罗不同，贝尼尼自始至终都非常善于借用他人的力量。虽然在此之前拉斐尔和鲁本斯都是这方面的内行，但贝尼尼无疑更精于此道。他在后来的职业生涯中，组建了场面宏大的工坊和技术精湛的团队，这使以他为名的作品数量和工程规模，都远远超过了前辈。

据相关材料记载，朱利亚诺可能是贝尼尼团队中第一位与他产生龃龉的艺术家。之后，还有众多在雕塑和建筑领域卓有才华的艺术家们重蹈他的遭遇，有些人因此成为终生与贝尼尼互相厌恶的敌对者。

当贝尼尼将斯皮奥涅家族的订单完成之后，新任教皇乌尔班八世迫不及待地将贝尼尼笼络在身边，为他扩建和装饰罗马的雄心勃勃的规划而工作。

实际上早在 1617 年，时任教皇保罗五世就已委任贝尼尼担任红衣主教马菲里奥·巴尔贝里尼的陪护。那也许是冥冥之中对贝尼尼未来人生道路极为有利的预先铺垫。19岁的贝尼尼从那时起，就有幸成为马菲里奥——未来教皇乌尔班八世的亲密伙伴。在后者的慷慨资助和不断激励之下，贝尼尼将一路打破艺术界所有前辈关于财富与名位的历史纪录，从而成就他在罗马的极度辉煌。

以《阿波罗与达芙妮》赢得满城喝彩的贝尼尼，在乌尔班八世的特别关照之下，俨然成为艺术界最具影响力的权威泰斗和罗马城内最繁忙的"包工头"。他几乎包办了与绘画、雕塑、建筑工程、装饰工程、水利工程等有关的一切事务。罗马城的其他艺术家要么只能眼巴巴地看着他签下大批报酬丰厚的订单，要么只能投靠在他的阵营内，分得一些无关紧要或者没有名分的工作。

因此有很多项目是以贝尼尼的名义在同时进行的。贝尼尼也确实展现了他惊人的组织能力，大量的委托订单在他的精心统筹之下得以完成，在为他和他的工坊带来声誉的同时，也为他积攒了大量的财富。

于 1633 年揭幕的圣彼得大教堂的《祭台大华盖》，是贝尼尼的代表作之一。

图 17-5　贝尼尼《祭台大华盖》青铜雕塑

在米开朗基罗设计的圣彼得大教堂的穹顶之下，贝尼尼以奇妙的构思和辉煌的风格，创作了一组尺寸惊人的青铜作品。这组雕塑与建筑紧密结合的作品历时 9 年，耗资靡费，在获得广泛赞誉之际，也引来不少批评的声音。尤其是铸造过程中，因为缺乏足够的材料，贝尼尼私下从古罗马遗下的万神殿中拆卸了一些古铜构件。对古迹的破坏行为，曾经激起广大罗马民众的义愤。而且无独有偶，在贝尼尼独享这一名作全部荣誉的巨大鼓噪之中，还有另外一位重要合作者博罗米尼愤愤不平的抗议声音被掩盖。

于 1628—1638 年间为圣彼得大教堂中殿柱墩所做的雕塑《圣朗基努斯》，也是贝尼尼中年时期的重要代表作。

图 17-6　贝尼尼《圣朗基努斯》大理石雕

⑧ ［美］弗兰科·莫尔曼多：《贝尼尼传——他的人生，他的罗马》，赵元元译，149 页，哈尔滨，黑龙江教育出版社，2015。

如下：贝尼尼为情人克斯坦扎雕琢的大理石胸像。让人五味杂陈的是，相传这位让他爱恨交织的情人，曾经在少女时代做过他的模特儿，贝尼尼以她为原型雕刻了其蜚声四海的大理石杰作《冥王与普罗塞耳皮娜》和《阿波罗与达芙妮》。在得知贝尼尼无意与她结婚之后，克斯坦扎嫁给了贝尼尼的学生马泰奥·博纳雷利。

但事业如日方中之际，贝尼尼却遭遇了一连串的名誉损害和事业危机。首先是他于 1638 年 3 月制造的一起桃色事件，使他迅速成为流播整个罗马的丑闻主角。

虽然他在之前所历经的一切风花雪月，都可以勉强算作"小雅"而受到人们的理解和宽容，但贝尼尼公然与其门徒兼属下雇员的妻子有染并将她的面部割伤，无疑是他生平最被人诟病的私德缺陷之一。

这段绯闻令街谈巷议者最津津乐道的奇特之处在于，在贝尼尼手下揽活的某位当事艺术家，似乎并未因妻子红杏出墙而对雇主表露出明确的不满；相反，是贝尼尼意外发现自己的弟弟兼助手路易吉，竟然在偷偷与他共享同一位情妇。震惊和愤怒使贝尼尼妒火中烧，他的原本就很有限的克制力，在那一刻终于非常猛烈地崩溃：在被他亲手打断两根肋骨的弟弟仓皇逃窜之后，他还强令仆人在情妇脸上划了一刀，以作为其不贞洁的永久性象征……

弗兰科·莫尔曼多在《贝尼尼传》中对此有一段很长的议论："而在雕刻《圣比比安》和《圣朗基努斯》的同时，贝尼尼并没有过着他成年岁月中更加典型的、符合信仰的生活。他仍然是一个单身汉，做着那些日子中意大利单身汉为此而声名狼藉的事情：四处'播种'，放荡不羁，只对宗教信仰的要求做口头上的应付……但是，克斯坦扎事件，因为其持久和严重（她是已婚妇女，贝尼尼合作者的妻子），至少不能强迫读者把这看成只是贝尼尼早年生活中一次偶然的、简短的、孤立的道德失检。"⑧

图 17-7 贝尼尼《克斯坦扎胸像》大理石雕

之后贝尼尼的仆人被判处充军流放，克斯坦扎因通奸罪被判入狱，贝尼尼本人则获得赦免，并遵从教皇的旨意，于1639年5月非常低调地与名满罗马城的大美女凯特琳娜·苔乔结了婚。这一年他已经41岁。

但在很长一段时间内，贝尼尼并没有真正消除对情人克斯坦扎的恨意。风波稍平之后，他还以克斯坦扎的形象创作了一座大理石胸像。在这件作品中，他将情人的姣好面容故意丑化成了愁眉苦脸的蛇发女妖"美杜莎"⑨的样子。这种刻薄而自私的过分之举，难免让人对贝尼尼颇有微词。"在1639年以前为自己赢得的性狂野男人的名声，从那以后伴随了他很久。"⑩

⑨ 在希腊神话中，雅典祭司美杜莎应该永葆处子之身。但由于海神波塞冬垂涎她的美貌而将她强奸了。美杜莎在失去贞洁的情况下选择了苟活于世，被雅典娜女神视为不够坚贞，于是便把美杜莎变成了可怕的蛇发女妖，并给她施以诅咒，任何直望美杜莎双眼的人都会变成石像。为祸人间的美杜莎最后被帕尔修斯杀死。

⑩ ［美］弗兰科·莫尔曼多：《贝尼尼传——他的人生，他的罗马》，赵元元译，147页，哈尔滨，黑龙江教育出版社，2015。

图17-8 贝尼尼《美杜莎》大理石雕

1640年之后的一段时间里，贝尼尼在事业上也遭受了连续性的严重挫败。尽管很多典籍中罗列过他的一些小型肖像类油画作品，并不乏褒扬之辞，但客观来看，无论与他本人在雕塑领域的卓越天赋相比，还是与其他著名艺术大师的职业成就相衡量，绘画方面可能的确不算贝尼尼的强项。在乌尔班八世指定他绘制大型壁画的一次关键工作中，贝尼尼失手了。他留下的一个难以圆场的烂摊子，为他的竞争者留下了长期揶揄与攻击他的话柄。1641年，贝尼尼负责设计建造的教堂钟楼，也由于美学原因而遭受教皇的严厉斥责，数年后在一片反对声中被拆毁。尤其让他感到极度郁闷的，是圣彼得大教堂穹顶上出现的裂缝，竟然也全部算在了他的头上。贝尼尼后来不得不为此受到长期的诉讼困扰，直到他去世两年之后，教廷才彻底为他洗脱罪名。

1643年，一位在雕塑界名望仅次于贝尼尼的年轻雕塑家的不幸去世，再次引发了关于贝尼尼的不少流言蜚语。人们相信在圣彼得大教堂四大柱墩的雕塑安放时，贝尼尼利用特权有意采取了压制其他艺术家的行为："据说当这个了不起的雕塑家看到他的雕像被总设计师贝尼尼放在了一个光线不利的地方，他就变疯死去了。贝尼尼这样做是因为发现自己被这个艺术家超过了……"[11]

贝尼尼在短期内的过度成功，可能是导致他遭遇中年危机的诱导因素之一。正所谓"木秀于林，风必摧之"。雪上加霜的是，1644年7月教皇乌尔班八世的去世，在罗马的公众中激起了压抑已久的愤怒反应，身为教皇家族最宠信的头号艺术家，贝尼尼在前途未卜的恐慌与焦虑中度日如年。

乌尔班八世和他的前任保罗五世一样，身处1618—1648年期间的"三十年战争"激烈拉锯的年代。政治上亲法的乌尔班八世搞砸了教廷当局的方针政策，不仅因雇佣军队耗光了历任教皇聚敛的国库财富，还为继任者留下了难以弥补的灾难性后果。

新当选的教皇是政治上亲西班牙的英诺森十世（1644—1655年在位）。他的登基意味着倚仗前任教皇而胡作非为的党羽即将受到清算。但贝尼尼没有像其他人那样惊慌失措地逃出罗马，而是在忐忑不安中选择留了下来。

好在英诺森十世并未制裁贝尼尼，也未免除他已获得的任何爵位和待遇，只是暂时将他冷落在一边。他在建筑领域最大的竞争对手博罗米尼，成为新任教皇最热捧的红人。

⑪ ［美］弗兰科·莫尔曼多：《贝尼尼传——他的人生，他的罗马》，赵元元译，121页，哈尔滨，黑龙江教育出版社，2015。

不久，教皇对贝尼尼的态度有所转变。一方面，是教皇的嫂子兼他众所周知的情人堂娜·奥林匹亚居中斡旋的结果。另一方面，是得以竣工的圣彼得大教堂那雄伟壮阔、金碧辉煌的内部装饰工程，重新为建筑大总管兼总设计师贝尼尼，赢得了罗马人民的倾心赞美。

图 17-9　圣彼得大教堂内景图（一）

图 17-10　圣彼得大教堂内景图（二）

这一次，包含教皇英诺森十世在内的罗马城中的那些对贝尼尼爱恨交织的人们，除了最顽固的敌对者和嫉妒者，都不得不在贝尼尼的才能面前心服口服。但让贝尼尼真正摆脱中年危机的最大的翻身仗，是他于1647—1652年间为科纳罗小礼拜堂创作的著名作品《圣特蕾莎的沉迷》，和同时期完成的大型市政装饰工程《四河喷泉》。

图17-11 贝尼尼《圣特蕾莎的沉迷》大理石雕塑

特蕾莎是 16 世纪的一位西班牙赤足修女。少年时她曾患过癫痫症,因此在苦修期间,她时常会间歇性地产生幻觉,但她总是坚信自己看到了圣迹。特蕾莎的自述曾经在 17 世纪风靡一时,她以让人销魂的、呢喃般的描叙,向人们形容了自己看到的各种幻象。后来她被教会封圣,成为耶稣基督在人间显灵的见证者和广大修女们的榜样。

现实生活中的特蕾莎,在她 44 岁声称自己"飘浮在空中"之时,是一位生活极其简朴的、矮胖而虔诚的修女。但贝尼尼奉行巴洛克时期艺术家们普遍惯用的夸张手法,对这位据说能够通灵的传奇性人物进行了极度美化。

1652 年揭幕的《圣特蕾莎的沉迷》,使贝尼尼像一位特别善于表演的超级魔术师一样,在屡屡令人狂欢的噱头之后,再度在罗马掀开让芸芸众生目瞪口呆的奇迹。

在贝尼尼的所有作品中,这组雕塑是当之无愧的没有任何名誉权争议的代表作,它所获得的是普遍赞美和压倒性的肯定。在巧妙营造的场景中,特蕾莎被雕琢成一位正沉迷于极度幸福感之中的、年轻美丽的青春少女。与拿着金箭的小天使一起升腾的,除了她如痴如醉的身体,仿佛还有她正在出窍的灵魂。

贝尼尼再次展示了他让人炫目的技术成就。他使雕塑的表现力达到了前所未有的新境界,大理石的重量感仿佛完全消失,以往只能在绘画中实现的飘浮在半空中的神奇景象,在贝尼尼的石雕作品中得到淋漓尽致的体现。除此之外,他在细节处理和质感模拟方面也达到了让人叹服的新高度。

在有些资料里面,《圣特蕾莎的沉迷》也被译作《圣特雷莎的狂喜》。它至今仍是被众多游客频繁光顾和赞不绝口的作品。在这组名作面前流连忘返的众多观摩者中间,还存在一个大家乐于口耳相传的说法:贝尼尼在这组精雕细琢的、原本为宗教圣人树碑立传的作品中间,貌似掺入了很多成年人能够心领神会的性暧昧——好事者往往举证她那让人浮想联翩的面部表情和身体姿态,甚至不放过她脚指头的精巧而细微的痉挛……

这似乎可以额外引申出一个让今人颇感迷惑的话题：在基督教崇尚禁欲的年代，为何欧洲艺术作品中会出现大量的裸体形象，甚至公然展现肉欲？

相比后世越来越出格的裸体艺术，《圣特蕾莎的沉迷》显然还是比较含蓄也非常唯美的作品。并且可以确认的基本事实是作品揭幕之际，贝尼尼并未因此遭到教会和公众的强烈反对，唯一有据可考的对贝尼尼的匿名指责，也仅仅是说他"把最纯洁的圣女拖到了地上……把她转化为一个维纳斯（爱与美之女神），她不仅被降服，而且还堕落了"[12]。

1652 年是贝尼尼在低谷之后崛起的第二个创作高峰期。除了《圣特蕾莎的沉迷》为他重塑职业威望，这一年他的另外一个大型项目《四河喷泉》也得以落成，并因此与教皇英诺森十世达成了完全和解。

图 17-12　贝尼尼《四河喷泉》（局部）

相传贝尼尼采用计谋，在 1647 年终于得到了这份本已属于竞争对手博罗米尼的订单。他将博罗米尼的创意加以优化，然后制作出一个非常精致的银质模型，并在堂娜·奥林匹亚的巧妙运作之下，使教皇选定了这套设计方案。

教皇英诺森十世任内的罗马教廷已经面临财政日渐枯竭的窘况。但在"三十年战争"即将结束之际，英诺森十

⑫　[美] 弗兰科·莫尔曼多：《贝尼尼传——他的人生,他的罗马》,赵元元译, 221 页, 哈尔滨, 黑龙江教育出版社, 2015。

世为了挽救教廷权威被各路豪强越来越藐视的形象，不顾罗马民众越来越潦倒的实际困难，对罗马城的市政建设进行了声势浩大的改造与装饰。

那沃纳广场上的《四河喷泉》既构思巧妙，又美轮美奂。这项工程里面毫无疑问包含了贝尼尼工坊内的众多无名艺术家的辛勤汗水，同时也充分体现了贝尼尼对于大型装饰工程的设计能力与统筹管理能力。

贝尼尼非常善于将建筑、装饰和雕塑艺术进行完整的有机结合。无论之前的圣彼得大教堂规模宏大的内部装饰工程，还是陈列了《圣特蕾莎的沉迷》的科纳罗小礼拜堂，以及罗马的另一著名地标性作品《四河喷泉》，都具有高度统一的协调性和完整性。

《四河喷泉》固然让罗马民众眩晕在眼花缭乱的震惊之中，但与私人定制的作品《圣特蕾莎的沉迷》不同，作为教皇炫耀自身功绩的公共工程，它加剧了罗马民众对教皇英诺森十世累积已久的强烈不满。罗马教廷于 1648 年被迫签下的备受屈辱的《威斯特伐利亚和约》，原本已使英诺森十世的德望大受打击，他后来的一系列作为，更使人们对他和他的家族产生了难以遏制的愤怒情绪，以至于教皇 1655 年去世之后，竟然无人愿意为他安排一个及时而且体面的葬礼……

贝尼尼在时人对他膜拜与侧目混杂不一的当口，迎来了他下半生中最重要的赞助者亚历山大七世（1655—1667年在位）。

亚历山大七世登上教皇宝座之前，曾经出任过罗马教廷驻科隆前线的谈判代表。由于目睹过法国等欧洲大国对教廷的背叛，亚历山大七世登顶之后，即下定决心要重新恢复教廷被分解的权力和罗马城的往日光荣。

他采取的策略包含和前任相似的方式，但加了一个"更"字。就像要给整个罗马城穿上最华丽的外套一样，教皇大兴土木，发动了罗马历史上规模空前绝后的城市美化工程。在他的十二年任期内，整个罗马城就像一个四处开工的大工地。人们今天见到的罗马的城市景观与格局，在很大程度上即定型于亚历山大七世时期。

连续几任教皇共同作用的结果是，罗马城在巴洛克时期的艺术成就，尤其是饱含巴洛克风格的建筑和雕塑，将得到前所未有的集中展现。

然而原本在宏观局势不断下滑中苦苦支撑的罗马城，将慢慢耗尽她的最后一点点元气。在政治、经济、文化等方面统领整个欧洲 400 年的意大利半岛，也将彻底让出她的核心地位。

但在这最后的回光返照般的疯狂进程中，贝尼尼成为这一热闹非凡的短暂潮流的最大受益者。源于他无与伦比的业绩和教皇的极度信任，作为总设计师和"总承包者"的贝尼尼，优先占据了整个行业中所有名利双收的重要工程的最大份额。他的规模庞大的工坊团队，将为罗马大富豪贝尼尼骑士，赚取更加丰厚的巨额利润。

圣彼得大广场可以算是贝尼尼建筑艺术的最高成就。贝尼尼将大广场的形式感与实用性，和米开朗基罗设计的圣彼得大教堂进行了非常完美的呼应与融合。环绕广场的巨大柱廊，营造出气势恢宏的空间美感。

图 17-13　圣彼得大广场

这一阶段，贝尼尼在很多项目交叉进行的同时，还于 1666 年完成了最华丽的圣彼得宝座和配套装饰的制作。

在这之后，贝尼尼从创作高峰期明显衰退。一方面确实他已年近 70 了，工作精力大不如前。另外，接二连三的打击也不期而至。先是 1669 年与他关系紧张的博罗米尼愤然自杀，使他承受了很大的舆论压力；然后他的年届 60 岁的亲弟弟兼重要助手路易吉，又犯下了让人难以启齿的新罪行：他不仅对一位相貌清秀的男性少年强行施以违背自然规律和人类伦理的可耻行为，还致使对方十六处骨折。

尽管多年以前，贝尼尼亲手将这位毫无节操的家族成员打断过两根肋骨，但为了使路易吉逃过被烧死的命运，贝尼尼不得不为他四处打点，甚至为了这个德行猥琐的家伙，贝尼尼还不惜放下自己的骄傲与自尊，一遍一遍毫不犹豫地趴到地面，去亲吻教皇的双脚以祈求宽恕。

虽然最后贝尼尼总算使路易吉免于一死，但他也付出了不小的代价，除了数额不菲的罚金，贝尼尼还不得不主动为红衣主教帕鲁佐免费制作了一件奉承之作——《阿尔贝特妮之死》。

图 17-14　贝尼尼《阿尔贝特妮之死》大理石雕

⑬ [美]弗兰科·莫尔曼多:《贝尼尼传——他的人生,他的罗马》,赵元元译,423页,哈尔滨,黑龙江教育出版社,2015。

⑭ [美]弗兰科·莫尔曼多:《贝尼尼传——他的人生,他的罗马》,赵元元译,425页,哈尔滨,黑龙江教育出版社,2015。

帕鲁佐是时任教皇克莱芒特十世最为倚重的亲信,他的曾祖母"阿尔贝特妮"和特蕾莎修女一样,也是"经历过奇迹显现、升空、沉迷体验的女苦修者中的一个"⑬。

贝尼尼在76岁高龄,竟像打过鸡血一样,爆发出令人难以置信的体能,他仅仅花费半年时间,就完成了这件他晚年时期的最后一件代表作。像当年美化特蕾莎修女一样,他将阿尔贝特妮修女原本因苦修而骨瘦如柴的、饿殍般的老妇形象,置换成"一位陷入兴奋的、沉迷于波浪中的洁白无瑕、营养充足的巴洛克美人"⑭。

图17-15 贝尼尼四大代表作中青年女性的表情刻画局部对比

有意思的是,从贝尼尼的早期作品《冥王与普罗塞耳皮娜》,到青年时期的《阿波罗与达芙妮》,再到中年时期的《圣特蕾莎的沉迷》,以及他晚年时期的《阿尔贝特妮之死》,

这四组最能代表贝尼尼风格与水平的重要作品中，他都饶有兴致地展示了高度相似的表现手法：所有这些作为主题人物的面容精致的青年女性，她们无一例外，嘴都是适度张开着的（包括《克斯坦扎胸像》《美杜莎》等小型作品的处理手法也是如此）。区别只是在于，两个睁眼的美人貌似在呼喊（以其情人克斯坦扎为人物原型），两个闭眼的美人仿佛在沉迷（以其妻凯特琳娜·苔乔为人物原型）……

贝尼尼的人生最后阶段是在落寞与不甘中度过的。连续三任教皇虽然不是他的敌对者，但教廷国库越来越入不敷出的财务状况，使贝尼尼的工坊收入大打折扣，以致他属下的雇员被迫一批一批离开日渐颓废的罗马，去往其他城邦重新寻找机会。

而且罗马城除了贝尼尼的众多崇拜者之外，还不乏各种理由对贝尼尼心怀不满的人。贝尼尼能明确感知到他们对他的浓浓敌意。

1680 年，82 岁的贝尼尼在毁誉交加中离开人间。一个多世纪之后，贝尼尼家族在罗马绝嗣。

之前，宠信贝尼尼的乌尔班八世在夸耀贝尼尼时，说他是"一个例外的人，一个超群的天才，为了照亮这个给罗马带来荣光的世纪直接凭天意而生！"[15]

但也有对他压制同行和疯狂敛财而冷嘲热讽的人这样评价："贝尼尼可能是雕刻天使的专家，但他本人远远不是一个天使！"[16]

与贝尼尼生活在同时代的罗马，也许是一部分人的幸运，也许是另外一部分人的噩梦。但对于今人而言，无论站在罗马城的任何地点，放眼四周，"贝尼尼"都是几乎无处不在的、最明确的印记。

无论他曾在罗马赚取过多少金币，无论他曾经历过怎样辉煌的人生，无论他身上发生过多么靠谱或多么不靠谱的故事，无论多少人曾爱过他，或曾恨过他，最后他都将平生所有，以艺术之名，通通还给了这座光辉灿烂而饱经沧桑的"永恒之城"。

⑮ ［美］弗兰科·莫尔曼多：《贝尼尼传——他的人生，他的罗马》，赵元元译，145 页，哈尔滨，黑龙江教育出版社，2015。

⑯ ［美］弗兰科·莫尔曼多：《贝尼尼传——他的人生，他的罗马》，赵元元译，113 页，哈尔滨，黑龙江教育出版社，2015。

第 十 八 章
委拉斯贵兹，西班牙最伟大的艺术家

1599 年 6 月 6 日，当步入暮年的埃尔·格列柯即将在西班牙故都托莱多小城陷入窘境而离群索居之时，却有一位将继他之后独自撑起西班牙艺坛大纛的婴儿，在数百公里之外的南部重镇塞维利亚应时而生。

如果说来自希腊克里特岛的格列柯还不能完全算作西班牙的民族骄傲，那么即将闪亮登场的迭哥·德·席尔瓦·委拉斯贵兹（1599—1660），则百分之百是具有国际声望和重大影响的西班牙本土艺术家。

他比弗兰德斯的鲁本斯小 22 岁，比罗马的贝尼尼小半岁。在鲁本斯一骑绝尘和贝尼尼声名鼎沸的时代，他是整个欧洲屈指可数的能与他们名望相若的超级大师之一。

根据流传的传记材料可以得知，委拉斯贵兹的父亲是迁居于塞维利亚的葡萄牙裔[①]破落小贵族，而母亲则出自塞维利亚当地小贵族家庭。在家庭资产逐渐萎缩的年月，作为长子，少年时期的委拉斯贵兹比弟弟妹妹们优先享受到了更良好的教育条件。

尽管委拉斯贵兹的各科成绩都很优秀，但他对于绘画的学习兴趣显然超过了其他方面。12 岁时，委拉斯贵兹开始正式接受绘画技艺的基本训练，6 年后，他以出类拔萃的绘画水平，获得塞维利亚画家行会的独立执业资格。

① 这一时期国力严重下降的葡萄牙王国，因为姻亲继承关系已被西班牙王国吞并，直到 1640 年才摆脱西班牙统治。

对委拉斯贵兹青少年时期帮助最大的老师，是塞维利亚艺术界颇有声望的画家弗朗西斯科·帕切提。帕切提慧眼识珠，他不仅对得意弟子罕见的艺术天分赞赏有加，还在委拉斯贵兹成年后，将自己的女儿嫁给了他。1618 年。19 岁的委拉斯贵兹迎娶了不到 16 岁的胡安娜。不久，他们生下了长女弗朗西斯卡。②

婚后不久，委拉斯贵兹便相继创作了几幅水平不俗的作品。其中《煎鸡蛋的老妇》《圣约翰在帕特姆斯》《耶稣在玛达及玛利亚家》《圣托马斯》《卖水的人》等作品中，以司空见惯的贫民生活为场景，表现了他在绘画主题上对社会底层的特别关注。尤其是《东方三博士的祈福》中的画面布局和技法体系，显示出委拉斯贵兹这一时期在创作观念方面，曾经深受卡拉瓦乔的影响。因此委拉斯贵兹早期的这些面向世俗生活的、造型很严谨、明暗对比很强烈的现实主义作品，也被研究者们称为"西班牙的卡拉瓦乔主义"。在委拉斯贵兹个人年表上，这一阶段也被称为委拉斯贵兹的"塞维利亚时期"。

② 1633 年，年方 14 岁的弗朗西斯卡，同样以不失体面的早婚方式，嫁给了委拉斯贵兹的某位学生。

图 18-1 委拉斯贵兹《煎鸡蛋的老妇》布面油画

图 18-2　委拉斯贵兹《耶稣在玛达及玛利亚家》布面油画

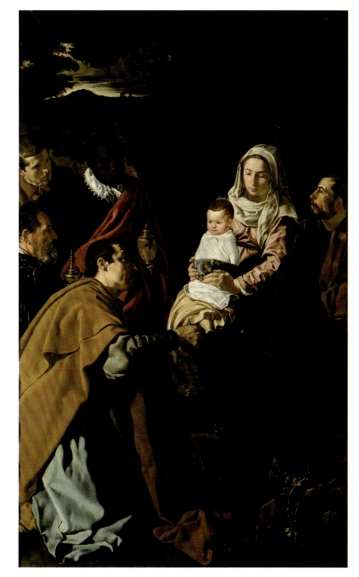

如右：像《东方三博士的祈福》一样，委拉斯贵兹的早期绘画中，有很大一部分作品都能看出卡拉瓦乔的影响：暗黑背景下衬托出明亮的视觉中心，连光线的来源方向都高度相似。

图 18-3　委拉斯贵兹《东方三博士的祈福》布面油画

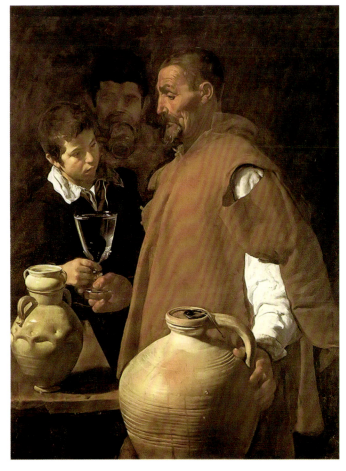

图 18-4 委拉斯贵兹《卖水的人》布面油画

　　委拉斯贵兹在塞维利亚生活了 20 多年。作为西班牙唯一拥有内河港口的城市，塞维利亚以其连通内陆山地和加第斯海湾的便利，成为伊比利亚半岛南部最繁荣的工商业中心，并曾垄断了西班牙的大部分海外贸易。但即便身处此地，雄心勃勃的青年艺术家委拉斯贵兹，还是希望能到西班牙政治文化中心马德里去寻求更大的发展机会。

　　1622 年，听闻新继位的国王腓力四世有意招募宫廷画师，委拉斯贵兹迅速来到首都马德里。逗留期间，他不仅悉心观摩了数量不菲的王室艺术藏品，还为著名诗人路易斯·德·刚格拉绘制了一幅肖像画，成功引起了马德里当权贵族们的关注。

图 18-5　委拉斯贵兹《路易斯·德·刚格拉肖像》布面油画

　　1623 年，收到西班牙王室的正式邀请，委拉斯贵兹再次来到马德里。在通过层层考核之后，他如愿成为西班牙国王腓力四世的宫廷画师。委拉斯贵兹从此定居在马德里，真正开始了他走向辉煌人生的艺术之路。

　　同年，他绘制的肖像画《腓力四世全身像》获得国王的倾心赞美。在作品中，委拉斯贵兹对刚刚成年的腓力四世进行了适度的美化，看似随意站立的身姿，刻意拉长的身高比例，使刚刚接管帝国权力不久的年轻国王，显得高大挺拔而且英明自信。

　　腓力四世比委拉斯贵兹小 6 岁，从小在宫廷中也接受过素描等美术基础训练。他对身怀绘画绝技而谦逊恭谨的委拉斯贵兹抱有高度的好感。因此国王时常会在公务之余，来到委拉斯贵兹的工作室，专注而享受地观摩他的绘画过程。在入宫之初的几年时间内，委拉斯贵兹为国王和他的宠臣们绘制了不少肖像，其中不乏精品。

1628年，大名鼎鼎的鲁本斯再次因为外交事务来到马德里，在客居西班牙的一年多时间里，他与委拉斯贵兹建立了比较良好的私人关系。鲁本斯对委拉斯贵兹的艺术才能非常赞赏，也对这位晚一辈的青年才俊提出了很多宝贵的意见。他将自己游历意大利半岛的见闻向委拉斯贵兹一一道来，并建议他找机会到那些异彩纷呈的艺术宝库中去好好考察一番。

在鲁本斯的撮合之下，1628年秋天，委拉斯贵兹终于获得腓力四世的许可，开始他为期二年多的第一次意大利游学之旅。

源于腓力四世的抬举和他本人的声望，在米兰，在威尼斯，在罗马，委拉斯贵兹所到之处都获得了很高的礼遇。虽然当时还在世的艺术家中已经很少有人能让他完全折服，但意大利半岛上的那些让人目不暇给的艺术收藏品，仍然使表面上还算淡定的委拉斯贵兹，在内心深处感到震惊不已。

图18-6　委拉斯贵兹《腓力四世全身像》布面油画

委拉斯贵兹重点研究了前辈大师提香等人的作品。他对大名鼎鼎的提香·韦切利奥的崇敬之情，除了鲁本斯的极力宣扬之外，还与西班牙宫廷画师们近一个世纪以来对提香的集体膜拜有关：腓力四世的曾祖父查理五世和祖父腓力二世，都曾委托提香绘制过一些意义非凡的油画，这些流入西班牙王国的精彩之作，一直是委拉斯贵兹等西班牙宫廷画师们长期揣摩的范本。

而留在意大利半岛上的数量更多的提香遗作，以及丁托列托和委罗内塞等威尼斯名家的作品，更令委拉斯贵兹大受裨益。威尼斯画派追求色彩绚丽而总体和谐的高明技巧，使委拉斯贵兹惯常以"卡拉瓦乔式"的深色背景来烘托画面氛围的画风有所转变，画面效果变得明亮起来，人物的动态造型和表情刻画也一改早期的拘谨和严肃，而显得更加生动。

　　以宗教和神话素材为主题创作的两幅油画《约瑟夫给雅各的血迹外衣》和《火神的冶铁厂》，是委拉斯贵兹在旅居意大利期间最有代表意义的作品。

图 18-7　委拉斯贵兹《火神的冶铁厂》布面油画

　　1631 年初，委拉斯贵兹回到马德里，继续为腓力四世服务。翌年，他再为腓力四世绘制了一幅全身像。在这幅作品中，腓力四世的站姿和九年前极为相似，同样是左手按在剑柄上，右手拿着一张小纸条。除了服装的款式和装饰更加豪华花哨，国王依然面无表情地斜睨着观众，只不过当年的毛头小伙，如今已长成胡子高高上翘的、看起来更睿智更矜持的青年模样。

1633 年，以宗教为题材的《修道院院长与隐者圣保罗》面世。1635 年，以腓力四世 10 年前的一场军事胜利为主题的历史画《布列达的投降》完成。

在此期间，他还为腓力四世的家庭成员和贵族们绘制了一些肖像，其中比较知名的有 1634 年完成的《骑士唐琼恩·德·奥斯特利亚》和《奥利瓦塞公爵骑马像》、1636 年完成的《狩猎的弗德纳卡迪诺亲王》。

1636—1647 年间，奉命兼管宫廷内务的委拉斯贵兹还在百忙之中相继完成了《梅尼布斯》《伊索》等历史名人的全身像，以及宗教题材《圣母戴冠图》，和肖像画《大主教维德》等一系列重要作品。

图 18-8　委拉斯贵兹《腓力四世全身像》布面油画

尽管早已贵为腓力四世的御用画师，但青年时期在塞维利亚与平民朝夕相处的生活经历，仍然使委拉斯贵兹在为王室服务的闲暇之余，还能偶尔将温暖的目光转向下层人民。《侏儒雷斯坎诺》《迪亚戈阿赛多》《朱安赛巴斯》等作品，都是他为私交不错的宫廷小丑和下人们画的肖像。

1648 年，48 岁的委拉斯贵兹以使节团成员的身份再次来到意大利半岛，在两年多时间里，他先后重访了当年游历过的热那亚、威尼斯、罗马以及那不勒斯。

图 18-9 委拉斯贵兹《修道院院长与隐者圣保罗》 布面油画

图 18-10 委拉斯贵兹《布列达的投降》 布面油画

图 18-11　委拉斯贵兹《教皇英诺森十世》木板油画

1650 年，委拉斯贵兹在罗马出席了教皇英诺森十世主持的庆典，并见到了同时代艺术界最有名望的大师贝尼尼和普桑等人。但作为西班牙国王腓力四世最宠信的官方代表和内心比较骄傲的御用画家，与当初能和前辈大师鲁本斯密切交往不同，他和只比他大半岁的内心同样骄傲的雕塑大师贝尼尼之间，却没有找到惺惺相惜的感觉。他们有意保持着非常矜持的距离，在明明能互相感觉到对方存在的社交场合里，却都端着架子，彼此互不主动搭理。

其时，教皇英诺森十世虽然已经淡化了对贝尼尼的敌意，但仍然对这位前任教皇所宠爱的艺术家不冷不热。相反，他对天主教世界一向最明确的支持者西班牙王室所派来的首席宫廷画师委拉斯贵兹表现出了适度的好感。不久，委拉斯贵兹顺利完成了教皇英诺森十世的订单。他为教皇绘制的肖像画在罗马赢得了一致好评。

《教皇英诺森十世》是委拉斯贵兹一生中最负有盛名的、足以令他在欧洲美术史上占有一席之地的肖像画代表作。他以非常精湛的写实技巧，将教皇的神态与性格表现得惟妙惟肖，入木三分。

1650 年可算是委拉斯贵兹创作生涯中的第一个顶峰时期，除了为教皇绘制的肖像画扬名四海，同年，委拉斯贵兹另一别具意义的名作《照镜子的维纳斯》也得以完成。这是委拉斯贵兹平生唯一的女性裸体油画。

由于那一时期西班牙王国是最笃信天主教传统教义的区域，从王室到平民的宗教信仰和生活观念也都比较保守。当乔尔乔涅、提香和鲁本斯的裸体画名动整个欧洲之时，与崇尚享乐主义的威尼斯等其他地方不同，在被严格管制的西班牙境内，仍然很少有人敢冒违背教义的风险来绘制和展示裸体画。因此，委拉斯贵兹的这幅油画，据说也是西班牙历史上第一张带有女性裸体内容的传世佳作。

当然，即便已经身处西班牙核心区域之外的意大利半岛，委拉斯贵兹仍然不敢过于造次，他在画面中描绘的，也仅仅是一个妙体横陈的全裸背影。通过镜子的反射，"维纳斯"才遮遮掩掩地露出面带红晕的容颜。

图 18-12　委拉斯贵兹《照镜子的维纳斯》布面油画

　　有意思的是，这幅以"小爱神丘比特"来刻意贴上神话标签的作品，画面中的主要人物"爱神维纳斯"，实际上是一位出现在委拉斯贵兹个人生活中的妙龄女子。

　　这种掩人耳目的手法，与之前的乔尔乔涅、提香和鲁本斯等人如出一辙。通过比较可以看出，委拉斯贵兹在《照镜子的维纳斯》中借鉴了鲁本斯的同名作品。一方面，他们津津有味地描绘身边恋人们的充满青春活力的美妙胴体，另一方面，又不得不想办法来规避宗教教义和世俗社会对于裸体题材的质疑。于是，希腊神话中的裸体爱神"维纳斯"，成为他们巧妙借用的可以堵住悠悠众口的完美外壳……在委拉斯贵兹等这些前辈大师的引领之下，更为直接的甚至公然表现的裸体形象，才会彻底抛开宗教与世俗的牵绊，而越来越频繁地出现在踵随其后的欧洲艺术家们的作品之中。

③　一说此画是为西班牙贵族路
易·德里·阿罗的订单所作。

　　自青年时期后，长期生活在西班牙宫廷之中的委拉斯
贵兹似乎一向比较恪守天主教传统，为人处世也特别谨小
慎微。但近年得以披露的法律文档和考据比较严谨的《贝
尼尼传》中，却都从侧面佐证了一个被湮没多年的事实：
看起来一向循规蹈矩的虔诚的天主教徒、言行刻板而爱惜
名声的艺术大师委拉斯贵兹，在罗马期间邂逅了一位名叫
玛尔塔的青年遗孀之后，竟然大胆突破了天主教徒理应拒
绝婚外情的道德约束——相传这幅以爱神"维纳斯"为名
的作品，即是画家献给情人的特别礼物。③

　　1651年，在委拉斯贵兹应腓力四世的再三召唤离开意
大利之后，玛尔塔为他生下了一个私生子。没有更详细的
材料显示委拉斯贵兹是否知道这个孩子，也无法得知委拉
斯贵兹最后以怎样的方式离开自己的情人。据法律文件记
载，为保全艺术大师委拉斯贵兹的名声，一位留在罗马的
大使朋友主动代替他出庭应诉，迅速支付了这位名叫安东
尼奥的私生子及其生母玛尔塔的必要生活费，并在最大程
度上消除了对委拉斯贵兹可能造成的名誉上的损害。此后，
委拉斯贵兹在余生中再也没有到过意大利半岛，他的情人
玛尔塔，和他们留下的私生子，从此也都杳无音讯。只有
《照镜子的维纳斯》这幅作品，还在一代一代观摩者的颂
扬与各种解读中，若隐若现地暗喻着前辈大师曾经的风流
往事……

　　1652年，委拉斯贵兹完成了油画作品《玛丽亚娜王妃》，
这是他回到马德里之后绘制的一幅全身像，又名《奥地利
的玛丽亚娜》。

　　为了保持王室血统的纯粹性，欧洲上流社会一直存在
近亲通婚的习惯，在17世纪的西班牙尤其如此。玛丽亚娜
王妃原本是腓力四世的侄女，在她很小的时候，曾经被许
配给腓力四世的孩子。但不幸的是，她的王子堂兄早早就
夭折了，于是玛丽亚娜13岁时，又由王室做主，嫁给了他
的叔叔——原本可能做她公公的腓力四世。

　　在非常讲究社交礼仪和繁文缛节的西班牙宫廷里面，玛
丽亚娜王妃也是一位不苟言笑的贵妇。在为她绘制这幅肖像的

时候，她才 19 岁。刚刚从意大利归来的委拉斯贵兹在这幅作品中再次展现了非常高明的写实技巧，就像他为教皇英诺森十世绘制的肖像画一样，他将王宫内厚重阴沉的氛围和王妃的形象气质刻画得非常精准。

国王腓力四世虽然对委拉斯贵兹的这幅作品比较赞赏，但仍然委婉地指出，他把王妃的表情画得过于严肃，看起来像是有些不开心的样子。于是 1653 年，委拉斯贵兹几乎以同样的角度和动态，重新绘制了一幅《玛丽亚娜王妃》。在这幅作品中，作者简化了烘托氛围的背景部分，王妃似乎也很配合，于是上一幅画中噘着嘴的王妃，这次被画成了表情轻松的、充满了愉悦感和幸福感的少女模样。

自意大利归来之后，委拉斯贵兹晋升为宫廷艺术总监，日常事务占用了他很多精力，因此用在绘画创作上的时间越来越少。1656 年，作品《宫娥》问世。翌年，他晚年时期的另外一幅重要作品《纺织女》也得以完成。

《宫娥》和《纺织女》这两幅代表作，意味着委拉斯贵兹迈向了他生命过程中的又一个创作高峰。此后，尽管委拉斯贵兹还为腓力四世及其家庭成员们绘制过数幅肖像画，但总体而言，属于他的黄金时期，已经难以避免地，渐渐消磨在他的暮年到来之际。

图 18-13　委拉斯贵兹《玛丽亚娜王妃》（一）布面油画

图 18-14　委拉斯贵兹《玛丽亚娜王妃》（二）布面油画

图 18-15　委拉斯贵兹《宫娥》布面油画

图 18-16　委拉斯贵兹《纺织女》布面油画

与年龄不到 23 岁即获得骑士身份的贝尼尼相比，委拉斯贵兹一直对自己迟迟未能顺利获得这一荣耀而耿耿于怀。1658 年 6 月 6 日，在他 59 岁生日那天，腓力四世向西班牙圣地亚哥骑士团正式举荐委拉斯贵兹，以此作为他的生日礼物，和多年以来对他的信任与褒奖。但评审委员会中那些对委拉斯贵兹怀有成见的贵族们，对他父亲的葡萄牙裔身份和家族历史上是否含有摩尔人或犹太人血统咬住不放，尽管他继承的是母族的姓氏。无奈之下，腓力四世只好寻求新任教皇亚历山大七世的特许。1599 年底，远在罗马的教皇终于颁下特别诏书，册封委拉斯贵兹为西班牙历史上级别最高的圣地亚哥骑士团成员。

不过委拉斯贵兹没能赶上正式的册封典礼。1660 年 4 月，在为西班牙国王腓力四世和法国国王路易十四之间的外交谈判进行筹备工作之后，因在连续数月的长途旅行中过于劳累，感染上黑热病的委拉斯贵兹，回到马德里即一病不起。8 月 6 日，61 岁的委拉斯贵兹离开了人世。在盛大的葬礼仪式上，他的遗体被穿上骑士团的服装，安葬在圣巴蒂斯塔教堂。一周之后，他的妻子，悲伤的胡安娜也步其后尘撒手人寰。

纵观委拉斯贵兹的绘画作品，尽管同样生活在巴洛克风潮发展最迅猛的时代，但他的艺术风格与鲁本斯和贝尼尼等巴洛克大师们还是存在着不小的区别。他在创作中曾深受卡拉瓦乔的影响，但贵为宫廷画师，他比在民间苦苦挣扎的卡拉瓦乔显然要更幸运，他能接触到的顶级权贵，也为他的艺术创作提供了更宽阔的平台。他和鲁本斯都曾在色彩方面受到过威尼斯画派的滋养，但他生活的土壤，源于西班牙境内肃穆保守的宗教环境和相对沉闷的艺术氛围，使他的色彩表现力不像提香和鲁本斯那样恣意张扬，而呈现出更加淳朴自然的面貌。他的作品不仅在当时便已名扬欧洲，还直接影响了西班牙另一巨匠戈雅等无数后辈。

他在欧洲艺术史上的地位，就像文艺复兴时期德意志的民族骄傲阿尔布莱希特·丢勒一样。他同样是几乎以一己之力，在伊比利亚半岛荒漠般的艺术活动远远落后于意大利半岛的巨大贡献之际，终于在 17 世纪中叶，及时撑起了能够代表西班牙最高艺术成就的大旗。

第 十 九 章
荷兰的黄金时代与荷兰小画派

让我们的视线暂时离开欧洲南部的意大利半岛和伊比利亚半岛，循着 17 世纪上半叶最繁忙的海上航道向北一路探寻，越过英吉利海峡两侧还在积蓄能量的法、英两国，欧洲美术史上又一个熠熠生辉的重要板块——荷兰，将成为本章节重点探寻的对象。

15 世纪的地理大发现和新航路的开辟，给欧洲带来了前所未有的丰厚回报。但第一批从殖民活动和远洋贸易中暴富起来的海上强国葡萄牙与西班牙，并未将获得的天量财富用在更加正确的方向。

在地缘竞争中，本土过于狭小的葡萄牙，渐渐将东航线开拓者的历史红利靡费一空，最终败给了发现美洲大陆的西班牙。后者甚至通过政治联姻的方式，一度将葡萄牙王国并入了自己的政治版图。耽于物质享受而蔑视工商业的葡萄牙人，很快为此付出了沦为附庸的代价。

后来居上的西航线开拓者空前强大之后，却未能吸取葡萄牙人的教训。来自海外殖民地的巨大利润，使他们也在易于获得的财富面前迷失了方向。西班牙人沉醉在日进斗金与挥金如土的集体亢奋中难以自拔，而国土则为了维护其迅速扩张的势力范围，将大量的人力物力投入到与各路觊觎者之间的战争之中，对能使国家真正富强起来的工商业实体的拓展建设却完全没有兴趣……于是，缺乏长远规划与科学治理的西班牙帝国，不可避免地出现了宗教、政治、经济、军事等难以调和的内外矛盾，尤其是与法国、英国之间的数次大型战争，以及领地内此起彼伏的反抗运动，迅速耗空了曾经神话般的哈布斯堡王朝……

当第一代海洋霸主葡萄牙和西班牙相继衰落，法国、英国、德意志等欧洲霸权的主要竞争者也尚在相持之时，欧洲西部的一隅洼地，却奇迹般地成为"鹬蚌相争"的得利者。

这个曾经"被上帝遗忘的地方"，以域内很大部分地区都低于海平面而被欧洲人命名为"尼德兰"，意为"沼泽地"或"低地之国"。13世纪前后发展起来的捕鱼业，让这块海潮泛滥的湿地渐渐成为欧洲最大的鲱鱼集散地。随后而来的大航海运动造就的全球贸易，更使这块河道纵横的区域，成为可以深入西欧内陆的贸易枢纽。从各地迁徙至此的人们将这里的滩涂湿地加以围垦，通过修建大量的排灌、保障设施，使这里逐渐成为欧洲人口最稠密的地区之一。

当大量的"异教徒"和外国商人被以西班牙王室为首的天主教保守势力驱逐时，远离权力中心的尼德兰，愈发成为新教徒和商人们聚集的黄金宝地。规模越来越宏大的商业活动，为这一地区迅速积攒了无数财富，获得自由身份的富裕家庭的大量增长，和相对宽松的宗教氛围，为16世纪后半叶尼德兰地区爆发的资产阶级革命创造了条件。

1566年在尼德兰爆发的"破坏圣像运动"，从最初反对天主教的迫害，演变成了反对西班牙统治的人民起义。经过长期斗争，1609年，由信仰新教的尼德兰北部七省成立的荷兰联省共和国，废除了西班牙国王对荷兰各省的统治权。[①]

荷兰是人类历史上第一个得以成功建立的资产阶级共和国。在新兴资本主义制度的驱动之下，以"海上马车夫"而闻名于世的荷兰人将自己的商业触角伸向了全球各地，荷兰人的商船规模迅速超过了欧洲其他海洋大国的总和。摆脱西班牙的残酷压榨之后，在欧洲本土仅有弹丸之地的

① 荷兰反抗西班牙统治的抗争始于1568年，1588年、1609年被认为是具有重要意义的关键节点。经过长达80年的斗争，直到1648年，荷兰共和国才正式获得西班牙国王腓力四世的承认。与其相邻的天主教贵族统治的弗兰德斯等尼德兰南部地区，在反抗西班牙的斗争中摇摆不定，是19世纪才获得独立的比利时王国的早期雏形。

荷兰，凭借其广泛分布的海外殖民地和贸易据点，竟然迅速崛起为世界上最强大的殖民国家。可以说，在 17 世纪的大部分时间内，荷兰共和国的影响力是显而易见的，因此，一些历史学家常常将 17 世纪看作荷兰人的世纪。②

随着荷兰经济在欧洲的快速崛起，荷兰的艺术活动也获得了一定程度的发展空间。但总体来看，当同时期的欧洲其他地区盛行巴洛克风格的时候，荷兰艺术却呈现出与众不同的地区特色。

倘若以 17 世纪的开端 1600 年为时间节点，来做一个著名艺术大师年谱的横向对比，则可以列出如下数据：

来自米兰的卡拉瓦乔时年 29 岁，刚刚在罗马引起轰动。1610 年，卡拉瓦乔暴死于逃亡途中。艺术史上将他视为当之无愧的巴洛克艺术先驱和前期代表人物。

弗兰德斯（信仰天主教的尼德兰南部地区）的鲁本斯那时刚刚 23 岁，这一年他第一次游学意大利，不久即获得宫廷画师的职位，自此踏上通往荣华富贵的平台，直到 1640 年在故乡安特卫普谢世。他是举世公认的 17 世纪前半叶巴洛克艺术首席大师。

出生在那不勒斯的贝尼尼刚刚两岁。作为数任教皇最青睐的御用艺术家，在罗马，他将自己的辉煌人生一直延续到 1680 年。他也是巴洛克风格的主要代表人物之一。

这一年，出生不久的委拉斯贵兹可能还未断奶。23 年后，他成为腓力四世御用的宫廷画师，1660 年在马德里寿终正寝。他是戈雅出现之前，能够代表 17 世纪西班牙艺术最高成就的巴洛克艺术大师。

以上四位都是巴洛克时代最杰出的代表人物，他们的艺术作品都具有比较明显的巴洛克特征（尤其是鲁本斯和贝尼尼）。但大致与他们同时代的哈尔斯（约 1581—1666）、伦勃朗（1606—1669）、维米尔（1632—1675）等人，却使荷兰艺术在内容与风格上都展现了新的面貌。

美术史上将 17 世纪视为荷兰艺术的黄金时期，"荷兰小画派"，这个颇有关联度的标签，也似乎能够概括出荷兰艺术的主要特点：第一，作品的画幅尺寸往往比较小；

② 直到 17 世纪末在海上败于英国、陆上败于法国之后，曾经上演"以蛇吞象"奇迹的荷兰共和国，才渐渐失去角逐欧洲强权的资格。像葡萄牙的迅速衰落一样，本土狭小成为荷兰难以持续强大的软肋。但作为人类历史上第一个资产阶级共和国，荷兰对欧洲乃至世界历史进程的影响是巨大的，只是在法国、英国、德国等欧洲列强崛起之后，曾经强盛一时的荷兰以及之前的第一代海洋帝国西班牙，才无奈褪去煊赫的荣光。

第二，很少表现宗教、历史题材，反而更注重对世俗生活的描绘。

但在此前流传的各类简约文本中，很少有人深究荷兰画派产生的客观背景，而这些隐含的外部条件，实际上才是荷兰艺术得以区别于同时期巴洛克艺术的重要原因。从更现实的层面来看，荷兰历史上最有影响力的四大艺术巨匠③ 大多命运悲惨，与这些因素也有极大关系。纵观此前重点介绍过的众多艺术大师的作品与生平，从佛罗伦萨的马萨乔开始，一直到西班牙的委拉斯贵兹，我们可以看出一个规律性的事实：即所有在生前名利双收的艺术家，要么具有宫廷画师的显贵身份，要么身后有豪门贵族的供养支持——布鲁内莱斯基、多纳泰罗、马萨乔、达·芬奇、米开朗基罗、拉斐尔、提香、荷尔拜因、鲁本斯、贝尼尼、委拉斯贵兹等生前比较风光的艺术大师们无不如此；一旦失去供养，等待他们的将是非常不利的局面，如在时局动荡中背叛了美第奇家族的波提切利等；而完全依赖零散订单在民间苦苦挣扎的艺术大师们，将难以维持长期的体面生活，如暮年时期的丢勒与格列柯；更有甚者因此坠入困顿不堪的人生苦旅之中，如四处逃亡的卡拉瓦乔，以及将要介绍的哈尔斯、伦勃朗、维米尔等诸多在生前缺乏高端人脉和经济支撑的巨匠们，尽管他们的作品后来都足以使其名垂千古。

撇开艺术家本人的性格因素和个人际遇，在更为宏观的背景条件中，其实有几个方面在很大程度上已经事先左右了荷兰艺术家们的从业处境，也因此造就了 17 世纪荷兰艺术与巴洛克主流的区别。

第一个是宗教信仰流派的不同。脱胎于尼德兰北部地区的荷兰共和国，是新教与天主教两大板块交界的前线位置之一。天主教影响根深蒂固的核心区域意大利半岛和伊比利亚半岛，由罗马教皇、王室和贵族们把持的教会占有巨大的社会资源，极度美化宫殿与教堂，是他们体现尊崇地位和营造庄严氛围的最佳方式。④ 金碧辉煌的装饰风格，在客观上为擅长绘画与雕刻的艺术家们制造了更多的表现

③ 17 世纪的哈尔斯、伦勃朗、维米尔，以及 19 世纪的后印象派大师梵高，是当今公认的荷兰历史上最伟大的艺术家。

④ "这个时代的巴洛克式教堂，充满了祭坛、柱子、雕像、有翅小天使、金叶、圣像、圣体匣、枝形烛台和香烟，设计得没有给教会会众的个人思想留下余地。不像新教布道者强调个人的良心与个人的诚实，所有的天主教教士通常看来劝导他们的教徒要盲目服从……"

——引自［英］诺曼·戴维斯：《欧洲史》上卷，郭方、刘北成等译，499 页，北京，世界知识出版社，2007。

机会。而像荷兰这样信仰新教的区域，则由于崇尚朴素、节制的信念，大幅减少了对于壁画、雕刻等装饰功能的需求，在有些教堂，甚至简朴到几乎只有一个十字架的程度。[⑤]因此，与同时期的天主教势力范围相比，荷兰艺术题材中的宗教内容，无论规模还是数量都要少很多。当意大利半岛上的艺术家们赚得盆满钵满的时候，荷兰的艺术从业者却很少能收到来自教会的大额订单。

第二个原因，是荷兰地区缺少像美第奇家族那样大量供养学者和艺术家的豪门贵族与文化习惯。承接古罗马文化的意大利半岛，其历史积淀也远非从尼德兰北部地区新兴起来的荷兰所能相提并论。[⑥]为了反抗西班牙的统治，从散尽家财投身起义的"荷兰国父"威廉·奥兰治亲王开始，在近一个世纪的抗争过程中，一代一代的荷兰资产阶级上层精英，都很少像欧洲其他地区穷奢极欲的王公贵族那样，将财力、人力、物力大量应用到歌舞升平的享乐生活中。所以，欧洲大地上那些司空见惯的为王者歌功颂德的历史题材，和报酬优厚的宫廷肖像画，在17世纪的荷兰很少出现。当鲁本斯凭借一系列尺幅惊人的历史题材画优游于马德里和安特卫普，当贝尼尼在罗马城到处留下自己的个人印记，当委拉斯贵兹在马德里严谨从容地为西班牙王室绘制肖像之时，荷兰艺术家们却无从获得这样的令人艳羡的机会。

但随着经济活动的蓬勃开展，随着阿姆斯特丹成为欧洲最繁荣的新兴港口，一大批在贸易中发迹的有产市民阶层，还是为荷兰艺术家们制造了新的需求。这些在寸土寸金的拥挤闹市中占有立身之地的新晋小资，为了美化其逼仄的住所，[⑦]对小尺幅的装饰性作品产生了极大的兴趣。这一独特的客观条件，使得满足世俗需要的"荷兰小画派"大受欢迎。大量的廉价订单，也使阿姆斯特丹成为欧洲民间画师们趋之若鹜的地方。据说在哈尔斯与伦勃朗等人活跃的年代，仅仅数十万人的阿姆斯特丹，竟然聚集了来自欧洲各地的一万多位靠绘画技艺来寻求机会的谋生者。

当承载教化功能的宗教故事和历史题材在这里失去主

⑤ "一个严格的加尔文主义家庭厌恶一切形式的欢乐和轻率——跳舞、唱歌、饮酒、赌博、调情、艳丽的服饰、娱乐书籍、高声谈话、哪怕仅仅是活泼的姿势。他们生活以严肃、自制、努力工作、节俭——最重要的是圣洁——而著名……艺术上，他们禁绝一切对上帝的直接刻画以及所有神秘的记号和预言。他们只是在每日的读经中寻觅快乐感并作为日常行为的指导。在英语世界中他们被称为清教徒。"
——引自［英］诺曼·戴维斯：《欧洲史》上卷，郭方、刘北成等译，488页，北京，世界知识出版社，2007。

⑥ 12世纪以前还只是濒海滩涂湿地的绝少人烟的尼德兰北部地区，确实也缺乏与之相关的重大历史根基可以拿来炫耀。

⑦ 由于普遍处于低洼地带，合乎使用条件的住宅地基非常宝贵，因此这一时期的荷兰建筑往往拥挤在一起，室内空间大多很局促。楼道的狭窄与陡峭居欧洲之冠是其基本特征。17世纪的荷兰地区缺少宽博坚实的建设用地，在客观上也限制了建筑本身和雕塑、壁画等其他艺术门类的发展。

导地位时，更加符合民间趣味的荷兰绘画艺术，在商业大潮的推动下呈现出更加世俗的创作倾向。深受老勃鲁盖尔等尼德兰前辈大师影响的荷兰现实主义画风得到进一步发展，肖像画不再是上流社会才能专享的，风景画、静物画、动物画也成为深受市民们喜欢的绘画题材，表现民间生活琐事与闲情逸致的风俗画，也受到人们的普遍欢迎。

后世研究者们在对荷兰艺术回溯整理过程中发现，生前只在小范围内享有声名的弗兰斯·哈尔斯（1581？—1666），竟是荷兰立国后第一位艺术成就远超时辈的佼佼者。由于长期被忽略，除了酗酒和殴妻等零星逸事，这位如今名闻遐迩的艺术大师，当初似乎没能留下太多可资考据的生平记录。人们只是大概知道，他可能活了80岁或者85岁，并长期混迹于最底层的市井之间，终生穷困潦倒。从有关他的粗线条的描述中可以得知，似乎只有两种途径能为他痛苦的人生带来抚慰，一种是在小酒馆里烂醉如泥，另一种则是拿起画笔。他为这个世界留下了200多幅油画作品，其精湛技艺足以在欧洲美术史上占有一席之地，但他在当时获得的微薄报酬，却不足以让妻儿过上稍微体面一点的生活。他那伤痕累累的、在贫寒中抑郁早逝的妻子，以及几位继承他绘画"手艺"的儿子，都不曾以他为荣。甚至包含他本人在内，可能都不会料到若干年后，会有深具慧眼的智者姗姗来迟，在荷兰小城哈勒姆的经年尘嚣之下，在那些多于过江之鲫的蹩脚同行中间，重新发现他的独特价值，并赋予高度的评价。

哈尔斯不仅具备高超的写实技巧，还特别善于捕捉人物的瞬间神态。在《弹曼陀林的小丑》《微笑的骑士》《吉卜赛女郎》等系列代表作中，他对各种"笑"的精确而生动的描绘，达到了出神入化的境界。尤为难得的是，他并未将个人生活中的挫折与不幸表现到自己的作品之中，相反，他以轻松而欢快的笔触，成功塑造了一批亲切而乐观的普通人物形象，打破了此前肖像画中最常见的上层人物盛装登场而表情克制的范式。

图 19-1　哈尔斯《弹曼陀林的小丑》布面油画

图 19-2　哈尔斯《微笑的骑士》布面油画

图 19-3 哈尔斯《吉卜赛女郎》布面油画

图 19-4　哈尔斯《圣乔治公民护卫队军官的宴会》布面油画

图 19-5　哈尔斯《圣哈德里安射击手公会的宴会》布面油画

图 19-6　哈尔斯《圣乔治公民护卫队成员群像》布面油画

在绘制群体肖像画方面，哈尔斯也展现了非常出色的才能。分别于1627创作的《圣乔治公民护卫队军官的宴会》和1633年创作的《圣哈德里安射击手公会的宴会》，是其最杰出的群像画代表作。1637年绘制的《圣乔治公民护卫队成员群像》，也是其盛年之际比较知名的群像画作品。

与以往的任何宗教或历史名画不同，这些作品中表现的都是当时的现实人物，每一个付费的成员对自己在画面中的位置与形象都非常在意。既要尽量照顾到每个委托者的需求，又不能简单呆板地排列，这为作者如何合理安排构图设置了巨大的障碍。但哈尔斯比较成功地解决了这一难题。"哈尔斯按等级把这个团体的所有人员安排在恰当的位置上，每个人物都被自然地定格在某个瞬间状态，既表现了各自的性格特点，也表现了整体凝聚力、严肃性和权威性。尽管画家表现的是欢庆的宴会，但是既没有巴洛克艺术中常见的奢华，也没有尼德兰传统风俗画中的狂放，体现了一种革命时期特有的朴素风格。"⑧

⑧ 邵亦杨：《西方美术史——从17世纪到当代》》，41—42页，北京，北京大学出版社，2014。

1666年9月1日，曾经参加过荷兰独立战争的老战士哈尔斯，死于哈勒姆市政当局和画家行会救济他的一家养老院中。站在当下来看哈尔斯盛年时期的代表作，他完全有资格被视为17世纪前半叶荷兰艺术名家行列中当之无愧的领头雁。然而当初，他并未享受过这种殊荣。

哈尔斯离世三年之后，比他小25岁的伦勃朗在阿姆斯特丹去世，时年63岁。伦勃朗也是举世公认的活跃在17世纪中叶的最卓越的荷兰艺术家。有关他的生平与作品，将在下一章单独介绍。

17世纪荷兰三大艺术巨匠中最后一位不可不提到的人物是维米尔。

约翰内斯·维米尔，1632年出生在荷兰小城代尔夫特。他的父亲是一位兼营卖画生意的小客栈主人，为维米尔走上艺术道路提供了方便。据考证，伦勃朗的学生法布里乌斯曾经指导过维米尔，因此在师承关系上，维米尔可被视为伦勃朗的再传弟子。

有关维米尔生平事迹的可靠记载很少。现代研究成果认为，他一生至少留下了 35 幅油画作品，其中不乏《基督在马大与玛利亚家》《窗前读信的女孩》等佳作。

代表作《倒牛奶的女仆》和《戴珍珠耳环的少女》，为维米尔奠定了在欧洲美术史上的重要地位。但他也像前辈哈尔斯一样，在生前并未获得恰当的荣誉与报酬，11 个孩子带来的沉重负担，使他的财务状况经常捉襟见肘。在哈尔斯与伦勃朗相继离世数年之后，1675 年，年仅 43 岁的维米尔抛下他的妻子儿女，在贫病交加中不幸英年早逝。

图 19-7　维米尔《基督在马大与玛利亚家》布面油画

图 19-8 维米尔《窗前读信的女孩》布面油画

图 19-9　维米尔《倒牛奶的女仆》布面油画

图 19-10 维米尔《戴珍珠耳环的少女》布面油画

维米尔善于以单纯明晰的写实风格，表现荷兰人民宁静、安逸的日常生活。由于雇主大多是普通的市民阶层，他的作品常常无缘进入上流社会的大雅之堂，因而难以获得更多声名传扬的机会。直到将近两个世纪之后，经由一位名叫杜尔的法国艺术评论家不遗余力的整理和推介，被长期埋没的荷兰风俗画大师维米尔，和他曾经散落民间的数十幅真迹，才得以重新进入人们的视野，并获得应有的赞誉。

哈尔斯、伦勃朗和维米尔，是 17 世纪荷兰共和国鼎盛时期在绘画艺术领域的代表人物。但在欧洲强权此消彼长的历史更替中，以新生资产阶级力量为支柱的荷兰，其经济优势并未持续很久。随着时代大潮的不断淘洗，荷兰盛极一时的海上霸权逐渐被新兴欧洲列强取而代之，而与国家综合实力息息相关的荷兰艺术的影响力，也将无法避免地让位于新的崛起者。

另外一个耐人寻味的事实是，除了后世在艺术史上追加给荷兰三巨匠的荣耀，在当时的时空范围内，鲁本斯、贝尼尼、委拉斯贵兹等志得意满的宫廷大师们掀起声势滔天的巴洛克狂潮时，可能不会意识到宗教理念与天主教世界格格不入的一隅洼地，会出现数位日后能与他们在艺术史上相提并论的平民艺术家——尽管一向交游广泛的鲁本斯，曾经造访并礼节性地赞许过在民间艰难度日的哈尔斯。

这些人没有贵族身份，没有高端平台和豪门供养，没有大额订单，甚至无法让自己的一家老小活得更有幸福感。或许，他们曾经无法让身处庙堂的同行们真正高看一眼，甚至注定要在市井尘埃中被长期湮没，但是，他们为人类文明贡献的艺术成果，终将使他们因此而声名不朽！

第 二 十 章
伦勃朗，浮沉在市井之间的荷兰大师

① ［瑞士］海因里希·沃尔夫林：《美术史的基本概念——后期艺术风格发展的问题》，洪天富、范景中译，35 页，杭州，中国美术学院出版社，2015。

"丢勒是善于线描的画家,伦勃朗是善于涂绘的画家。我们可以用最通俗的语言来概括他们之间艺术的差异。此外，我们还意识到，他们的差别已超出了个人的范围，换句话说，我们通过他们的差异看到了时代的差异。"①

在 1915 年首次出版的《美术史的基本概念》中，欧洲艺术史巨擘沃尔夫林多次以伦勃朗的油画作品为学术样本，强调了伦勃朗在欧洲美术史上的特殊贡献。

此后 100 年间，有关伦勃朗的专题研究不断被深化，其几近湮灭的生平逸事也被重新整理，并衍生出各种传世版本。对其作品的真伪甄别更经历了复杂的过程，其中不乏长期讹误的典型案例。比如一直被认定为伦勃朗代表作之一的《戴金盔的男子》，近年考据成果显示，竟然是其门下高徒的手笔。但即便如此，伦勃朗在荷兰乃至整个欧洲艺术史上的重要地位仍然无法被撼动。

伦勃朗·哈尔曼松·凡·莱因（1606—1669），出生于荷兰首都阿姆斯特丹附近的莱顿小镇。在水网密集的城乡接合部，他的父亲哈尔曼松和母亲科妮莉娅靠着一间风力磨坊，勉强养活着一大群儿女，伦勃朗是其中排行第七的幼子。

在阿姆斯特丹空前繁盛的绘画交易的带动之下，莱顿小镇上也聚集着很多来自欧洲各地的艺术家。从童年时期开始，伦勃朗就经常流连于那些毗连而居的绘画工坊之间。近距离的耳濡目染，激起了他对绘画艺术的强烈兴趣，从四方流传至此的诸多前辈大师们的原作或摹本，更使伦勃朗获得非常宝贵的见识。因此在绘画方面，伦勃朗很早就崭露出了不同寻常的艺术天分。

1621 年，15 岁的伦勃朗主动放弃在莱顿大学学法律的机会，进入当地名家雅各布·艾萨卡伦的工坊，正式接受绘画系统训练。三年之后，他又来到阿姆斯特丹，在首都最知名的历史画家彼得·拉斯特曼的门下学习了半年。曾在意大利游学数年的拉斯特曼是卡拉瓦乔画风的忠实追随者，他将卡拉瓦乔的"倾斜光线法"毫无保留地传授给了伦勃朗，这让伦勃朗受益终身。[②]

1625 年左右，伦勃朗回到莱顿，和同门师兄扬·列文斯合伙开设了一间工作室。列文斯（1604—1674）是另一位声名鹊起的画坛新秀，虽然后来在艺术上的终身成就不如伦勃朗，但年轻时候的列文斯，却比伦勃朗名声更大。

就像青年时期的提香与乔尔乔涅结伴闯荡一样，伦勃朗和列文斯一起切磋绘画技艺，一起教导学徒，在莱顿度过了几年朝夕与共的时光。

1629 年，名扬欧陆的

图 20-1　伦勃朗《自画像》木板油画

图 20-2　伦勃朗《参孙与黛丽娜》木板油画

② 在伦勃朗后来的艺术创作中，更是将这一用光技巧加以发扬光大，他不仅因此创造了很多经典之作，还为多年以后出现的摄影行业留下了一个专有名词，即在人像摄影中被广泛采用的特殊用光技术——"伦勃朗光"。

③ ［意］斯特芬尼·祖菲：《伦勃朗》，蒋文慧译，147 页，北京，时代出版传媒股份有限公司·北京时代华文书局，2015。

荷兰大学者兼外交官康斯坦丁·惠更斯在莱顿短暂停留期间，偶然发现了这两位才气纵横的青年画家。惠更斯对列文斯和伦勃朗都给予了高度评价，他在著作中写道："我特意将来自莱顿的两位青年才俊留在最后。即便我说他们两人能与我之前所提的卓越人杰中最顶尖者比肩，我仍可能低估了他们的才华……"③

由于惠更斯的鼎力宣扬，列文斯和伦勃朗迅速成为莱顿最引人注目的双子星。但不久他们即分道扬镳，各自选择了新的发展方向。1631 年，因为朋友介绍，列文斯离开莱顿，在荷兰另一新兴城市海牙接下了一些订单，之后经由鲁本斯最出色的弟子凡·代克的引荐到了伦敦。在海峡两岸辗转数年之后，他最终又回到了荷兰首都阿姆斯特丹。尽管列文斯获取宫廷画师职位的梦想终身都未实现，但他后半生的鼎盛时期，仍然在阿姆斯特丹攒下了不啻于伦勃朗的财富与声名。令人惋惜的是，列文斯的晚年也像伦勃朗一样极其潦倒，他去世的时候几乎一无所有，而且死后迅速被人遗忘。在他作古 300 多年之后的 2017 年夏秋之际，一家国际收藏机构在北京举办了一次以伦勃朗为主题的小型展览，奔着伦勃朗原作而去的摩肩接踵的参观者们，看着其中几乎居半数以上的列文斯油画作品，却大多对伦勃朗的这位师兄弟、曾经的合作伙伴兼名誉上的竞争对手懵然无知。不得不承认这种残酷的对比存在造化弄人的意味，但更深层的原因也许在于：列文斯固然也称得上技艺精湛，但他缺乏伦勃朗那样在专业学术上的创新性贡献。而后者，正是借此成为美术史上被浓墨重彩所称许的代表人物。

同样在 1631 年底，因为画商亨德里克·凡·尤伦伯格的鼓动，25 岁的伦勃朗从莱顿再次来到画家云集的阿姆斯特丹。意大利著名作家斯特芬尼·祖菲在《伦勃朗传》的前言中写道："伦勃朗的一生，从没迈出过从他的出生地——莱顿到荷兰首都阿姆斯特丹之间四十来公里的地域：一片处处见水、苍穹低垂的平坦天地……终生从未远游。"④

④ ［意］斯特芬尼·祖菲：《伦勃朗》，蒋文慧译，6 页，北京，时代出版传媒股份有限公司·北京时代华文书局，2015。

对于经济拮据的乡下青年伦勃朗来说，如何在首都挣到更多的钱，显然是亟待解决的问题。他不仅承揽一些报酬微薄的肖像业务，还临摹和仿造了不少前辈大师的作品，以卖给画商亨德里克来维持生计。

经由亨德里克牵线搭桥，伦勃朗很快争取到了来自阿姆斯特丹外科医生公会的委托订单。在此之前，伦勃朗在莱顿也画过一些反响不错的多人组合作品，但与以往的历史和宗教题材有所区别的是，这次画面中出现的人物都是生活在现实中的订单委托者。就像哈尔斯之前绘制《圣乔治公民护卫队军官的宴会》一样，既要保证人物形象的逼真和位置相对公平，又要避免构图过于呆板，的确是让人棘手的事情。

但伦勃朗在《杜普医生的解剖学课》中，首次展现了他驾驭团体肖像画的过人技巧：在阴暗的背景下，卡拉瓦乔式的光线自左上方倾泻而下，照在围成半圈的视觉中心；错落有序的动态造型和生动专注的人物表情，营造出一种严肃的氛围和强烈的戏剧感；刻意留下的空位既避免了人物和场景被大面积遮挡，又似乎为观众赋予了置身神秘事件之中的现场代入感。

图 20-3　伦勃朗《杜普医生的解剖学课》布面油画

1632 年秋天，伦勃朗的作品《杜普医生的解剖学课》
使其在阿姆斯特丹声名大噪，大量订单蜂拥而至。这不仅
使他的经济状况迅速好转，更让他因此结识了他未来的妻
子莎斯基亚。

图 20-4　伦勃朗《莎斯基亚肖像》木板油画

　　莎斯基亚是画商亨德里克的堂妹，她的父亲生前曾经
担任荷兰某个小城市的行政长官，为她留下了一笔数目可
观的遗产。在应邀为她画像的过程中，凭借《莎斯基亚肖像》
和《萨斯基亚侧面像》等作品，伦勃朗深深打动了她的芳心。
尽管遭到家族成员们的集体反对，1635 年，拥有贵族身份
的莎斯基亚，还是义无反顾地下嫁给了浑身乡土气息的平
民画家伦勃朗。

　　婚后的伦勃朗可谓春风得意，不仅他的作品能带来比
普通画家越来越优裕的报酬，慕名投拜的众多弟子们也为

图 20-5　伦勃朗《莎斯基亚侧面像》布面油画

他奉上了不少学杂费，莎斯基亚名下的丰厚嫁妆，更让他成为街谈巷议中令人艳羡的话题人物。总而言之，作为艺术界最炙手可热的新晋红人，他的事业前途和生活状态看起来都一片大好。

　　1635—1636 年间完成的布面油画《酒店里的浪荡子》，似乎是伦勃朗在这一时期快意恣肆的状态写照。这幅又名《画家和他的妻子》的作品，实际可以看作以伦勃朗本人和莎斯基亚为人物原型的、带有肖像性质的新型创作。伦勃朗巧妙地将自己和爱妻放置在一幅充满世俗风情的画面之中，将最容易显得刻板的双人肖像，画出了颇具情节性和戏剧性的效果。

图 20-6　伦勃朗《酒店里的浪荡子》布面油画（又名《画家和他的妻子》）

　　这一阶段伦勃朗的创作热情似乎主要放在莎斯基亚身上。在应付外来订单之余，他不仅为莎斯基亚画了不少别具一格的肖像画，还假借神话题材，以她为模特儿画了一些主题创作。

　　然而可惜的是，正当事业顺遂、生活美满的大好时期，毫无心理准备的伦勃朗却对人生产生了错觉。在他的艺术创作越来越臻于化境的时刻，他的个人生活境遇却一步一步滑向了命运低谷。

　　不够理性也许是艺术家们的通病。在突如其来的财富和荣誉面前，从社会底层突然蹿升上来的伦勃朗也仿佛迷失了人生的方向。晚年时期的伦勃朗曾经不无落寞地反省自己："曾经有一个时期，我常常假装自己是个大贵族，那是我刚刚结婚的时候，我喜欢穿得阔气，喜欢想象自己是真正的上流人士……"

　　他不但在生活中日渐张扬地铺陈排场，还四处搜罗艺术名作和各类稀奇古怪的物件。这使莎斯基亚感到有些焦虑，她的娘家人更常常抱怨伦勃朗在漫无节制地挥霍莎斯基亚的嫁妆——若干年后，这些话柄更成为亨德里克家族拒绝向伦勃朗移交莎斯基亚名下遗产的重要理由。

　　但从伦勃朗那时洋溢着高度自信的一系列订件作品和自画像中似乎可以看出，意气风发的伦勃朗显然并不担心自己的未来。相反，为了存放大量藏品和安置越来越多的学徒，1639 年，他以支付少量订金的方式，负债买下了一处靠近阿姆斯特丹繁华地段的阔绰房产——而这次不合时宜的资产投机，却为伦勃朗被迫沦入一贫如洗的悲惨境地，埋下了最大的隐患。

　　刚刚搬入豪宅的伦勃朗还是度过了一段门庭若市的喧闹时光。为了应付越来越多的订单，他像鲁本斯当年一样，让自己的得意弟子们也参与到创作过程中，甚至有些来不及深度润色的应酬之作也往往会签上自己的名字。为了吸引那些买不起油画的顾客，他还在工坊里面开设了制作版画的业务——若干年后，伦勃朗流传于世的版画作品，充分证明了他在这个领域的卓越才华。

　　现在看来，1642 年无疑是伦勃朗的命运转折点。这年夏天，他那患有肺结核病的妻子莎斯基亚没能从产后的虚弱体质中恢复过来，在为伦勃朗留下一个尚在襁褓之中的孩子之

图 20-7　伦勃朗《大卫辞别乔森纳》木板油画

⑤ 就像另外一些作品一样，《夜巡》也并非源自伦勃朗的命名，原名应为《弗朗兹·班宁·柯克上尉的连队》。相传此画曾长期陈列在充满烟尘的恶劣环境，画面被熏黑以至于被误称为《夜巡》。此说当为谬传。从伦勃朗的众多作品中可以看出，采用大面积的暗黑背景来衬托视觉中心，是其惯常手法。烟熏尘染应是普遍效应，断然没有恰巧放过局部关键部位的道理。不过从画面内容来看，后世以《夜巡》为名，显然更加契合主题。

后，对丈夫不乏失望与哀怨之情的莎斯基亚不幸撒手人寰。这让伦勃朗陷入前所未有的悲痛与混乱之中。

所谓祸不单行，伦勃朗的职业声誉在这一年中也受到了严重损害。起因在于伦勃朗精心创作的一幅大型作品《夜巡》⑤，引起争议并被拒收了。

这幅后来经常被与达·芬奇的《最后的晚餐》和委拉斯贵兹的《宫娥》相提并论的名画，是伦勃朗应阿姆斯特丹射

图 20-8　伦勃朗《夜巡》木板油画

击手公会的订单所作。相传雇主们的原意，是请伦勃朗为他们画一幅集体肖像，为此他们愿意每人支付 100 个荷兰盾。

伦勃朗历时两年之久，交付的作品却没能像《杜普医生的解剖学课》那样获得一致认可。除了被重点突出的正副队长，雇主中的大多数人抱怨自己的形象没有得到公平的展示，虽然他们约定的是同等数额的报酬。

伦勃朗被卷入一场长达数年的诉讼之中。尽管最后他勉强拿到了报酬余款，却在阿姆斯特丹输掉了民意。

不过对于历史而言，幸运的是，这幅像伦勃朗本人一样命运多舛的巨幅油画，在先后经历了被尘封、被裁切甚至被恶意破坏之后，终于得以成功穿透时代的局限，而被学术界普遍认定为伦勃朗毕生之中的巅峰之作……

发妻早逝和声誉受损，成为伦勃朗个人生活由盛而衰的分水岭，也使他的画风产生了突变。斯特芬尼·祖菲在《伦勃朗传》中写道："自此以后，他更多地取用阴郁的颜色，开始简约化轮廓和特征的处理，不再进行谨小慎微的细节描绘……"⑥

因为订单锐减，伦勃朗渐渐陷入财务上的困境。不仅如此，阿姆斯特丹的人们还发现，没有经由教堂的证婚与祝福，伦勃朗竟然和新找的女仆格尔吉公然同居了！

当生活不幸成为一团纠缠不清的乱麻，伦勃朗不但没有找到解开它的有效方法，反而让自己坠入了更加被动的局面：阿姆斯特丹的那些秉持新教义理的加尔文教徒们，认为伦勃朗的行为严重悖逆了一个上帝子民和知名人士应有的操守与德望。

陪伴伦勃朗度过几年苦闷时光的格尔吉·迪尔克斯，原本是一位货船司号员的遗孀。当伦勃朗的儿子提图斯失去母亲之后，伦勃朗将格尔吉请到家中，充当嗷嗷待哺的提图斯的乳母。不久之后，她又客串了伦勃朗的模特儿，最后成了这位艺术家众所周知的情妇。

面对人们的鄙视和非议，1644 年，伦勃朗创作了《基督与被捉奸的女人》，借由《约翰福音》中的典故"让无罪的人向她投掷第一块石头"，表明了自己无所畏惧的态度。

⑥ ［意］斯特芬尼·祖菲：《伦勃朗》，蒋文慧译，20 页，北京，时代出版传媒股份有限公司·北京时代华文书局，2015。

图 20-9 伦勃朗《基督与被捉奸的女人》木板油画

　　随后，伦勃朗又创作了《圣家庭与天使》。在画面中，
伦勃朗俨然呈现了一幅温馨的家庭场景：扮作圣母玛利亚的
格尔吉，正在悉心照料着扮作幼年耶稣的提图斯。

图 20-10　伦勃朗《圣家庭与天使》布面油画

　　格尔吉曾经相信伦勃朗终究会娶她。在他们亲密相处的一段时期，伦勃朗甚至还将前妻留下的首饰赠送给了格尔吉。然而，在越来越自顾不暇的岁月里，伦勃朗最终反悔了。于是，这位不幸的女人在重病之际惹上了艺术家"赋予"她的一场官司。1649 年，她被控告偷窃了主人前妻的遗物，之后被判定为神志不清，在感化院住了六年。获释后不久，格尔吉在贫病困苦中悲伤地死去……

　　尽管伦勃朗早已是公认的荷兰历史上首屈一指的艺术大师，但相关文献和司法档案仍未完全隐去这段似乎私德有亏的往事。他的传记作者斯特芬尼在著作中委婉地批评道："……伦勃朗·凡·莱因的个人形象在他死后很快就被程式化，他转化成为荷兰绘画的英雄人物；甚至他跟女

⑦ [意]斯特芬尼·祖菲:《伦勃朗》,蒋文慧译,146页,北京,时代出版传媒股份有限公司·北京时代华文书局,2015。

人的关系,尤其是他与莎斯基亚的婚姻,也演绎为甚为夸张的一段佳话。毋庸置疑,伦勃朗对女性充满巨大的同情,他的许多作品见证了这一点。虽然如此,他对格尔吉·迪尔克斯的所作所为,则呈现出另一束光线下的他。"⑦

还有一个无法隐瞒的事实是,根据法律文件的原始记录可以看到,在指控格尔吉的证人名单中,出现了亨德里克·斯托芬的名字。这意味着伦勃朗余生的最后一位被公开身份的亲密伴侣,在1649年以前已经深度介入了他的私生活。

当歇斯底里的格尔吉在绝望中沦为感化院中的囚徒时,年仅22岁的斯托芬如愿以偿。不顾市民们的指指点点,她堂而皇之地充当了伦勃朗的又一位没有婚姻名分的情妇。

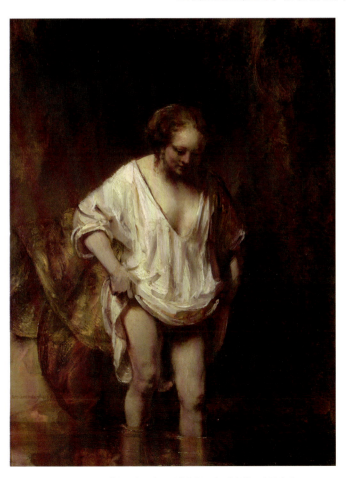

图20-11　伦勃朗《在河中洗澡的亨德里克·斯托芬》木板油画

1653年,她为伦勃朗生下了一个女儿(为了纪念伦勃朗的母亲,取名为科妮莉娅)。不过难能可贵的是,这位连自己姓名都不会书写的乡下姑娘,在伦勃朗最艰难的时刻也始终毫不动摇地陪伴在他身边,直到36岁时,她像伦勃朗的原配妻子莎斯基亚那样因病早逝。

1656年,因为无法偿还购房欠下的巨额余款,伦勃朗在百般努力无果之后,被法院强制破产清算。他大半生的心血,包含所有作品和收藏品在内,都被以极其低贱的价格拍卖。伦勃朗自此非常可悲地陷入赤贫状态,而当时,在他身边却罕有真正的援助者和同情者。

自从 1642 年以来，伦勃朗看上去似乎特别离经叛道的所作所为，引起了阿姆斯特丹人的普遍反感。除了极少数继续欣赏他的赞助者，伦勃朗已经很少能接到大额委托订单。从个人际遇来说，这也许是伦勃朗的不幸，但从另一个角度来看，伦勃朗恰恰因此在艺术风格的独创性方面获得了更大的可能性——随着雇主们固执而陋俗的要求大幅减少，此后他可以更加彻底地尊重自己的艺术感受了。

　　如果说之前在他的画面中一直存在着比较浓郁的提香和卡拉瓦乔的风格影响，那么可以说，在经历人生剧变之后，他的艺术创作将越来越多地呈现出更加独特的面貌。他的画风变得更加厚重沉郁，而且不仅于此，在绘画技巧上，他逐渐抛开了一向盛行的精雕细琢的画法，转而寻求建构一种新型的技术语言。

图 20-12　伦勃朗《自画像》局部　布面油画

实际上，伦勃朗的这种创新在他的一系列自画像中早已露出端倪。早在1628年，他22岁前后的自画像就已显现出与众不同的特质，1640年以来的自画像愈发强化了这种技巧，在他生命的最后15年内，更形成了他的招牌式画法。简单来讲，即尽可能弱化外轮廓和形体转折的边缘线，而代之以向纵深空间延伸得更加含蓄——甚至可以称之为非常朦胧的过渡关系；在用笔用色方面，他也大胆采用越来越狂放的笔触，甚至有时会将厚重的颜料直接堆积在画布之上。

　　这种画技既有别于达·芬奇、提香、卡拉瓦乔等人擅长的明暗法，更与丢勒、荷尔拜因等人的线造型体系完全拉开了距离。

图20-13　伦勃朗《自画像》局部　布面油画

伦勃朗的技法创新虽然在当时不被人们接受和理解，但其独有的学术价值，终于在 200 多年之后得到了专业学者的高度认可。

作为文化史大家布克哈特最出色的高徒，和 20 世纪前半叶西方美术史界最有名望的三大宗师之一，沃尔夫林在他毕生最有影响力的著作中，特意将丢勒和伦勃朗的技术手法树为典型代表，以之引申出"线描"和"涂绘"的区别。他说："……西方的绘画在 16 世纪是描画的，而在 17 世纪，就细节方面来说是朝涂绘的方向发展。即使只有伦勃朗一人，具有决定意义的视觉调整毕竟处处发生了。谁要是出于兴趣想搞清自己同可见的形式世界的关系，就不得不去研究这两种截然不同的视觉方式……这两种风格代表两种世界观，它们对趣味和对世界的关注不同，然而各自都能提供可见事物的完美图像。"[8]

在经过一番漫长而晦涩的论述之后，沃尔夫林对伦勃朗代表的"涂绘"风格给出了自己的评价："……于是绘画的整个观念改变了，触觉的图像变成了视觉的图像，这是美术史上具有决定意义的一场革命。"[9]

继而，他甚至几乎将伦勃朗肇造的"涂绘"风格，从西方美术史的发展逻辑上，引向了日后以莫奈为代表的现代印象派的彻底变革……

⑧ ［瑞士］海因里希·沃尔夫林：《美术史的基本概念——后期艺术风格发展的问题》，洪天富、范景中译，35 页，杭州，中国美术学院出版社，2015。

⑨ ［瑞士］海因里希·沃尔夫林：《美术史的基本概念——后期艺术风格发展的问题》，洪天富、范景中译，38 页，杭州，中国美术学院出版社，2015。

如下："当丢勒或克拉纳赫把一个人画为亮的形体放在晦暗的背景上时，各个部分依然清晰；背景是背景，人体是人体，在我们面前的维纳斯或夏娃看上去像是暗底上衬托出的白色轮廓。相反，伦勃朗画在暗底上的人体，身体的亮部就仿佛从画面空间的暗处放射出来；似乎一切都是同一质料构成。在这种情况下，对象的明晰性并没有减弱。形体依然保持清晰，起塑造作用的光线和阴影形成的奇特结合，获得了它自己的生命。它们没有损害对象，而是让人体与空间、实体与虚无统一为独立的色调运动。"

（引自［瑞士］海因里希·沃尔夫林：《美术史的基本概念——后期艺术风格发展的问题》，洪天富、范景中译，37 页，杭州，中国美术学院出版社，2015。）

图 20-14　伦勃朗作品与丢勒作品局部对比

图 20-15　伦勃朗《纺织同业会抽样官群像》布面油画

图 20-16　伦勃朗《带两个圆圈的自画像》布面油画

尽管伦勃朗晚年穷困不堪，但他依然凭借强大的意志力，创作了不少艺术精品。《纺织同业会抽样官群像》《带两个圆圈的自画像》等等，都是他暮年时期为数不多的佳作。

1668年，伦勃朗经历了他人生中的最后一次重击：他的儿子，年方28岁的提图斯不幸在一场瘟疫中被夺去了生命。为了纪念自己的爱子，伦勃朗在备受摧残的衰朽之年勉强打起精神，创作了其人生最后阶段的大型代表作《浪子归来》。

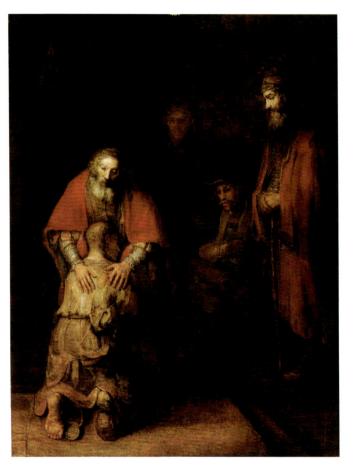

图20-17　伦勃朗《浪子归来》布面油画

记载表明，1669年，伦勃朗还画过一幅尺寸较小的自画像。这也许是伦勃朗在彻底油尽灯枯之前，对自己最后的苍凉回望。这一年的10月6日，伦勃朗孤苦伶仃地猝死于他寄居的某处寓所，时年63岁。

图 20-18　伦勃朗《最后的自画像》布面油画

⑩　[意] 斯特芬尼·祖菲：《伦勃朗》，蒋文慧译，27 页，北京，时代出版传媒股份有限公司·北京时代华文书局，2015。

　　多年以后，在根据各种支离破碎的线索整理出来的《伦勃朗传》中，作者斯特芬尼·祖菲用一种近乎平静的笔调写道："就像提香一样，他临终时床边没有牧师。一个不甚虔诚但对圣经有着精准了解的人，在没有教会的辅助下与世长辞了。"⑩

　　除了他那不知所措的未成年女儿科妮莉娅，和提图斯给他遗下的刚刚半岁的孙女狄蒂亚，以及一张尚未完成的油画，他几乎没有留下其他任何值得描述的私人物件，也没有留下遗嘱……

　　似乎难以详知伦勃朗的遗孤后来如何度过自己的人生，也无法确证滚滚红尘中是否还有他赓续至今的血脉，但他留下的艺术瑰宝，仍然使他得以在欧洲美术史上享有永恒的声望。

第 二 十 一 章
久罹兵燹的法国大地与古典主义的兴起

如果将公元 1400 年以来的欧洲艺术史大致划分为两个阶段，那么几乎可以说，在 1700 年之前的 300 年间，欧洲艺术发展进程主要是在意大利文艺复兴巨大成就的引领之下展开的。但是，随着意大利半岛经济实力和综合影响力的全面衰退，随着欧洲地缘政治格局的重新盘整，法兰西王国在 17 世纪中叶终于脱颖而出，一度跃升为欧洲最强大的国家。与此相匹配的，是法国在文化艺术领域的全面爆发。在此后近 300 年的大部分时间内，纵然法国在欧洲的争霸企图被其他列强一再削弱，但法国在文化艺术领域的核心影响力,却持续以居高临下之态统摄着整个西方世界，直到第二次世界大战结束后美国在军事、政治、经济、文化等方面的全面胜出。

能在列强环伺的地缘竞争中崛起，法国无疑也经历过不少挑战和磨难。

先是 1337—1453 年之间的法英百年战争。当阿尔卑斯山脉另一侧的和风丽日熏沐着意大利半岛的上帝子民之时[①]，瓦卢瓦王朝统治下的法国人却在与英国入侵者进行着旷日持久的拉锯战。

饱经疮痍之后，法国人艰难逐退隔海相望的强敌，算是赢得了来之不易的战争胜利。但他们还来不及庆祝，便发现已经身处新的南北夹击态势之中——哈布斯堡家族统

① 尽管意大利城邦之间也有小范围的地域冲突，但范围和烈度都要小很多。

② "意大利战争，是 1494 年至
1559 年间一系列战争的总称。战争起
源于米兰公国与那不勒斯王国之间的
纠纷，多数意大利城邦、罗马教廷、
法国、西班牙、德国、英国以及奥斯
曼土耳其帝国等都被不同程度卷入。
实质上也是奥地利哈布斯堡王室与法
国瓦卢瓦王室之间为争夺欧洲霸权而
爆发的一次大规模战争。因此又称哈
布斯堡 - 瓦卢瓦战争。"

意大利战争期间，来源于中国的
火药技术被广泛使用，并因此后一系
列激烈的拉锯战而获得持续性改进。
而火药的原发明国中国，却因为明亡
清兴之后的长期和平，以及来自草原
游牧民族的统治者对新科学、新技术
的严重忽视，而导致在科学文化和军
事技术等领域被欧洲全面反超，并进
而引发了中国晚清时期被欧洲列强蹂
躏的历史悲剧。

③ "南特敕令，由法国国王亨
利四世大致在 1598 年签署颁布。这条
敕令承认了法国国内胡格诺教徒的信
仰自由。1685 年，亨利四世之孙路易
十四颁布《枫丹白露敕令》，宣布基
督新教为非法，南特敕令亦因此而被
废除。"

④ 法国宗教战争（1562—1598
年，一说 1559—1594 年），又称胡格
诺战争。16 世纪 40 年代，加尔文教
开始在法国传播，称为胡格诺教。法
国南部的大封建贵族信奉加尔文教，
与北方信奉天主教的大封建贵族存在
严重冲突，最终演变成长期内战。表
面上是宗教派别矛盾，实质上是法国
王权同封建割据势力之间的冲突。连
续八次天主教和新教的激烈对抗，对
16 世纪的法国造成了严重破坏。

亨利四世于 1598 年颁布南特敕
令，实行宗教宽容政策，他宣布天主
教为国教，但胡格诺教徒在法国全境
有信仰新教的自由，在担任公职方面
享有同等权利。

同年 5 月，西班牙同法国议和。
持续 30 多年的胡格诺战争自此结束。
法国王权得到加强，为民族国家的统
一和经济的复兴创造了条件。

治下的伊比利亚半岛（西班牙）和神圣罗马帝国（德意志
第一帝国），将法国不怀好意地紧紧包围在阿尔卑斯山脉
和大西洋之间的有限地域之内。法兰西三面受敌，相对文
弱的意大利方向便似乎成为唯一可以选择的战略突破口。

为了争夺对意大利半岛的宗主权，自 1494 年开始，法
国主动挑起了"意大利战争"。② 在此后长达 65 年的战乱
期间，连续四代法国君主的劳师远征，几乎每次都引发了
一个强有力的联盟来与它抗衡，因而收效甚微。1559 年"卡
托 - 康布雷齐和约"的签署，意味着法国最终被迫放弃了
它对意大利的征战。皮埃尔·米盖尔在《法国史》中写道：
"意大利冒险就这样悲惨地结束了。从此，再没有一个法
国国王能够在阿尔卑斯山脉另一侧获得重大的突破。法国
和帝国之间的斗争从此局限在东部各省。"

紧接着法国又陷入宗教改革运动和反宗教改革所引发
的长期内战，直到 1598 年亨利四世颁布"南特赦令"③，
才最终结束了这场持续 30 多年的"胡格诺战争"④。

1589 年，瓦卢瓦王朝绝嗣之后，作为远亲，本名亨
利·德·波旁的亨利四世得以继承法国王位，成为波旁王
朝第一任君主（1594 年加冕）。
亨利四世的远见卓识和治国才
能，使法国经济于长期混乱之
后得到初步复苏，为随后进入
极盛时期奠定了基础。他任内
扩建的卢浮宫通过后来时断时
续的修缮，如今成为举世闻名
的顶级艺术博物馆。

图 21-1 亨利四世像

图 21-2 卢浮宫外景

图 21-3　路易十三像

图 21-4　黎塞留像

图 21-5　路易十四像

图 21-6　凡尔赛宫内景

1610 年亨利四世遇刺身亡，他的儿子路易十三（1601—1643）继位。尽管路易十三在法国历史上的威望和成就被公认为"上不如其父，下不如其子"，但在富有才干的枢机主教黎塞留的强力辅佐之下，法国在内忧外患中实现了国家近代化的转变，国势蒸蒸日上。在长达 30 年的波及全欧洲的大规模混战中，法国终于打垮了曾经无比强大的西班牙帝国和神圣罗马帝国的联合体。

1648 年《威斯特伐利亚条约》的签订，象征着"三十年战争"的正式结束。路易十四接手的法国，终于颠覆了近三个世纪的哈布斯堡霸权。1678 年，法国又打败了海洋大国荷兰，从此取而代之，成为雄踞欧洲大陆的新霸主。

路易十四继位后更加强化了法国的君主专制政权。在他统治的鼎盛时期，为了显耀文治武功和巩固中央集权，他不仅耗费巨资兴建了空前宏伟的凡尔赛宫，还将一批势力强大的法国地方贵族迁入宫中聚居。这一措施后来果然收到了奇效：之前屡屡反叛的地方领主入住凡尔赛宫中之后，迅速

图 21-7　凡尔赛宫外景

被浮华奢靡的宫廷生活所笼络和腐化。大贵族们以受邀居住于宫中为荣,无缘获宠的中小贵族们则纷纷离开自己的领地,在临近王室的巴黎城营建豪华府邸。

当令人崇仰的罗马城日渐衰颓之时,巴黎迅速成为欧洲最有吸引力的超级都市。短短数十年间,被称为"路易十四风格"的带有古典主义平衡和严肃特质的建筑,矗立在巴黎的大街小巷。在这场浩浩荡荡的造城运动中,不仅国王和他的贵族官僚们成功达成了宣扬威权与歌功颂德的愿景,囊括建筑、装饰、雕塑、绘画、景观等艺术门类的巨大刚性需求,也使厚积薄发的法国艺术由此走上了快速前进的发展通道。

时空倒转到 1519 年,当客居法国的暮年达·芬奇在法王弗朗索瓦一世的怀中溘然长逝之时,法国人的艺术成就还乏善可陈,国王在时局动荡中对顶级大师的极力推崇虽然有所裨益,但并未使法国艺术萧条落后的发展状况在那个年代立刻获得根本性的进步和转变。

也许 1533 年他那刚满 14 岁的儿媳凯瑟琳·德·美第奇踏入枫丹白露宫的那一刻,才真正意味着来自意大利豪门世家的宫廷礼仪、奢华做派和忠实于意大利品味的艺术鉴赏力,被正式引入带有哥特式烙印的法国王室。

凯瑟琳(1519—1589)是亨利二世的王后。在丈夫因比武受伤死去后,先后继位的三个儿子弗朗索瓦二世、查理九世和亨利三世都不同程度地受到了凯瑟琳的操纵。她还是法国宫廷艺术和时尚文化的重要推动者,在她的影响

图 21-8 凯瑟琳·德·美第奇王后像

图 21-9 玛丽·德·美第奇王后像

下，第一代枫丹白露派艺术家成为法国宫廷建筑、绘画、雕塑和装饰艺术的早期骨干。其中最出色的代表人物当属来自意大利的罗索[⑤]和普利马蒂乔[⑥]，他们不仅留下了不少杰作，还与活跃在玛丽王后（1573—1642）期间的第二代枫丹白露派旗手杜布勒依、杜伯瓦和弗雷米奈等人一起，为法国培养了一批优秀的本土艺术家。

深受艺术熏陶的玛丽王后也出自门第显赫的美第奇家族。以出身血统而言，她是凯瑟琳·德·美第奇的表妹，但从比较凌乱的姻亲关系来说，她又是凯瑟琳王后前女婿亨利四世的再婚妻子。[⑦] 在之前有关鲁本斯的章节中曾经提到过玛丽王后，她对收藏艺术品有着狂热的喜好，为法国宫廷艺术的繁荣做出了不少贡献。玛丽王后对鲁本斯的绘画艺术推崇备至，并委托他绘制了很多尺幅惊人的油画作品。在与儿子路易十三之间的宫斗失败之后，她将鲁本斯童年时期在科隆的旧居当作最后的栖身之地，直到1642年在那里落寞地死去。

在法国国力一路崛起的阶段，为法国王室服务的画家们对佛罗伦萨、罗马和威尼斯等地文艺复兴时期的艺术成果进行了非常虔诚的学习与模仿。尽管北方尼德兰地区的世俗风情艺术和东欧哥特式艺术都对法国产生了一定影响，鲁本斯的大作在法国也拥有不少倾心敬服的拥趸，但在很

⑤ 罗索，即被拉斐尔门徒逐出罗马的罗素·菲伦蒂诺（Rosso Fiorentino, 1494—1540）。出生于佛罗伦萨，是与蓬托莫同时代的矫饰主义画家，在油画和壁画方面成就颇高。罗索1523年底来到罗马，接触到米开朗基罗、拉斐尔等艺术大师的作品。

罗索在1530年前往法国，将矫饰主义风格流传至位于枫丹白露附近的艺术学院，成为法国16世纪枫丹白露画派的主要旗手。代表作有《圣母与四使徒》《耶稣卸下十字架》等。

⑥ 普利马蒂乔（Primatuccio, 1504—1570），意大利画家、雕刻家、建筑师。素描作品生动细致，富于装饰性。普利马蒂乔为枫丹白露宫的墙壁设计意大利式的壁画，用大型的拉毛粉饰装框并产生变化，将风格化的涡卷形装饰图案与高浮雕的花环、水果、各种人物、裸体形象结合在一起，创造了一种完全崭新的室内装饰概念。这些装饰与图案被家具设计师们迅速采用在家具制作中。代表作《尤利西斯和帕涅罗波》。

来自意大利的画家罗索、普利马蒂乔和雕塑家切利尼等人与法国画家库新、卡龙、雕刻家古戎和庞隆等人合作，在宫廷内外的装饰上形成了一个具有很强装饰风格和贵族气息的艺术流派。

16世纪下半叶亨利四世登基，重修枫丹白露宫，法国艺术再次得到发展并出现高潮。此时出现了第二代枫丹白露画家。

⑦ 亨利四世（法语：Henri Ⅳ, 1553—1610），继位前是纳瓦拉王国国王，凯瑟琳第三个女儿玛格丽特·德·瓦卢瓦的丈夫。瓦卢瓦王朝绝嗣之后，父族和母族都与瓦卢瓦家族存在姻亲关系的亨利四世继位，成为法国波旁王朝第一任君主。因为婚后没有诞下子嗣，他与玛格丽特离婚，于1600年迎娶了27岁的玛丽·德·美第奇。也就是说，在凯瑟琳离世之后，亨利四世由她的亲女婿变成了她的表妹夫。但玛格丽特依然保留了王后头衔，即法国历史上艳名与绯闻都远扬四海的"玛戈王后"。

⑧ 意大利正式成为独立国家以前，法国人惯于将一山之隔的意大利半岛视为自家的后院。因此意大利在艺术上的辉煌成就，在那个时期也几乎被法国人视为自身的光荣。这也是法国艺术在洛可可风格出现之前，一直追随意大利主流风格的重要原因之一。

长一段时间之内，法国艺术家们都更愿意心悦诚服地将意大利半岛视为最正宗的艺术源流。⑧ 因此，当矫饰主义和巴洛克风潮席卷大半个欧洲之时，同样被天主教深度影响的法国地区，虽然在建筑和装饰领域也不可避免地产生过一些具有矫饰主义特质和巴洛克风格的作品，但从绘画领域来看，法国艺术家们更多在固守意大利文艺复兴时期的古典风格。

在意大利艺术的长期浸染之下，法国本土出现了普桑、洛兰、勒布伦等一批造诣精深的艺术大师。当佛罗伦萨和威尼斯渐渐沉寂，当罗马、安特卫普和马德里的巴洛克余晖闪烁在欧洲的夜空，当伦敦的艺术之光依然暗淡，当阿姆斯特丹那些时运不济的巨匠们还在市井闾巷中苦苦挣扎之时，来自意大利半岛的种子，却终于在法国那曾久罹兵燹的大地上绽出了古典主义的花朵。普桑、洛兰等人的艺术成就，终于使法兰西民族开始在欧洲艺坛上占有一席之地。⑨

⑨ 在巴洛克风格占据主导地位的时代，虽然普桑、洛兰等人在艺术创作上尚未完全具备明确的法国趣味，但作为法国民族绘画形成之初的出色代表，他们的绘画艺术还是被后来的研究者们贴上"古典主义"的标签，并视其为法国艺术走向极度辉煌的前兆。

尼古拉斯·普桑（Nicolas Poussin，1594—1665）出生于法国西部诺曼底的莱桑德利。1624 年春天，30 岁的普桑像许许多多的艺术朝圣者一样，怀着对前辈大师们的无限景仰来到意大利半岛，深入研究了威尼斯画派、罗马画派以及博洛尼亚画派诸位大师的名作。

1628 年，普桑在罗马应邀创作了《罗马将军之死》。在这幅反映历史英雄主义的作品中，他以宏大、严谨的构图和精湛的造型技艺，展现了具有普桑特色的古典主义风格。在 100 多年之后出现的法国新古典主义名作《荷拉斯兄弟的誓言》中，似乎还能看出普桑对后辈大师的深度启发和巨大影响。

1630 年之后的 10 年期间，普桑凭借《萨提尔与山林水泽女神》《花神王国》《阿卡迪亚的牧人》等一系列出色作品，在罗马赢得了很高的职业声望，也引起了法国当权者的高度关注。

1640 年，普桑接受首相黎塞留的邀请回到法国，出任

图 21-10　普桑《罗马将军之死》布面油画

图 21-11　普桑《阿卡迪亚的牧人》布面油画

路易十三的宫廷画师。但在巴黎，普桑却遇到了比他大 4 岁的资深首席宫廷画师西蒙·武埃，这位强大的竞争对手使普桑在工作中颇感失意。因此 1642 年，普桑借机离开法国再次来到意大利，此后再也没有回过故乡。

在第二个罗马时期，普桑创作了《七件圣事》《所罗门的判决》《掠夺萨宾妇女》《在帕特莫斯岛的圣约翰与风景》及组画《四季》等。

普桑的作品大多取材于神话和宗教历史故事，立意严肃而富于哲理，人物造型庄重典雅，构图完美，技法精到，

图 21-12　普桑《掠夺萨宾妇女》布面油画

具有稳定静穆和崇高深邃的艺术特色。

　　作为以拉斐尔和提香为近宗的古典主义大师，虽然普桑的艺术活动主要在罗马，但他的很多作品却被赞助商们带回了法国境内，因此他在法国绘画史上影响极其深远。大卫与安格尔继承和发展了他的理念，从而在洛可可风潮之后构建了 18 世纪的法国新古典主义；浪漫主义旗手德拉克洛瓦和后印象派主将塞尚等很多后辈艺术家，都曾直接表达过对他的敬慕和感激。他在法国艺术史上拥有崇高的地位，被誉为"法兰西绘画之父"。

　　与普桑名声相近的还有法国古典主义风景画家洛兰。

　　克劳德·洛兰（Claude Lorrain，1604—1682）比普桑小 10 岁左右，大约在 1604 年出生于法国东北部洛林公国的小村庄夏玛尼。

　　作为一个幼年失怙的孤儿，洛兰几乎没有接受过正规的入学教育。13 岁时他随亲戚一起背井离乡来到罗马，以制作面点的谋生手艺而成为画家达西的仆人，之后被画家收为弟子和助手。

　　1625 年，21 岁的洛兰回过法国，但在母国定居的愿望没有实现。1627 年他再度前往罗马，此后，他将风景画作为自己的主要方向，在罗马迅速成名。

图21-13　洛兰《埃及艳后登陆》布面油画

图21-14　洛兰《帕里斯的评判》布面油画

　　洛兰擅长在大面积的户外风景中，植入带有主题色彩的人物点缀，这使他的作品既呈现出优美的自然风貌，又能迎合那个时代欧洲人对神话历史或宗教元素的喜好。

　　洛兰因此获得了枢机主教古义多的赏识，从此平步青云，身价倍增。他的订单委托者还包括乌尔班八世为首的连续三任教皇、西班牙国王腓利四世和为数众多的世家贵族。这些位高权重、财大气粗的高端客户，使洛兰成为那个年代最令人艳羡的高收入艺术家之一。

图 21-15　洛兰《有牧羊人的风景》布面油画

1682 年，深受痛风病困扰的克劳德·洛兰死于罗马。他留下的很多风景画成为代表法国古典主义风格的典范之作，深度影响了包括透纳和康斯太勃尔在内的众多后学。

继普桑和洛兰之后，法国 17 世纪下半叶曾经煊赫一时的宫廷画师夏尔·勒布伦（1619—1690），也是法国古典主义画派中的一位举足轻重的重要人物。

尽管普桑的职业生涯中存在一段短暂的为法国王室服务的经历，洛兰也长期热衷于为宫廷贵族们提供作品，但严格来讲，他们都属于宫廷体制外的民间艺术家。他们对同时期极度盛行的巴洛克风格和卡拉瓦乔主义也都很不以为然。当鲁本斯的大作名动整个欧洲之时，普桑却在极力推崇拉斐尔一脉的古典主义传统。

与他们相比，勒布伦对待巴洛克风格的态度似乎要开放一些。他曾经是西蒙·武埃的弟子，在普桑回国期间，他又成了普桑的信徒，并追随普桑在意大利游学了 4 年。1646 年，27 岁的勒布伦回国后，成为太阳王路易十四的首席宫廷画师，从此深受王室重用。他为装饰卢浮宫和凡尔赛宫做出了很多卓有成效的工作，一生中留下了不少规模宏大的油画和天顶画作品。

图 21-16　勒布伦《赛吉耶大法官骑马像》布面油画

　　或许勒布伦在绘画方面的才能不足以使他跻身超级大师的行列，但他的另一项重要成就却不宜被忽略。作为杰出的美术教育家和组织者，他为欧洲美术教育机构的正规化做出了不可磨灭的贡献。1663 年勒布伦被委任为法兰西皇家绘画雕刻学院院长，1666 年又被派往意大利，创办了代表法国王室利益的罗马法兰西美术学院。

　　此前，虽然先后有洛伦佐在佛罗伦萨创办的雕刻学院和卡拉奇兄弟在博洛尼亚创办的美术学院在意大利半岛发挥作用，但与他们纯粹依靠家族力量来办学的差异之处在于，勒布伦主导的美术学院具有非常强大而明确的国家背景。在法国王室的大力支持下，法兰西皇家美术学院在越来越科学、越来越系统的办学过程中，形成了对以往盛行的作坊师徒制的压倒性优势，从而为欧洲造就了大量的专业人才。当洛可可艺术、浪漫主义艺术等新浪潮席卷欧洲之时，勒布伦的后继者们所奉行的学院派传统，却如同磐石一般，在猛烈冲击之下依然顽强地屹立在法国大地。大卫、安格尔、布格罗等数位巨匠的出色表现，更是将新古典主义和学院艺术的巨大影响，一直延续到印象派和后印象派时期。

　　在那时，曾经以意大利为文艺中心的 300 年荣光已然成为过去，文艺复兴和巴洛克时代巨匠们的人生与杰作也已融入历史。而以法国巴黎为主场的新舞台上，继洛可可、新古典主义、浪漫主义、印象派、后印象派之后，次第登场的现代艺术各个流派的主角们，将为人们展现出一幕幕更加炫目的精彩华章。

那将是久违了的佛罗伦萨式辉煌盛况的再度上演。在新的权力中心和文艺中心，让人目不暇接的艺术之花将在那里密集开放，并将巴黎装点成数百年来最负盛名的艺术之都、文化之都和浪漫之都……

余论："复兴"还是"新兴"

——可能需要被重新审视的"文艺复兴"以及西方艺术史

从写作顺序而言，本文虽然冠以余论之名，其实草创时间相对较早。在最初的文本架构设想中，甚至曾计划以此用作正文之前的导论部分，但由于担心其中阐述的观点也许会冒犯部分读者的理念与情感，因而移附于书尾，希望能借此弱化本文论调可能呈现的激进色彩。

以下内容密集引用了几位当代学者近年来的学术论点，通过对中外古代航海史的回望，以及对"古希腊"历史的质疑，提醒我们可能需要打破业已根深蒂固的思维惯性，来重新审视"文艺复兴"以及与此相关的西方艺术史。

传统上把文艺复兴描述成古代希腊、古代罗马文明的一次复兴。在我看来，到了该重新评价欧洲中心论史观的时候了。尽管古代希腊和罗马的理念在文艺复兴中扮演了一个重要的角色，我仍主张中国知识资本传入欧洲是点燃文艺复兴之火的导火索。[①]

这番让人难以置信的惊世之语，并非某位秉持狭隘民族主义立场的中国人突然心血来潮的唐突之言，而是英国当代著名学者加文·孟席斯[②]先生（以下简称孟席斯）经由多年考据而获得的研究成果。

作为立场比较公允而且拥有专业航海经验的欧洲当代学者，孟席斯并未完全囿于西方史学界的传统窠臼，而是令人尊敬地为我们奉献了他的一系列最新发现。近年来，他在全球 60 多个国家相继出版的两部著作《1421，中国发现世界》《1434，一支庞大的中国舰队抵达意大利并点燃文艺复兴之火》，是其前后历经 20 余年潜心研究和多方印

① ［英］加文·孟席斯：《1434，一支庞大的中国舰队抵达意大利并点燃文艺复兴之火》，宋丽萍、杨立新译，7 页，北京，人民文学出版社，2012。

② 加文·孟席斯（Gavin Menzies，1938—2020），原英国皇家海军军官、职业航海家、著名学者。曾任海军领航员、驱逐舰舰长、潜艇艇长，在从军生涯中曾长期执行远洋航行任务，退休后对中国明朝时期郑和船队的远洋探索成果与欧洲大航海时期的远洋航迹进行了专业而细致的研究和考据，从中挖掘出了许多曾被长期湮没的史料与物证，著有《1421，中国发现世界》《1434，一支庞大的中国舰队抵达意大利并点燃文艺复兴之火》，并在世界范围内引起广泛关注。

领航员出身的孟席斯，是极少数能够凭借职业经历和专业素养，从而有条件在古代航海史研究领域内取得卓越成绩的当代学者。其最新研究成果，足以使他超越那些只知固持史学成见，而不肯直接面对新发现和新证据的历史学家们。

证的心血之作，这两本书一经面世即引起巨大反响，在欧美一版再版，发行总量逾百万册，甚至在西方史学界引发了是否需要改写世界历史的讨论。③

孟席斯在其著作中考述的核心论点有两个要素，其一是从多个方面充分论证了"郑和下西洋"此前未被中外史学界所发现和认定的巨大成就：中国船队早在欧洲大航海之前即已完成环球航行，中国人积累的航海技术和宝贵资料，直接成全了哥伦布和麦哲伦等欧洲航海家的伟大功绩。④

其二是通过各种关联线索与系列证据，充分论证了1434年郑和船队中的一支分队造访威尼斯和佛罗伦萨的历史事实。孟席斯指出，通过官方渠道传入欧洲的《航海地图》《农书》《授时历》《武经总要》等珍贵典籍，与造纸术、印刷术、火药、指南针等文明成果一起，直接促进了欧洲人在文化、艺术、科学、技术、经济、军事等领域的全方位提升和随之而来的爆发性进展，是点燃欧洲"文艺复兴"运动的导火索。

在此全面展示孟席斯先生的学术内容当然是不太现实的，但是我们可以通过引用他著作中的一些段落，来略窥其部分论点。

欧洲人发现美洲和第一次环球航行是郑和的使者慷慨大方的直接后果，后者在1434年将中国人的全球地图拱手送给了教皇……没过多久，哥伦布和韦斯普奇（亚美利哥）就利用这些计算方法抵达了新世界……⑤

毕竟，此前学界都认为是克里斯托弗·哥伦布在1492年发现美洲的。不过，早在哥伦布扬帆启航的18年前，他就已经获得了一张美洲地图，这一事实在他稍后的航海日志中得到印证……⑥

……这些证据似乎表明佛罗伦萨的数学家抄袭了中国人的著作——塔科拉、弗朗西斯科·迪·乔乔和阿尔贝蒂从《数学九章》中抄袭了数学、测量、透视法和密码学知识；雷吉奥蒙塔努斯从郭守敬的著作中抄袭了球面三角形的内容，托斯卡内利和库萨的尼古拉抄袭了郭守敬的天

③ 总体来看，目前国内外史学界的保守力量对加文·孟席斯的《1421》和《1434》大多持本能的抵触态度。但更大范围内的关注与认可已渐成燎原之势。毫无疑问，加文·孟席斯的一系列最新研究成果，已经严重动摇了此前历史经典学说中关于世界航海史的重要根基。

④ 经过孟席斯等人的深入考证，史称所谓"郑和七次下西洋"，是指从明成祖到明宣宗时期，朝廷先后正式颁发了七次大规模出海的圣旨。实际上郑和下属各分支舰队总计进行了200余次规模和航程不一的远洋探索，航迹遍布全球，并绘制了当时最先进的全球航海地图，留下了大量的海录资料。

但由于远洋航行造成的巨大耗费，遭到当时社会各阶层的强烈反对，缺乏战略远视的最高决策者扛不住朝野上下的集体攻讦和"劳民伤财"的恶名，最终造成曾经声势浩大的远航活动被强行废止。

更加可惜的是，熟读儒家经典的文人官僚们由于严重缺乏对本土之外陌生地域的任何了解，郑和船队全体海员们出生入死穿洲越洋才得以留下的大量充斥着怪异地名和晦涩音译字节的宝贵资料，被斥以"诡诈怪诞，辽绝耳目"而鄙弃，最后连同众多大型宝船一起，被守旧官僚刘大夏等辈几乎烧毁殆尽，以致在中国史料中严重缺乏与此相关的详细资料。郑和舰队的航迹远达点，最后也仅仅被认定为非洲东海岸。

不过历史依然为中国大航海的丰功伟绩留下了一些佐证。郑和属下洪保、周满、周闻分队在造访佛罗伦萨时，给时任教皇和美第奇家族赠送的一大批礼物中，包含了很多珍贵典籍和当时最先进的全球航海地图，经由学者托斯卡内利的整理和翻译，拉丁文版的航海地图和导航技术最后被航海家哥伦布和麦哲伦陆续获得，二者据此各自完成了名垂青史的航海壮举（托斯卡内利与哥伦布等人的来往信件、航海日志和沿线出土沉船文物等一系列原始材料可以证明此说）。

尽管加文·孟席斯的著作中存在一些难以避免的瑕疵，但总体来看，其论点论据还是比较严谨的。2017年1月，上海交通大学出版社出版的居美香港学者李兆良先生专著《明代中国与世界——坤舆万国全图解密》，通过深入而翔实的考据，也从侧面充分印证了加文·孟席斯先生的一系列结论。

文学知识。⑦

究竟该如何称呼哥白尼革命呢？或者应该称其为雷吉奥蒙塔努斯革命或者郭守敬革命？⑧

通过对列奥纳多（达·芬奇）所绘草图与《农书》中相关插图的比较，我们可以做出这样的判断，列奥纳多详细描述的机器的每一个要件，在他之前，中国人都以比较简单的手册形式做过阐述……⑨

……在我看来，他仍然是人类有史以来最伟大的天才之一。然而，现在也是承认中国人对达·芬奇著作产生影响的时候了。如果没有中国人的这些贡献，文艺复兴的历史将会完全不同，列奥纳多也几乎不可能完全展示自己的天分。⑩

有相当的证据表明，塔科拉和阿尔贝蒂复制了《农书》中的冶铁鼓风炉，并且在意大利北部建造了这样的冶铁鼓风炉。鼓风炉的使用使欧洲首次有能力生产数量充足、质量良好的生铁和钢材，生铁和钢材的生产使现代武器的制造具有可行性……⑪

大量的新知识从中国传播到欧洲，而且这些知识是在一个短暂的时间内突然出现，二者的结合催生了我们称之为文艺复兴的革命。⑫

直到现在，文艺复兴一直被刻画为古希腊和罗马文明的复兴。中国人的影响从来没有受到重视。在我看来，希腊和罗马的影响毫无疑问是重要的，但是中国理性知识的传播是促使文艺复兴之火熊熊燃烧的星星之火……⑬

⑤—⑬ ［英］加文·孟席斯《1434 一支庞大的中国舰队抵达意大利并点燃文艺复兴之火》，宋丽萍、杨立新译，165 页，1 页，206 页，312 页，245 页，245 页，273 页，316 页，319 页，北京，人民文学出版社，2012。

孟席斯的这些论断可谓石破天惊，但他所做的大量翔实而严谨的考据工作，和提供的一系列可以互相锁定的证据链，却足以让我们不得不怀疑此前所抱持的既有认知。

当然，在此引用这些略显冗长的描述，并非想将人们导向另一种误解：本文试图站在不合时宜的角度，将源远流长的中华文明与欧洲数百年来举世公认的巨大成就之间，粗暴而猥琐地建构出某种不够体面的攀附关系——显然，这完全没有必要，也更加不是本书作者的意图。

因此需要在此郑重声明的是，作者以及本书所有内容，无意贬低 15 世纪以来欧洲人为人类社会所贡献的令人敬佩的聪明才智。欧洲 600 年来在各个领域的先进成果和在世界范围内形成的重大影响，也更值得人们予以诚挚的尊重和倾心的赞美。

不过，倘若认真研读过孟席斯先生的那些足以让人信服的严肃著作，以及深入了解当代学者何新、董并生、诸玄识及李兆良等人先后发表的勇敢而明确的独立见解，便会发现，另眼观望"文艺复兴"这一定论已久的重大历史事件，探寻以往西方美术史中被长期赋予特殊意义却来历不明的可疑成分，凸显此前一直被刻意矮化或忽略的真正要素，可能是具有历史意义与现实意义的时代课题。

关于"文艺复兴"，在以往被长期灌输的通行概念中，我们不仅能了解到 15 世纪之后欧洲精英人物所奠定的一大批影响深远的文明成果，充分感受到其在世界文明体系中的强大力量，还早已熟悉了"文艺复兴是古希腊、古罗马文化的再生运动"之类的文字表述。在各种有关西方艺术史的中文资料中，在"古罗马"前面顺手加上"古希腊"以组成一个整体性很明确的连贯词语，似乎已成为大多数著述者不假思索的、条件反射般的表达习惯。"复兴"这个定义，更是早已成为深深固化在无数人心中的、无法抹去更不容涂改的、最深刻的烙印。

但需要指出的是，本世纪以来，不少中外学者从多个领域研究出来的学术成果，逐渐汇集成了一项让主流学术界至今"不敢回应、不敢否定、不敢承认"的尖锐质疑：我们一向貌似耳熟能详却又常常感到云遮雾绕的所谓"古希腊"文明，它几乎可以被断定是虚假的，至少是被大量虚构和系统伪造出来的"赝品文明"！

这个观点对一部分惯于"言必称古希腊"并笃信不疑的读者而言，不啻于令其深感不适甚至极度厌恶的荒悖之言。

然而，假如一个并不对此怀有固执偏见的人，愿意花费时间和耐心，细细品读如何新先生的《希腊伪史考》和《希腊伪史续考》、董并生先生的《虚构的古希腊史》、诸玄识先生的《虚构的西方文明史》、李兆良的《明代中国与世界——坤舆万国全图解密》与《宣德金牌启示录》等近年出版的著作，将极有可能对他们所展现的学术观念深以为然，并对几位学者为此投入的巨大精力和多方考据报以由衷的敬意。

如果说孟席斯和李兆良二位学者是分别通过对"郑和下西洋"和"坤舆万国全图"这两件重大历史定论的重新考据，来挑战和纠正大航海与地理大发现以来，以西方中心论为主导的一系列历史常识，那么何新与董并生、诸玄识等人的深度探究，则直接撕开了数百年来掩饰西方古代历史真相的华丽外衣。

以下简要罗列几则何新先生的观点。

关于希腊史，令人震惊的事实就是，所谓的希腊史只是一个完全没有原始史料的传说故事。古希腊史只有神话，所谓的古希腊，完全是一个无信史的幽灵国度……⑭

意大利商人发现了希腊，开始利用和炒作这些话题。于是，在这个过程中就出现了对于希腊文献和文化的大规模而且有意识的伪造活动。这种伪造的基本目的，一方面可以用假古董赚钱，另一方面文化上是要为西方近现代新兴的资本主义文明制造一个冒认的假祖宗……⑮

……荷马神话和希罗多德靠不住的历史传说，就是在这样缺乏历史考证和学术严谨性的情况下，被编造成了后来无数互相抄袭的主流希腊历史。⑯

⑭—⑯ 何新：《希腊伪史考》，1页，26 页，28 页，北京，同心出版社，2013。

何新还曾经在他的博客中不无揶揄地与意见相左者辩论，大意是：假如《荷马史诗》和《希腊神话》能作为欧洲历史的来源，那么《山海经》和《西游记》也能成为中国信史，根据明朝小说《封神榜》，不仅可以详细了解 3000 多年前周文王、周武王、姜子牙等人的丰功伟绩，还能向前追溯出哪吒和雷震子等"历史人物"的英雄事迹！

何新的《希腊伪史考》系列著作至今让国内研究"古希腊史"的专家们尴尬沉默，而罕有真正具备说服力的回击者。但从互联网上的大量反馈来看，可以说何新先生的论述让无数曾经盲目迷信"古希腊文明"的人们顿如醍醐灌顶。

董并生先生在《虚构的古希腊文明》中长达63万言的著述，则为我们提供了更为详尽的考据材料，限于篇幅，以下也仅小范围摘录其部分论点（为避免失之偏颇和辞不达义，建议直接阅读董并生原著中的大量考述）。

在15世纪之前，西方由于没有方便记载语言的工具，加上没有长期的史学传统，于是，在有了造纸工业之后，首先得到发展的就是毫无顾忌开始争相编造故事的传统。在历史学的范畴之内，欧洲就形成了捕风捉影的风气。西方当代著名历史学家阿诺德·汤因比在总结"西方历史科学的基本方法"时，出于无奈，不得不将虚构故事作为西方历史科学的基本方法："第三种方法是通过虚构的形式把那些事实来一次艺术的再创作……历史也采取虚构的方法。"[17]

……然而，被西方人尊为"历史之父"的希罗多德的唯一"传世"的著作《历史》是一部伪书。[18]

上述美第奇图书馆是典型的炮制古代手稿的窝点，在短时间内制造了大批"古代手稿"，是后世所见"古希腊文献"的主要来源之一。另外一个"古代手稿"炮制中心是16世纪的巴黎，始作俑者是耶稣会士的学术团体。[19]

关于欧洲学者虚构和伪造历史的案例，英国著名学者阿诺德·约瑟夫·汤因比（1889—1975年）在其专著《历史研究》中还有不少诸如此类的阐述："文艺复兴的第三阶段是伪造经典文献……在15世纪这种问题的最后一批应用者之中，东正教历史学家尼古拉斯·卡尔科康第拉斯和克里托波乌洛斯把这种以假乱真的做法推到了极端荒谬的地步……"[20]

事实上，欧洲各国不少顶尖学者对一些利益团体将中世纪之后才陆续拼凑出来的欧洲古代神话传说强行装点成古代历史的做法早就有所不满。

⑰—⑳ 董并生：《虚构的古希腊文明——欧洲"古典历史"辨伪》，序8页，序2页，23页，19—20页，太原，山西出版传媒集团·山西人民出版社，2018。

如大名鼎鼎的英国皇家学会会长艾萨克·牛顿（1643—1727）在其专著《古代王国编年史修正》中就曾经论证："……希腊等都被置于比真实情况更古的时间……古代历史是不准确的，通常是想象出来的，充满了诗意般的虚构。"[21]

法国著名古文献学家、图书馆馆长让·哈尔端（1646—1724）则更加尖刻地指出："绝大多数的古典希腊著作、罗马著作和宗教文献，都是在13世纪后期和14世纪编造出来的……"[22]

在这之后法国大文豪伏尔泰（1694—1778）也曾一针见血地说过："1700年以来，我们的历史中有多少骗人的东西、错误的记载和令人呕心的蠢话……历史从来不曾像在今天这样需要可靠的证据，因为现在有这么多的人在厚颜无耻地贩卖谎言。"[23]

瑞士美术史大家雅各布·布克哈特（1818—1897）在其著作《意大利文艺复兴时期的文化》中写道："随着15世纪的到来，人们开始有了很多新发现，有了用抄写方法系统制作出的许多丛书，从希腊文翻译过来的作品也有迅速的增加……大家都知道，伪造作品的事当时是很普遍的。复古的热情由此变成无赖之徒牟利或娱乐的东西"。[24]

当代英国历史学家彼得·伯格在《文艺复兴》中说："他们很少引证史料，时而掩盖史料加进自己的猜想。"[25]"例如，一位16世纪的人文主义学者卡洛·西戈尼奥'发现'了西塞罗一部失传的作品，其实该作品是他自己创作的……"[26]

综上所述，我们能从以往所熟悉的主流腔调之外，获得另外一些足以让人五味杂陈的学术观点。而这些让人于仓促之间难以接受的"新"理念，实际上在西方史学界早就已经普遍存在。

但自1840年鸦片战争开始，中国学界的很多杰出前辈们，在纷纷摒弃四书五经转而研习西学的过程中，却因为对西方近现代文明成果的极度膜拜，而不知不觉陷入盲目迷信的境地。尤其自1919年"五四运动"以来，一批一批深受西方中心论影响的知识精英们，一方面大力鼓吹全盘

[21]—[23] 诸玄识：《虚构的西方文明史》，73页，6页，80页，太原，山西出版传媒集团·山西人民出版社，2017。

[24]—[26] 董并生：《虚构的古希腊文明——欧洲"古典历史"辨伪》，19页，太原，山西出版传媒集团·山西人民出版社，2018。

㉗ 1506 年"出土"的"拉奥孔"，经当时的雕塑界权威米开朗基罗鉴定为古希腊时期三人合作而成，经多方考证实为米氏本人的作品（第六章正文中对此有简略揭露）。这是已知欧洲最早出现的"古希腊雕塑"，此后数百年间，欧洲各地不断发现类似的"古董"。1791 年被"发现"的"掷铁饼者"，造假者居然先后捣鼓出了两个动态完全一样而面部面向却很不一致的版本。1820 年"出土"的"米洛斯的维纳斯"等奇迹般的写实性雕塑，也在各种质疑和考据过程中，逐渐暴露出其托名伪造的实质。

与此前集体迷信"古希腊雕塑"的时代不同，在现代科技检测手段与学术考据的压力之下，除了个别利欲熏心的造假贩假者之外，当下已几乎没有任何大型博物馆或收藏机构（包含卢浮宫在内），敢于公然声称它们收藏的传世名作是古希腊时期的雕塑原作，而只敢承认是文艺复兴时期或之后某个阶段的复制品。且大多对所谓"古希腊"原作及原作去向无法自圆其说。

㉘ 董并生《虚构的古希腊文明——欧洲"古典历史"辨伪》，411—412 页，太原，山西出版传媒集团·山西人民出版社，2018。

㉙ 董并生《虚构的古希腊文明——欧洲"古典历史"辨伪》，412 页，太原，山西出版传媒集团·山西人民出版社，2018。

㉚ 董并生《虚构的古希腊文明——欧洲"古典历史"辨伪》，406 页，太原，山西出版传媒集团·山西人民出版社，2018。

西化，另一方面通过各种形式，有意识（要么主动要么被动）、有选择地为我们转输了不少关于西方历史的"迷魂汤"。于是所谓"古希腊文明"，在现当代中国知识分子的集体认知中，俨然已经成为必须与"无比辉煌"等字眼紧密相连的铁律般的史实——尽管直到如今，许多人依然对其所知甚少，但并不妨碍其深信不疑，并热烈而抽象地予以仰崇和怀想……

不过，随着新时代的来临，随着单一的信息渠道被打破，随着长期被掩蔽的学术禁忌被重新摆上台面，当日渐广泛的质疑和越来越科学的考据，使原本就漏洞百出的"古希腊史"越来越难以自圆其说时，未被派系立场和学术利益所捆绑的人们，已经越来越有理由和把握来相信：数百年来欧洲史学界声称的"古希腊历史"和具备高度写实水平的"古希腊雕塑"，㉗ 实为十三、14 世纪之后，借用近代文明成果托古伪造和不断填充出来的产物，而非所谓欧洲"文艺复兴"真正赖以勃发的最初渊薮！

在董并生引述的一则文献中，作者陈恒在《古典学的历史》里面说道："'文艺复兴'（Renaissance）一词来源于法语 La Renaissance，而这个法语词汇又来自拉丁语 renasci，是'再生'之意，在此背景下就是'学术复兴'之意，即再生古典学术与古典艺术。"㉘

随后，董并生说："'复兴'的前提是古代曾经存在'文艺'的历史（'即古典历史'），从本书所考述的结论来看，事实上西方古典历史完全出于近代以来西方学者们的杜撰，因而'文艺复兴'也不过是一个虚假的概念。"㉙

无独有偶，美国学者罗宾·W. 温科克和 L. P. 汪德尔在合著的《牛津欧洲史》中也曾表达过相似的观点："就广义而言，'文艺复兴'是 19 世纪学者们的创造。"㉚

综合以上观点来看，长期牵强附会于"古希腊文明"的"文艺复兴"，其实质则是欧洲中世纪之后不断被激发出来的一次能量巨大的"文艺新兴"运动。它是十四、15 世纪之后，欧洲在内外合力之下取得的特别辉煌的新兴成果，而并非某种违背历史规律的、对从未出现过的所谓古典文明高峰的蹊跷"复兴"。

诚然，倘若此际将"文艺复兴"的历史属性贸然修正为"文艺新兴"（窃认为，相对折中的说法似乎可以称之为"文艺勃兴"），无疑存在着巨大的学术风险，甚至还有可能在集体认知和情感寄托方面触怒公众。但随着当代中外学者们对欧洲宏观历史和欧洲艺术史的深入探究，由 16 世纪瓦萨里肇造（意大利语，意为再生），经 19 世纪布克哈特推广（德文、英文意为复兴）而在 20 世纪传扬四海的"文艺复兴"这个历史名词的传统定义，将极有可能让位于新的研究成果。而毕竟，与之前高度一致的概念认同感相比，至少目前已经有不少专业学者在提出越来越尖锐的考问和更严密的反证。

新的疑惑在于，如果 15 世纪之后欧洲集中爆发出来的巨大成就，确实并非根植于近现代西方学者们所声称的"三千多年之前便已极度辉煌的'古希腊文明'"，那么，突然产生这些新兴成果的巨大推动力又来自哪些重要因素呢？

从日渐清晰的宏观历史背景中，我们不妨透过重重迷雾，将焦点对准一些相对客观的线索。之前的章节里面（包括注解部分）曾经适当穿插过相关内容，故此处仅作简单归纳。

第一，中世纪以来南欧和西欧的本土文明演进虽然进展缓慢，但过程中也产生了一些积极成果。在宗教长期禁锢之下，被压抑已久的理性思潮经由新兴资产阶级的大力推动，逐渐呈现出喷薄欲出的状态。

第二，东罗马帝国㉛的千年文化积淀分别于公元 1204 年和 1453 年前后两次集中引入南欧地区，为意大利半岛率先获得文化艺术的爆发性进步，提供了强大的额外能量。

第三，是一向被低估的华夏文明对欧洲的巨大影响。随着 1300 年前后《马可·波罗游记》风靡欧洲，以及1434 年郑和远洋分队造访威尼斯和佛罗伦萨，中华文明的精华部分大量注入意大利半岛，使欧洲人的理性知识水平在极短时间内获得飞速进步，并使以此为启迪的文化、科学、技术等一系列的优化与再创造成为可能，可谓承当了导火

㉛ 东罗马帝国，俗称"拜占庭帝国"。欧洲主流史学界认为，公元 395 年，古罗马帝国（俗称第一罗马，以意大利为中心）再次分裂为东罗马（第二罗马，以东欧和西亚为势力范围）和西罗马（也自称为第二罗马，以西欧为势力范围）。公元 476 年西罗马宣告灭亡，西欧进入四分五裂的动荡时期。横贯东欧和西亚的东罗马帝国却在此后延续了将近 1000 年，并一直自诩为古罗马帝国的唯一合法继承者。

15 世纪中叶，东罗马帝国被奥斯曼土耳其帝国灭亡之后，作为基督教重要派系之一的东正教，其影响范围被伊斯兰文明严重挤压，而与此相对应的，是作为基督教另一分支的天主教势力趁机在南欧和西欧的快速崛起。

16 世纪中叶，为了粉饰"神圣罗马帝国"的权力来源，构建德意志民族与古罗马帝国的正统继承关系，德意志学者赫罗尼姆斯·沃尔夫将东罗马帝国冠以"拜占庭帝国"这个带有贬低性质的称呼，用以歪曲东罗马帝国的历史地位。嗣后，经过孟德斯鸠和狄德罗等人的大力鼓吹，"拜占庭帝国"这个名词遂被西欧历史学家广泛采用，并逐渐取代了东罗马帝国的传统名称。东罗马的历史地位也因此被长期矮化，其文明成就中的很多重要组成部分也被西欧吸收转化。为了掩饰这一点，西罗马的后裔们系统伪造并不断强化出来了一个所谓"古希腊文明"。

顺便提一下，东罗马灭亡后，莫斯科公国大公伊凡三世迎娶了东罗马末代皇帝的侄女索菲娅，日后形成的沙皇俄国奉东正教为正统，并自诩为第三罗马，因而长期受到欧美天主教和新教国家的敌视和打压。

索和催化剂的双重作用。

简言之，在欧洲地区普遍还比较蒙昧的时期，作为率先在外向型贸易中获得巨大经济利益的地理板块，意大利半岛上理性知识的先锋性突破，既是本土文明进程的渐进结果，更是外来文明集中输入之后的激化反应……

鉴于"古希腊史"的真伪是一个宏大而严肃的系统话题，它的复杂性和学术性既远非本文作者所能轻易把控，也不是本书所要承载的主要内容，故此处不作进一步的发挥与定论。从代代相传至今的一致表述来看，未来主流学术界对"古希腊史"的真伪问题，究竟持何种立场以及是否能拨云见日，似乎也还需要时间来检验。但出于对何新、董并生等人学术观念的高度认可，本书正文中所有可能涉及欧洲古典时代的相关表述，已尽量压缩了"古希腊"这个词汇的使用频率（尽管古代罗马史也被大量"注水"，但相比之下，它似乎比尤为可疑的 "古希腊史"更具被采信的资格）。

当然，虽然本文在"文艺复兴"还是"文艺新兴"的字眼性质之间做过粗浅探讨，但毕竟不是笔者的原创思想，显然目前也难以转变流播已久的固有观念。充其量，这不过是在与西方近代艺术史有关的著述之内，对牛顿、伏尔泰等西方先贤之灼见的回溯与反思，以及对加文·孟席斯、何新、董并生、李兆良等中外学者之前沿思想的应和与推介。

故在此篇之前的章节中，为了便于表述，虽然笔者私下倾向于"文艺新兴"或"文艺勃兴"的理念，但仍然大致遵循了主流史学界约定俗成的传统说法，"文艺复兴"这个词，依然大量出现在读者们看起来更为熟悉的字里行间。这不仅仅是对传统主流价值观的尊重，毫无疑问，也是对既有定论之能量惯性的无奈顺从——因为这个固有名词历来所承载的内涵与外延，早已强大到舍此便无法顺畅成文。

参考文献

[1] ［英］诺曼·戴维斯：《欧洲史》（上、下），郭方、刘北成等译，北京，世界知识出版社，2007。

[2] ［法］费尔南·布罗代尔：《文明史》，常绍明、冯棠、张文英、王明毅译，北京，中信出版社，2014。

[3] ［美］斯塔夫里阿诺斯：《全球通史：从史前史到21世纪》（上、中、下），吴象婴、梁赤民、董书慧、王昶译，北京，北京大学出版社，2006。

[4] ［瑞士］海因里希·沃尔夫林：《美术史的基本概念——后期艺术风格发展的问题》，洪天富、范景中译，杭州，中国美术学院出版社，2015。

[5] ［法］H.W.詹森著，戴维斯等修订：《詹森艺术史》（插图第七版），艺术史组合翻译实验小组译，北京，世界图书出版公司，2013。

[6] ［意］乔尔乔·瓦萨里：《意大利艺苑名人传·辉煌的复兴》，徐波、刘君、毕玉译，武汉，湖北美术出版社、长江文艺出版社，2003。

[7] ［意］乔尔乔·瓦萨里：《意大利艺苑名人传·巨人的时代》（上、下），徐波、刘耀春等译，武汉，湖北美术出版社、长江文艺出版社，2003。

[8] ［英］E.H.贡布里希：《艺术的故事》，范景中译，南宁，广西美术出版社，2008。

[9] ［英］E.H.贡布里希：《理想与偶像——价值在历史和艺术中的地位》，范景中、杨思梁译，南宁，广西美术出版社，2013。

[10] ［英］克利斯托夫·赫伯特：《美第奇家族兴亡史》，吴科平译，上海，上海三联书社，2010。

[11] 何新：《希腊伪史考》，北京，同心出版社，2013。

[12] 何新：《希腊伪史续考》，北京，中国言实出版社，2015。

[13] 董并生：《虚构的古希腊文明：欧洲"古典历史"辨伪》，太原，山西人民出版社，2015。

[14] 诸玄识：《虚构的西方文明史——古今西方"复制中国"考论》，太原，山西人民出版社，2017。

[15] ［英］加文·孟席斯：《1421：中国发现世界》，师研群译，北京，京华出版社，2005。

[16] ［英］加文·孟席斯：《1434：一支庞大的中国舰队抵达意大利并点燃文艺复兴之火》，宋丽萍、杨立新译，北京，人民文学出版社，2012。

[17] 徐庆平：《意大利文艺复兴美术》，北京，中国人民大学出版社，2010。

[18] 李维琨：《北欧文艺复兴美术》，北京，中国人民大学出版社，2010。

[19] 徐庆平主编：《人性与神性：西方美术的历程》，北京，首都经济贸易大学出版社，2012。

[20] [英] 理查德·斯坦普：《文艺复兴的秘密语言——解码意大利艺术的隐秘符号体系》，吴冰青译，北京，北京时代华文书局，2015。

[21] 小艾编著：《达·芬奇关键词》，长沙，湖南美术出版社，2010。

[22] [法] 罗曼·罗兰：《名人传》，孙凯译，北京，中华书局，2013。

[23] 许乐编著：《米开朗基罗关键词》，长沙，湖南美术出版社，2010。

[24] [苏] 阿尔塔耶夫：《拉斐尔·桑蒂》，李长敏译，沈阳，辽宁美术出版社，2010。

[25] 小艾编著：《拉斐尔关键词》，长沙，湖南美术出版社，2010。

[26] 马波编：《拉斐尔画传》，长春，时代文艺出版社，2004。

[27] 孔令伟编著：《黑夜中的钻石：威尼斯画派》，天津，天津科学技术出版社，2011。

[28] 王芳编著：《金色畅想：佛罗伦萨画派》，天津，天津科学技术出版社，2011。

[29] [德] 沃日恩格尔：《勃鲁盖尔》，徐顿译，北京，北京美术摄影出版社，2015。

[30] [德] 艾希勒：《丢勒》，雷坤宁译，北京，北京美术摄影出版社，2015。

[31] [希] 巴比斯·普拉伊塔基斯：《格列柯传》，胡晶晶译，北京，北京大学出版社，2012。

[32] [美] 弗朗辛·普罗斯：《卡拉瓦乔传》，郭红英译，南京，译林出版社，2014。

[33] [德] 赫尔曼·奈克法斯：《鲁本斯画传》，李炳慧译，北京，北京大学出版社，2011。

[34] [美] 弗兰科·莫尔曼多：《贝尼尼传：他的人生　他的罗马》，赵元元译，哈尔滨，黑龙江教育出版社，2015。

[35] 杨参军主编：《委拉斯贵支》，济南，山东美术出版社，2008。

[36] [意] 斯蒂芬尼·祖菲：《伦勃朗》，蒋文惠译，北京，北京时代华文书局，2015。

[37] 唐子韬编著：《伦勃朗关键词》，长沙，湖南美术出版社，2010。

[38] [法] 达尼埃尔·阿拉斯：《绘画史事》，孙凯译，北京，北京大学出版社，2007。

［39］林达：《西班牙旅行笔记》，北京，生活·读书·新知三联书店，2013。

［40］李兆良：《明代中国与世界——坤舆万国全图解密》，上海，上海交通大学出版社，2017。

［41］（明）马欢：《瀛涯胜览》，万明校注，北京，中国旅游出版社，2016。

后　记

本书在写作、出版过程中，得到了家人、老师、同事和朋友们的大力支持与帮助。

首先要感谢我的贤妻华宏女士，她不仅分担了很多家庭琐事，还在我无数个想要放弃的时刻，予以最明确的信赖与鞭策。我的女儿高紫琦，也在繁重的学业之余，帮我查阅、翻译了很多英文资料，这在很大程度上，为我适度弥补了外语方面的短板，从而使我多了一条考据相关信息的重要渠道。

感谢北京华艺名教育集团王伦董事长，让我能有相对充裕的时间和精力，完成本书的写作。

感谢好友巢月星和邢娑椑提出的诸多宝贵意见，以及先后为本书做出的前期校对。

非常感谢北京师范大学出版集团卫兵老师、李春生老师、王亮老师的鼎力玉成和精心指导，还要特别感谢在本书出版流程中辛苦付出的各位编审领导、校对老师和工作人员。

此外，本书在图文内容中不可避免地引用了一些专业领域内已公认的权威材料和相关数据，如在正文和注解部分的双引号内，直接引用了一些重要素材或精彩段落，尽管按照通例都已注明出处，但我还是要向篇尾罗列的数十本参考文献的著作者及出版单位，致以最诚挚的敬意和感谢。

当然，我还得坦诚而且郑重地感谢互联网搜索引擎。这些新型电子工具，以其强大的信息承载能力和易于检索的便捷性，在很大程度上已经替代了以往只有大型图书馆才能胜任的主要功能。本书写作中涉及的知识盲点，以及需要考据、甄别、验证的图文资料，都有赖于搜索引擎带来的方便。尤其感谢其中不少匿名作者的文章对我的启发与帮助。

本书引用的大量图例，主要来源于有画网、聚好画等付费网站，部分来源于互联网上的免费资源，谨此说明并致以感谢。

最后，我还要特意感谢我的老同学李林英女士，数年前的一次电话交流，是我写作此书的缘起。

感恩各位师友亲朋，感恩能阅读至此的各位读者！

念念不忘，遂有回响，悠悠我心，谨致合掌。

高　斌

2020 年 12 月 15 日